中小学生阅读
指导目录

整本书
阅读指南

高新刚 ◎ 著

高中段

上海教育出版社
SHANGHAI EDUCATIONAL
PUBLISHING HOUSE

图书在版编目（CIP）数据

整本书阅读指南. 高中段 / 高新刚著. — 上海：上海教育出版社，2023.12
（中小学生阅读指导目录）
ISBN 978-7-5720-2401-6

Ⅰ.①整… Ⅱ.①高… Ⅲ.①阅读课 – 高中 – 教学参考资料 Ⅳ.①G634.333

中国国家版本馆CIP数据核字(2023)第237352号

责任编辑　张嘉恒　朱剑茂　顾　翊
封面设计　静　斓

中小学生阅读指导目录
整本书阅读指南（高中段）
高新刚　著

出版发行　上海教育出版社有限公司
官　　网　www.seph.com.cn
地　　址　上海市闵行区号景路159弄C座
邮　　编　201101
印　　刷　昆山市亭林印刷有限责任公司
开　　本　890×1240　1/16　印张 19.75
字　　数　455 千字
版　　次　2024年1月第1版
印　　次　2024年1月第1次印刷
书　　号　ISBN 978-7-5720-2401-6/G·2129
定　　价　59.80 元

如发现质量问题，读者可向本社调换　电话：021-64373213

前言

　　《普通高中语文课程标准（2022 年版）》指出：高中语文课程必须充分发挥自身的优势，使学生通过优秀文化的浸染，塑造热爱祖国和中华文明、献身人类进步事业的精神品格，形成健康美好的情感和奋发向上的人生态度。（高中生）应"具有广泛的阅读爱好，努力扩大阅读视野；学会正确、自主地挑选阅读材料，读好书，读整本书，丰富自己的精神世界，提高文化品位；课外自读文学名著（五部以上）及其他读物，总量不少于 150 万字。"为落实课标精神，解决学生"读什么"和"怎样读"的问题，激发学生阅读的兴趣，切实提升学生阅读效能，依据教育部下发的《教育部基础教育课程教材发展中心中小学生阅读指导目录（2020 年版）》以下简称《阅读指导目录》推荐内容，配合教科书阅读要求，我们编撰了《中小学生阅读指导目录整本书阅读指南高中段》，对推荐的 90 本高中学段阅读书目进行内容概述、结构速览、特色推介等，供广大高中生阅读使用，帮助学生快速了解本书内容和艺术特色，为高中生深度阅读提供指导与支持。

　　按照《阅读指导目录》（高中段）推荐阅读书目的先后顺序，一本书一个章节。每个章节围绕整本书的特色推介，分为八个板块：即作品百科、作者简介、内容速览、思维导图、艺术特色、名家点评、精彩片段、学霸读后感，体现了整本书推介的进阶发展和由认知到实践的学习过程。每个章节主要体现了以下三个特色：

　　特色一：整体呈现。八个板块围绕每本书的体裁、作者、主要内容、艺术特色等基本信息，引导读者从整体上对本书有一个初步的整体感知，建立初步的阅读经验，为下一步深度系统阅读做好铺垫。

特色二：导图索引。每本书都设计了"思维导图"，对整本书的主题章节、主要人物、性格特征、主要情节、思想感情等方面做了系统的推介，便于学生较快地通览全书，把握整本书的逻辑顺序，检索关键信息，提高阅读的时效性。

特色三：读评一体。"作品百科""名家点评"，是社会、名家对整本书的肯定评价。"学霸读后感"则是引导学生结合名家评价、社会评定，在个性化阅读的基础上，记录下自己阅读后的所思所想，所感所悟，以及自己的阅读评价，在思辨性活动中达成"学思评"一体化发展。

《中小学生阅读指导目录整本书阅读指南高中段》的每个章节，可以作为某本书阅读导读内容，激发学生的阅读兴趣，唤起阅读期待；可以作为阅读进程的指导内容，推进学生深入阅读；也可以作为阅读总结时的再读内容，帮助学生梳理阅读收获，对整本书有一个全面、深刻的认识。

清代袁枚说："蚕食桑，而所吐者丝也，非桑也；蜂采花，而所酿者蜜也，非花也。"让我们借助《中小学生阅读指导目录整本书阅读指南高中段》，插上高效阅读的翅膀，到书中去汲取营养、获取成长的力量吧！

读吧，让心灵与思想和大师进行精神的对话、心灵的沟通。读古典美文，读现代时文。读普希金、契诃夫、莫泊桑，也读鲁迅、钱锺书、沈从文、铁凝、金庸……你爱读"大江东去"，他爱读《百年孤独》。独立的、有发现的、有创见的阅读，为我们打开了一扇智慧之门，更为我们铸造了一颗健全的灵魂。

同学们，让我们快快拿起书本，多读书，读好书，到书海里遨游吧！让读书汇入我们生命的流程，让读书化作我们生命中的那朵莲花……

目 录

1 共产党宣言

作品百科

书　　名:《共产党宣言》

体　　裁:理论著作

作　　者:马克思　恩格斯

成书时间:1848 年

成　　就:科学社会主义的第一个纲领性文献,标志着马克思主义的诞生

关 键 词:马克思主义的历史观;科学社会主义

作者简介

卡尔·马克思(1818—1883),出生于德国特里尔市,马克思主义的创始人之一,第一国际的组织者和领导者,马克思主义政党的缔造者,全世界无产阶级和劳动人民的革命导师,无产阶级的精神领袖,国际共产主义运动的开创者。他在经济学上的见解奠定后来诸多经济思想的基础,还创立了历史唯物主义,并和恩格斯共同创立了马克思主义学说。《资本论》《共产党宣言》是他最具代表性的传世之作。

弗里德里希·恩格斯(1820—1895),出生于德国巴门市(今伍珀塔尔市),无产阶级革命导师,马克思主义创始人之一,马克思的亲密战友。恩格斯早年批判谢林的神秘主义哲学,并完成了从唯心主义向唯物主义、从革命民主主义向共产主义的转变。之后他和马克思共同撰写了《共产党宣言》和创立了科学社会主义。马克思逝世后,他整理出版了《资本论》。

内容速览

《共产党宣言》是马克思和恩格斯为共产主义者同盟起草的纲领,是科学社会主义的第一个纲领性文献,标志着马克思主义的诞生。本书奠定了马克思主义建党学说的基础,论述了共产党的性质、特点、基本纲领和策略原则。

思维导图

```
                        引言
                        第一章：资产者和无产者
                        第二章：无产者和共产党人
《共产党宣言》
                        第三章：社会主义的和共产主义的文献
                        第四章：共产党人对各种反对党派的态度
```

艺术特色

1. **文采之美。**一般来说，理论著作很难做到文采斐然，但是马克思、恩格斯凭借深厚的文学素养，在《共产党宣言》中实现了博大精深的思想与鲜明生动的文风水乳交融的效果。散文诗一般的语言既让人领略到理论的雄辩有力，又让人感受到美的意境。马克思、恩格斯一方面在浩如烟海的典籍中披沙拣金，另一方面又把目光投向欧洲资本主义社会乃至人类历史深处，以至于今天我们在阅读《共产党宣言》时仍会有一种历史的亲近感而不会产生隔阂。

2. **理论之美。**理论之美在于透彻。《共产党宣言》创作于资本主义早期阶段，当时工业革命催生了工业资产阶级和无产阶级，资本主义社会内部的矛盾和弊病日益暴露。马克思、恩格斯显然站得更高、看得更远，他们透过纷繁复杂的历史现象，以富有远见卓识的目光洞悉事物的本质和发展的内在规律，科学地揭示了社会发展规律特别是资本主义社会发展的内在矛盾，论证了资本主义必然灭亡、社会主义必然胜利的历史趋势，阐明了实现社会主义和共产主义的现实道路。

3. **境界之美。**著名哲学家冯友兰曾提出人生有四重境界：自然境界、功利境界、道德境界和天地境界。《共产党宣言》明确指出："过去的一切运动都是少数人的或者为少数人谋利益的运动。无产阶级的运动是绝大多数人的，为绝大多数人谋利益的独立的运动。"马克思主义的天下情怀、天地境界由此可见。

1. 从《共产党宣言》到列宁主义，从毛泽东思想、邓小平理论、"三个代表"重要思想、科学发展观到习近平新时代中国特色社会主义思想，可以清晰看到马克思主义的红色基因一脉相承。

——韩振峰

2. 无论是夺取政权还是进行社会主义建设，中国走的都是自己的道路，可又都是以马克思主义为指导的，是马克思主义与中国实际相结合的道路。

——陈先达

精彩片段

1. _____

2. _____

3. _____

学霸读后感

2 实践论　矛盾论

作品百科

　　书　　名:《实践论》《矛盾论》
　　体　　裁:理论著作
　　作　　者:毛泽东
　　成书时间:1937 年
　　成　　就:毛泽东哲学思想的经典著作,为形成中国共产党的思想路线和思想方法提供了重要的理论依据
　　关　键　词:批评教条主义和经验主义;唯物辩证法

作者简介

　　毛泽东(1893—1976),字润之,湖南湘潭韶山冲(今属韶山市)人。马克思列宁主义者,中国无产阶级革命家、政治家、军事家,中国共产党、中国人民解放军、中华人民共和国的主要缔造者和领袖,毛泽东思想的主要创立者。

内容速览

　　《实践论》是毛泽东于 1937 年 7 月写成的,用马克思主义的认识论观点批评中国共产党内的教条主义和经验主义,特别是教条主义这种主观主义的错误。这篇著作原是《辩证法唯物论(讲授提纲)》第二章第十一节"实践论",后单独成篇,编入《毛泽东选集》第 1 卷。
　　《矛盾论》是毛泽东继《实践论》之后,为了克服党内严重的教条主义思想而写的。该书从事物发展变化的内因和外因、矛盾的普遍性和特殊性、主要的矛盾和次要的矛盾方面、矛盾诸方面的同一性和斗争性、对抗在矛盾中的地位等方面,深刻地阐发对立统一规律。

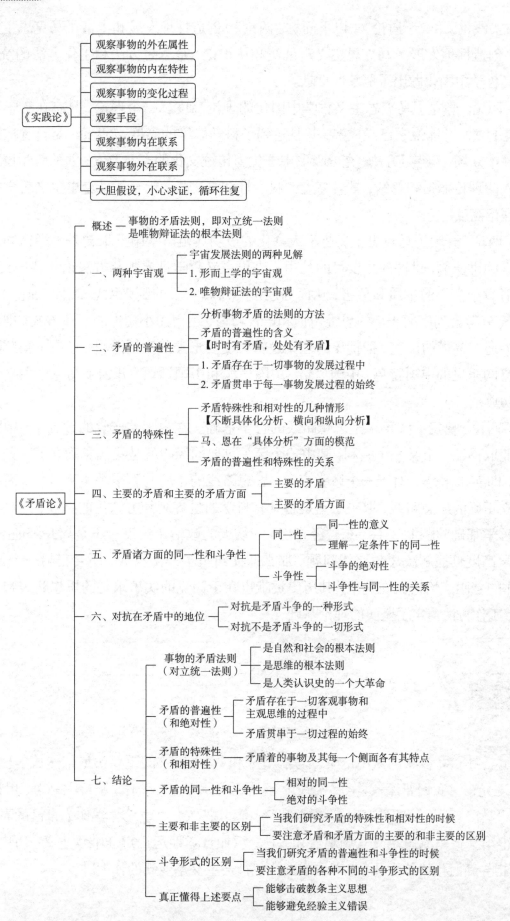

《实践论》
- 观察事物的外在属性
- 观察事物的内在特性
- 观察事物的变化过程
- 观察手段
- 观察事物内在联系
- 观察事物外在联系
- 大胆假设，小心求证，循环往复

《矛盾论》
- 概述
  - 事物的矛盾法则，即对立统一法则
  - 是唯物辩证法的根本法则
- 一、两种宇宙观
  - 宇宙发展法则的两种见解
  - 1.形而上学的宇宙观
  - 2.唯物辩证法的宇宙观
- 二、矛盾的普遍性
  - 分析事物矛盾的法则的方法
  - 矛盾的普遍性的含义【时时有矛盾，处处有矛盾】
  - 1.矛盾存在于一切事物的发展过程中
  - 2.矛盾贯串于每一事物发展过程的始终
- 三、矛盾的特殊性
  - 矛盾特殊性和相对性的几种情形【不断具体化分析、横向和纵向分析】
  - 马、恩在"具体分析"方面的模范
  - 矛盾的普遍性和特殊性的关系
- 四、主要的矛盾和主要的矛盾方面
  - 主要的矛盾
  - 主要的矛盾方面
- 五、矛盾诸方面的同一性和斗争性
  - 同一性
    - 同一性的意义
    - 理解一定条件下的同一性
  - 斗争性
    - 斗争的绝对性
    - 斗争性与同一性的关系
- 六、对抗在矛盾中的地位
  - 对抗是矛盾斗争的一种形式
  - 对抗不是矛盾斗争的一切形式
- 七、结论
  - 事物的矛盾法则（对立统一法则）
    - 是自然和社会的根本法则
    - 是思维的根本法则
    - 是人类认识史的一个大革命
  - 矛盾的普遍性（和绝对性）
    - 矛盾存在于一切客观事物和主观思维的过程中
    - 矛盾贯串于一切过程的始终
  - 矛盾的特殊性（和相对性）
    - 矛盾着的事物及其每一个侧面各有其特点
  - 矛盾的同一性和斗争性
    - 相对的同一性
    - 绝对的斗争性
  - 主要和非主要的区别
    - 当我们研究矛盾的特殊性和相对性的时候
    - 要注意矛盾和矛盾方面的主要的和非主要的区别
  - 斗争形式的区别
    - 当我们研究矛盾的普遍性和斗争性的时候
    - 要注意矛盾的各种不同的斗争形式的区别
  - 真正懂得上述要点
    - 能够击破教条主义思想
    - 能够避免经验主义错误

1.《实践论》和《矛盾论》（以下简称"两论"）创造性地发展和丰富了马克思主义哲学理论体系，创造性地发展了马克思主义辩证法和认识论，是思想方法和工作方法的统一，为马克思主义哲学中国化做出了奠基性贡献。

2."两论"确立了马克思主义哲学中国化的理论高度。一个理论，只有在哲学层面上实现了思想自觉，才能说它已经成熟，并且达到了科学思维的高度。"两论"是自觉按照马克思主义的基本立场、观点、方法，充分吸取中国优秀传统文化的有益要素，并从哲学层面进行了系统深入的理论概括和总结，具有高度的科学性和真理性，代表了马克思主义哲学中国化所应有的理论高度。

3."两论"开创了马克思主义哲学大众化的成功典范。"两论"最初是毛泽东同志在抗日军政大学的讲演稿，讲课的主要目的是用马克思主义哲学世界观和方法论武装广大干部，使他们认清教条主义的本质和危害，从而为迎接革命新阶段的到来做思想上、理论上的准备。"两论"充分考虑到广大干部的思维习惯和语言习惯，运用短小精悍的表述方式，把深邃的理论转变为通俗易懂的语言，把抽象的理论逻辑转变为形象的生活逻辑，形成了新鲜活泼的为大众所喜闻乐见的中国特色、中国风格、中国气派和中国话语，开创了马克思主义哲学大众化的成功典范。

4."两论"奠定了实事求是思想路线的哲学基础。在中国共产党的领导下，中国革命和建设事业取得了一个又一个胜利，其中一个至关重要的经验就是我们党确立了一条正确的思想路线，即实事求是。对于一个政党来说，思想路线的正确与否事关生死存亡，而一个政党能否创立正确的思想路线，取决于它是否具有科学的世界观和方法论的指导，这最终还是要归结到哲学基础问题上。毛泽东曾经指出，一切大的政治错误没有不是离开辩证唯物论的。不从哲学高度彻底解决思想路线问题，那么即使纠正了一个错误，还会犯另一个错误。"两论"写作的着眼点恰恰就在这里，其历史贡献也在于为党的实事求是的思想路线和科学的领导方法、工作方法奠定了坚实的理论基础。

名家点评

1. 经历 80 多年的风雨沧桑，《实践论》和《矛盾论》的重要价值依然放射出璀璨的真理光芒。我们要深入学习《实践论》《矛盾论》等光辉著作，坚持学哲学、用哲学，学习、坚持、运用、继承"两论"哲学智慧，努力把马克思主义哲学作为自己的看家本领，牢牢掌握马克思主义立场观点和方法，更加自觉地运用辩证唯物主义、历史唯物主义指导新时代的伟大斗争，夺取中国特色社会主义事业新的伟大胜利。

——王伟光

2. 在某种意义上，哲学是工具学，而马克思主义哲学则是伟大的认识工具。毛泽东的《实践论》写于 1937 年 7 月，是毛泽东哲学思想的一颗明珠，给人们提供了一种正确处理认识和实践关系的工具。

——来庆彬

精彩片段

1. _____

2. _____

3. _____

学霸读后感

3 习近平新时代中国特色社会主义思想学习纲要

作品百科

书　　名:《习近平新时代中国特色社会主义思想学习纲要》
体　　裁:理论著作
作　　者:习近平
成书时间:2019 年

作者简介

习近平,男,汉族,1953 年 6 月生,陕西富平人,1969 年 1 月参加工作,1974 年 1 月加入中国共产党,清华大学人文社会学院马克思主义理论与思想政治教育专业毕业,在职研究生学历,法学博士学位。现任中国共产党中央委员会总书记,中共中央军事委员会主席,中华人民共和国主席,中华人民共和国中央军事委员会主席。

名家点评

1. 作为一名理论工作者,《纲要》既帮助我更好地理解习近平新时代中国特色社会主义思想的基本精神、基本内容、基本要求,提升授课水平,也是我们教师和学员之间教学互动的桥梁纽带。

——冯建玫

2.《习近平新时代中国特色社会主义思想学习纲要》第五章聚焦"从全面建成小康社会到基本实现现代化,再到全面建成社会主义现代化强国,是新时代中国特色社会主义发展的战略安排"。矢志不渝把蓝图变为现实,是一场新的长征。

——汤荣光

3.《习近平新时代中国特色社会主义思想学习纲要》提纲挈领地梳理了习近平新时代中国特色社会主义思想的脉络精髓,全面系统地阐述了当代中国马克思主义、21世纪马克思主义的理论逻辑,是广大党员、干部学懂弄通做实习近平新时代中国特色社会主义思想的工具书,是开展"不忘初心、牢记使命"主题教育的必读本,是推进思想建党、理论强党的好教材。

——朱国贤

1. _____

2. _____

3. _____

4 大众哲学

作品百科

书　　名:《大众哲学》

体　　裁:哲学

作　　者:艾思奇

成书时间:1936 年

成　　就:通俗宣传马克思主义哲学优秀著作

关 键 词:马克思主义哲学原理;通俗读物

作者简介

艾思奇(1910—1966),原名李生萱,云南腾冲人。我国杰出的无产阶级革命家,著名的马克思主义哲学家、教育家,中国共产党在理论战线上的忠诚战士。他于 1933 年在上海走上革命道路,1935 年加入中国共产党。1937 年到延安,历任延安抗日军政大学主任教员、中央研究院文化思想研究室主任、中共中央宣传部文委秘书长、延安《解放日报》副总编辑。中华人民共和国成立后,历任中共中央高级党校副校长、中国哲学学会副会长、中国科学院哲学社会科学部学部委员。长期从事马克思列宁主义哲学的宣传教育工作。主要著作有《大众哲学》《哲学与生活》《实践与理论》等。

内容速览

《大众哲学》,艾思奇著。1934 年至 1935 年在《读书生活》连载,1936 年出版单行本。用生动通俗的语言阐述马克思主义哲学原理,为宣传马克思主义哲学的通俗读物,在当时影响很大。后收入《艾思奇文集》。

思维导图

关键字分析

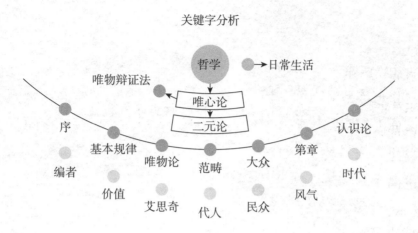

1. **创新文章形式，贴近群众生活。**初识哲学的人往往会被它的玄奥深涩吓倒，从而放弃对哲学的进一步探究。而《大众哲学》的作者充分考虑了它的服务对象，创新了文章形式。

全书共探讨了 22 个问题，对于每个问题的论证过程都贯串了小标题的形式。该书有五大章，22 节，每节均有标题以及解释性的大标题。大多数的章、节段落前都有一方小框，框内简要归纳该段落的内容。每个小标题对所论述的问题起到概括归纳的作用，逻辑严密，论证层层深入。正如泰瑞·博登霍恩说："这一特征是最富有创新和重要的。读者很少会看到有两整页长的内容。对阅读技巧不高或时间有限的读者来说，该书的外形不像哲学书的外形那样令人害怕。相反，《大众哲学》的外形是简短精练、便于间断地阅读。"

2. **使用生动活泼的语言，引人入胜的事例，通俗性与哲理性相结合。**艾思奇使用明白如话、富于生活气息的语言，读来朗朗上口，倍感亲切，既阐明了问题又降低了读者的阅读困难，唤起其阅读热情。如，"两军对战""三分像人，七分像鬼""不是变戏法""为什么会有不如意的事""用照相做比喻""是朋友还是豺狼""无风不起浪"等等。并且，写作手法上能够对问题反复阐释。因为大多数的读者理论水平毕竟有限，为了使读者便于理解和形成连贯的思想，艾思奇行文中有意识地进行了必要的重复，"重复和不加裁减，也是我考虑到读者的接受力，而故意这样做的"。

总之，作者以简洁晓畅的语言和文笔，浅显的事例，娓娓道来，对什么是哲学、唯心论、二元论和唯物论，哲学与日常生活的关系，辩证唯物论的认识论，唯物辩证法的基本规律及唯物辩证法的主要范畴等，逐一进行了系统的介绍和阐明，其写作方法新颖，内容通俗易懂，开通俗哲学写作之一代风气。

1. 我觉得，历来哲学家和宣传家的职能并非总是对立的。历史的演变也使人们对宣传政策有些看法。艾思奇终身从事哲学教育，自然也离不开历史。不特别强调牺牲个人，是艾思奇思想中的人民性所决定的。

——王丹一

2. 艾思奇是个老实人，老实就老实在勤勤恳恳做学问。

——毛泽东

3. 20世纪30—40年代，当中华民族处于危急关头的严重时刻，对青年影响最大的有一本书和一支歌。一本书是艾思奇的《大众哲学》，当时就有此书动员了10万青年参加革命的说法；一支歌是聂耳作曲的《义勇军进行曲》，曾激起千百万人民群众的抗日热情。

——谢本书

精彩片段

1. _____

2. _____

3. _____

学霸读后感

中国特色社会主义基本原理

 **作品百科**

书　　名：《中国特色社会主义基本原理》

体　　裁：理论著作

作　　者：韩庆祥　张健　张艳涛

成书时间：2015 年

成　　就：为人们理解"中国经验""中国道路""中国模式"提供有益启示

关 键 词：中国特色社会主义理论体系基本原理完整逻辑框架

 **作者简介**

　　韩庆祥，中共中央党校校委委员、副教育长、科研部主任；中央党校中国特色社会主义理论体系研究中心秘书长；中央政治局第 11 次集体学习主讲专家。主要从事马克思主义哲学、政治哲学、马克思主义理论、马克思主义人学和中国问题研究。兼中国人学学会副会长、中国马克思主义哲学史学会副会长、中国马克思恩格斯研究会副会长。2004 年入选"新世纪百千万人才工程"国家级人选。2008 年入选全国宣传文化系统"四个一批人才"。2014 年入选"国家第一批哲学社会科学领军人才"。

 **内容速览**

　　全书由三部分构成：第一部分从总体上集中探讨中国特色社会主义理论体系的形成发展、本质特征和历史地位，涉及如何理解马克思主义、如何科学对待马克思主义；如何理解中国特色社会主义理论体系与毛泽东思想的关系，以及中国特色社会主义理论体系"三大理论成果"之间的关系；如何理解作为当代中国马克思主义的中国特色社会主义与经典马克思主义及其他马克思主义的关系，或者与相关"主义"的关系；如何在正确处理中国特色社会主义建设进程的一系列基本的"矛盾关系"中加强和改进中国共产党的领导。目的是弄清楚一些

基础性和前提性问题。第二部分运用哲学方法，集中从学理上探讨中国特色社会主义理论体系究竟包含哪些基本原理、各基本原理之间具有怎样的内在逻辑联系、各基本原理所构成的完整的逻辑结构和框架是什么、怎样判断这些基本原理就是中国特色社会主义理论体系的基本原理等核心性问题。目的是为人们提供一个关于中国特色社会主义理论体系基本原理的完整的逻辑框架。第三部分从实践层面集中探讨中国特色社会主义理论体系基本原理所蕴含的中国特色社会主义实践的内在逻辑与发展趋向。目的是为人们理解"中国经验""中国道路""中国模式"提供有益启示。

思维导图

引言

第一章 清理与总结

第二章 中国特色社会主义理论体系的形成发展、本质特征和历史地位

《中国特色社会主义基本原理》

第三章 中国特色社会主义基本原理及其内在逻辑和完整框架

第四章 中国特色社会主义实践的内生逻辑与发展趋向

第五章 中国特色社会主义的独特优势

结语：当代中国马克思主义研究的深层思考

艺术特色

整体提炼、概括出具有内在逻辑联系的基本原理。因此，无论是从学术创新价值、具体研究方法还是指导现实实践方面来说，本书内容具有强烈的时代意识、问题意识、前沿意识、创新意识，集思想性、学术性、可读性于一体，是中国特色社会主义研究的一部力作。

首先，本书第一次对中国特色社会主义的独特优势从哲学层面进行了系统深入的学理分析，认为坚定对中国特色社会主义的自信，是建立在其独特优势基础上的。中国特色社会主义是我们党和人民在长期实践中形成和发展起来的，与其他主义相比，它具有诸多独特优势，其中最重要的是它立足中国国情、植根于中国历史文化传统、总结中国实践经验。

其次，本书最早对新一届中央领导集体对中国特色社会主义理论的新贡献进行了梳理，从执政主题、执政目标、执政理念等方面，丰富和发展了中国特色社会主义理论。

最后，本书还总结、提炼了中国的经济建设、文化建设、政治建设、社会建设等方面的优秀成果。

1. _____

2. _____

3. _____

学霸读后感

6 中国共产党历史

作品百科

书　　名:《中国共产党历史》

体　　裁:理论著作

作　　者:中共中央党史研究室

成书时间:2002 年

成　　就:荣获国家图书奖

关 键 词:中共党史;总结党的历史经验;资政育人

作者简介

中共中央党史研究室(中央党史研究室),是中国共产党党史研究部门。1988 年 7 月由原中共中央党史委员会工作机构——中央党史研究室和中央党史资料征集委员会合并而成。中共中央党史研究室是和中央党校并列的一个中央的部门和机关。按照职能的定位,中央党史研究室既是党的历史的研究部门,又是主管党史业务的工作部门。也就是说,它承担着两个基本的职能,一个就是党史研究,这是主要的,也是基础性的;另外一个行政职能是主管党史业务。2018 年 3 月,中共中央印发了《深化党和国家机构改革方案》,将中央党史研究室、中央文献研究室、中央编译局的职责整合,组建中央党史和文献研究院,不再保留中央党史研究室。

内容速览

内容包括中国共产党的创立、土地革命战争时期、全国抗日战争时期、全国解放战争时期、社会主义基本制度建立时期、开始全面建设社会主义时期、"文化大革命"时期、在徘徊中前进和走向历史的伟大转折、拨乱反正和改革开放的起步、改革开放的全面展开、初步建立社会主义市场经济体制、全面建设小康社会等。

 思维导图

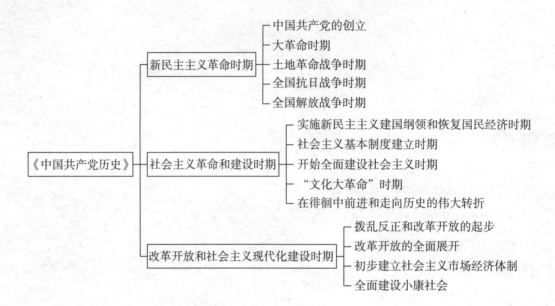

《中国共产党历史》
- 新民主主义革命时期
  - 中国共产党的创立
  - 大革命时期
  - 土地革命战争时期
  - 全国抗日战争时期
  - 全国解放战争时期
- 社会主义革命和建设时期
  - 实施新民主主义建国纲领和恢复国民经济时期
  - 社会主义基本制度建立时期
  - 开始全面建设社会主义时期
  - "文化大革命"时期
  - 在徘徊中前进和走向历史的伟大转折
- 改革开放和社会主义现代化建设时期
  - 拨乱反正和改革开放的起步
  - 改革开放的全面展开
  - 初步建立社会主义市场经济体制
  - 全面建设小康社会

艺术特色

1. 该书的编修，始终以历史决议为指导，以新时期党历次代表大会和中央全会有关党的历史的论述为准绳，并在撰写中得到中央领导同志亲切关怀和精心指导，若干重要问题的表述均经中央批准，代表了目前对中国共产党党史研究的水准。该书规模宏阔、编纂工作历经十六年、十数次易稿，是党史界和党员干部群众瞩目的重大工程。

2. 该书的编修，坚持实事求是的原则，充分吸收和利用党史学界的新史料和新成果，对党员、干部和群众关心的一些重大历史问题和难点、热点问题作了科学表述。全书着重反映党在这段历史中不懈奋斗的主流、本质和主题主线。文字严实、精练而顺畅；史论结合、夹叙夹议；主题鲜明、文风朴实。它是广大党员干部特别是中高级领导干部深入学习党史、总结历史经验的重要教材。

名家点评

1. 与时俱进是《中国共产党历史》第一卷的主要特色之一。
——叶心瑜

2.（《中国共产党历史》）是正确总结历史经验的权威性党史著作。

——洪广

18

3. 纪念符号与中国共产党历史形象的塑造。

——胡国胜

4. 学习《党史》二卷，鉴今资政育人。

——杨元华

精彩片段

1. _____

2. _____

3. _____

学霸读后感

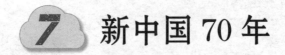

7 新中国70年

作品百科

书　　名:《新中国70年》
体　　裁:理论著作
作　　者:中国社会科学院当代中国研究所
成书时间:2019年
成　　就:入选2019年度"中国好书"主题出版类获奖图书
关 键 词:新中国70年;历史性成就;历史性变革

作者简介

　　中国社会科学院当代中国研究所是1990年经中共中央批准成立的,专事编纂、研究和出版中华人民共和国史,并参与国史的宣传与教育的机构,由中国社会科学院行政代管。

内容速览

　　记述了新中国自1949年10月成立至2019年10月70年间波澜壮阔的历史,充分反映了党领导人民探索、开创、坚持和发展中国特色社会主义的伟大实践及其重大理论、制度创新成果,生动展示了新中国成立70年经济、政治、文化、社会、生态文明建设以及国防和军队、"一国两制"和祖国统一、外交、党的建设等各方面取得的伟大成就和宝贵经验,突出展示了党的十八大以来党和国家事业取得的历史性成就、发生的历史性变革。

```
                    ┌─ 生动展现了新中国70年波澜壮阔的历史画卷
                    │
                    ├─ 客观记录了新中国70年艰苦奋斗的探索历程
                    │
《新中国70年》──────┼─ 深刻记述了科学社会主义在中国的实践探索
                    │
                    ├─ 很好地论述了改革开放前后两个历史时期的关系
                    │
                    └─ 简明扼要，推出《中华人民共和国简史》
```

艺术特色

　　本书紧密联系新中国社会主义现代化建设的伟大实践，充分吸收学界最新研究成果，记述了中华人民共和国成立70年间波澜壮阔的历史，全景呈现70年伟大飞跃的光辉历程，集中展现70年跨越式发展的伟大奇迹，深刻揭示了70年历史变革的宝贵经验。

　　全书史料真实准确、数据严谨翔实、细节鲜活生动、语言平实顺畅，讲清楚了历史怎样走来，又将怎样走下去，讲清楚了中国道路为什么走得对、行得通，是一部较为全面的新中国史著作。

名家点评

　　1.《新中国70年》是描绘新中国70年历史发展、梳理历史变革经验的成功之作，为我们学习新中国史这门必修课提供了一本优秀读物。

　　　　　　　　——李明华

　　2.编写该书的初衷，不仅是为国内的干部群众提供一个简明读本，还是为国外希望了解中国的民众提供一个普及性的读本，使那些对中国的历史知识了解不全面、话语体系不熟悉的普通读者能够读懂、记住新中国的历史，因此我们很注意从事例选择上、语言表述上、理论阐释上，尽量做到深入浅出、通俗易懂。

　　　　　　　　——武力

精彩片段

1. _____

2. _____

3. _____

学霸读后感

中国历史十五讲

作品百科

书　　名:《中国历史十五讲》
体　　裁:历史著作
作　　者:张岂之
成书时间:2003 年
成　　就:本书第一版自 2003 年出版以来,受到广泛好评和欢迎
关 键 词:中国历史;语言平易

作者简介

　　张岂之,男,1927 年 11 月生。现任西北大学名誉校长,长期从事中国思想文化研究。曾和侯外庐、邱汉生共同主编《宋明理学史》,主编《中国思想史》《中国儒学思想史》《中国历史大辞典思想史卷》等。

内容速览

　　本书 15 个专题也许可以概括中国历史最主要的内容。由于中国古代历史悠久,资料丰富,大学生和读者们对古代史接触较少,因此在专题中古代的内容占的比例大些。至于中国近现代史由于中学讲得较多,在大学其他课程如政治理论课中也含有中国近现代史的若干内容,可以适当精简一些。至于中华人民共和国史,特别是实现中国特色社会主义现代化的课题,则需要比较充分地加以阐述。

《中国历史十五讲》
- 第一讲 中国文明起源的科学探索
- 第二讲 中国古代社会与朝代更替
- 第三讲 汉代、唐代、清代"盛世"的透视
- 第四讲 中国古代交通与文化传播
- 第五讲 中国历史上的民族关系
- 第六讲 中国古代的政治、法律和选官制度
- 第七讲 中国古代农业、手工业和商业
- 第八讲 中国古代的军事思想与军事制度
- 第九讲 中国古代丰富多彩的社会生活
- 第十讲 中国古代思想的演变
- 第十一讲 中国古代文学艺术宝库
- 第十二讲 中国古代史学的形成与发展
- 第十三讲 关于中国古代科学技术的思考
- 第十四讲 中国近代历史的新课题
- 第十五讲 共和国探求社会主义现代化的曲折历程

　　《中国历史十五讲》用平易的语言讲述了从盘古开天地至今的中国历史发展的曲折历程，重点是古代史。十五讲内容包括：文明的起源、朝代的更替、汉唐清盛世的透视、古代交通、古代外来文明、历史上的民族关系、古代的政治法律和选官制度、古代农业手工业和工商业、古代军事思想与军事制度、古代社会生活、古代思想的演变、古代文学艺术和史学、古代科学技术、近代历史、共和国史。

名家点评

1. 这本书分为 15 个专题,概括了中国历史最主要的内容,最重要的是里面包含了很多我以前没有看到过的史料,我想如果我在备课前和上课前都看了这些资料的话,我的课堂肯定会生动活泼,有趣很多。

——温小红

2.《中国历史十五讲》深入浅出,适合作为通识课的一般读物,阐述了中国历史 15 个方面,帮助读者对中国历史有一个较通俗的了解,值得一读。

——智多熊夫

精彩片段

1. _____

2. _____

3. _____

学霸读后感

9 中华法制文明史

作品百科

书　　名:《中华法制文明史》

体　　裁:学术著作

作　　者:张晋藩

成书时间:2013 年

成　　就:在文明的框架下谈中国法制的演进

关 键 词:法制文明;言简意赅

作者简介

张晋藩,男,1930 年 7 月出生,辽宁沈阳人。中国政法大学终身教授,博士生导师,中国政法大学法律史学研究院名誉院长。1987 年被评为国家级重点学科法制史学带头人,1991年享受国务院特殊贡献津贴,2012 年入选"全国杰出资深法学家"。1986 年 8 月为中共中央书记处讲授法制课,1996 年和 1998 年两次为全国人大常委会委员讲授法制课。主要研究方向为中国法律史。著作有《中国法律的传统与近代转型》《中华法制文明史》《中国监察法制史稿》《中国宪法史》《中国刑法史新论》《清代民法综论》《依法治国与法史镜鉴》等 30 余部,主编《中国法制通史》(十卷本)、《中华大典·法律典》、《中国少数民族法史通览》(十卷本)等。在《中国社会科学》《中国法学》《法学研究》等刊物上发表法律史学论文 200 余篇。

内容速览

《中华法制文明史:古代卷 + 近、当代卷(套装共 2 册)》内容包括中华法制文明起源的夏商法制、中华法制文明早期发达形态的西周法制、社会转型与法律变革的春秋战国法制、法制文明儒家化的两汉法制、中华法制文明定型的隋唐法制、中华法制文明最后形态之清法制、"中体西用"的洋务法制等内容。中华法制文明的历史历经数千年而从未中断,其文化底蕴之深厚，法律发展的连续性、系统性、完整性，均为世界文明古国所仅见。它既是中华民族智慧与创造力的结晶，也为世界法文化宝库做出了重要贡献。

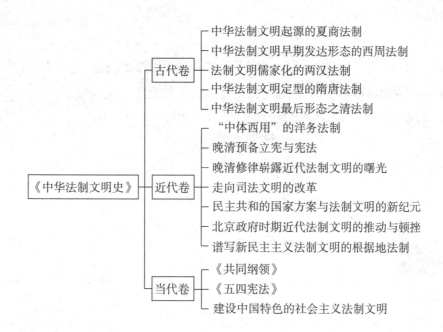

《中华法制文明史》

古代卷
- 中华法制文明起源的夏商法制
- 中华法制文明早期发达形态的西周法制
- 法制文明儒家化的两汉法制
- 中华法制文明定型的隋唐法制
- 中华法制文明最后形态之清法制

近代卷
- "中体西用"的洋务法制
- 晚清预备立宪与宪法
- 晚清修律崭露近代法制文明的曙光
- 走向司法文明的改革
- 民主共和的国家方案与法制文明的新纪元
- 北京政府时期近代法制文明的推动与顿挫
- 谱写新民主主义法制文明的根据地法制

当代卷
- 《共同纲领》
- 《五四宪法》
- 建设中国特色的社会主义法制文明

1. **写作主旨**。这部《中华法制文明史》是要让更多人知道和理解悠久灿烂的中华法制文明。作者写作注意突出重点，兼及一般，尽量减省笔墨，最大限度地做到言简意赅。在材料的选择上，作者并没有一味求新求偏求全，而是用最有代表性、最基本的法制史料，是为了不让读者太费思量。在文风上，则避免使用生涩冷僻的字眼，绝不用佶屈聱牙的语句。这样的作品绝对不是作者自矜其能的"炫博"之作，相反它比较平实流畅。一些学力深厚的研究者也许会将之当作一本资料集或教研素材，但对于最广大的读者而言，这实在是一把不可多得的入门之钥。

2. **框架结构**。这实际上是一个撰写体例问题，该书上下两卷体例并不一致，笔者暂且将之名为"由纵到横，纵横交错"。这样的谋篇布局既自然，又体现出作者的深思。

3. **思想内涵**。这从法制文明一语上可得以深刻体现。在文明的框架下谈中国法制的演进，将法制与文明紧密相结合，我们不敢说张先生是第一人，但至少他是国内较早这样的提出者。这样的眼光，突破了旧有的狭隘观念，从而使作品具备了一种立体化和全景式的关照。

1.《中华法制文明史》为读者打开了自古到今法制文明的大门。全书以法制文明发展为线索,将五千年的法制文明串联起来,突出了法制文明在纵向上的绵延一脉,运用法制文明的发展流变论证了"法制兴则国兴,法制废则国废"。

——杨静

2.《中华法制文明史》是张先生从事法律史研究六十年艰苦工作的结晶。我希望中国的法律思想、法律智慧、法律合理性甚至法律手段能够依法治国,为建设社会主义法治国家继续发挥作用,实现法治出版价值的传播和传播法律文明。

——黄伟

精彩片段

1. _____

2. _____

3. _____

学霸读后感

10 锦程：中国丝绸与丝绸之路

作品百科

书　　名：《锦程：中国丝绸与丝绸之路》
体　　裁：学术著作
作　　者：赵丰
成书时间：2016 年
成　　就：入围 2016 中国好书，讲述中国丝绸的发展、工艺和传统文化
关 键 词：丝绸之路；文化交流；丝绸工艺

作者简介

赵丰，中国丝绸博物馆馆长，研究员，中国纺织品鉴定保护中心主任，国家文物鉴定委员会委员，国际古代纺织品研究中心（CIETA）理事，东华大学（原中国纺织大学）教授、博士生导师，浙江理工大学（原浙江丝绸工学院）教授、硕士生导师，十届浙江省人大常委，十一届全国人大代表。

内容速览

《锦程：中国丝绸与丝绸之路》对丝绸之路的出土纺织品进行了总体介绍，作者赵丰把中国丝绸的发展、工艺等通过丝绸之路的变化一一呈现，特别通过对汉唐时期不同种类纺织品的技术与风格特点的介绍，勾勒出东西方纺织科技的交流过程，以及中国纺织科技在这一时期的演变脉络，让读者对丝绸之路的文化交流、丝绸工艺的发展，以及彼此间的联系有更深入的认识。

《锦程：中国丝绸与丝绸之路》
- 丝绸起源的文化契机：中国丝绸在古代文化中的地位
- 翻越阿勒泰：早期的草原丝绸之路
- 汉锦出阳关：汉晋时期中国丝绸的西传
- 西风远来：希腊化艺术对纺织品的影响
- 胡锦初成：新疆和费尔干纳的丝织品
- 寻访赞丹尼奇：中亚粟特织锦的探讨
- 从何稠到窦师纶：盛唐织锦风格的形成
- 大唐新样：敦煌和法门寺的丝绸
- 长河东到海：中国丝绸向日本的传播
- 北国风光：契丹、西夏、回鹘之间的丝绸交流
- 蒙古与高丽：中国与朝鲜半岛的丝绸交流
- 金色纳石失：蒙元时期中国与波斯织工的交流
- 大洋花：明清之际的东西方丝绸交流

艺术特色

1.《锦程：中国丝绸与丝绸之路》大致按照时间的顺序，对通过丝绸之路进行的丝绸贸易，特别是技术、纹样的传播，作了详细的阐述，并进而全面描绘了人类生活最基本的"衣"的历史进程。通过具体的历史细节，使读者理解每一片在沙漠中发现的丝绸中包含了多少文明的累积。

2.《锦程：中国丝绸与丝绸之路》内容翔实、考证深入、图文并茂，学术性与普及性俱佳，生动展示了丝绸之美和看得见的丝绸之路之美。

名家点评

1. 此书是一本以中国丝绸为主线来讨论丝绸之路的通论性著作。本书有三个特色：一、注重考古材料，重视对实物的考察；二、以技术和纹样的理解为基础对出土丝织品残片进行复原；三、作者视野广阔，对于世界范围内各类丝绸精品把握准确。因此，本书是权威纺织研究专家赵丰教授深入解读古代丝绸文化的精心之作。

——荣新江

2. 赵丰的足迹就如同一条"丝绸之路"，他的这本《锦程：中国丝绸与丝绸之路》，也可以说是他走过的"丝绸"之路。

——荣新江

精彩片段

1. _____

2. _____

3. _____

学霸读后感

11 论语译注

作品百科

书　　名:《论语译注》

体　　裁:语录体散文集

作　　者:孔子　译注者:杨伯峻

成书时间:战国初期

成　　就:儒家经典之一

关　键　词:政治主张;伦理思想;教育原则;辞约义富

作者简介

　　《论语》是孔子及其弟子的语录结集,由孔子弟子及再传弟子编写而成。孔子开创了私人讲学的风气,相传他有弟子三千,贤弟子七十二人。孔子去世后,其弟子及再传弟子把孔子及其弟子的言行语录和思想记录下来,整理编成了儒家经典《论语》。

　　杨伯峻(1909—1992),原名杨德崇,湖南省长沙市人,著名语言学家。北京大学中文系副教授、兰州大学中文系副教授、中华书局编审、中国语言学会理事等。主要著作有《列子集释》《孟子译注》《春秋左传注》《中国文法语文通解》等。

内容速览

　　《论语》全书共 20 篇 492 章,以语录体为主,叙事体为辅,主要记录孔子及其弟子的言行,较为集中地体现了孔子的政治主张、伦理思想及教育原则等。其思想主要有三个既各自独立又紧密相依的范畴:伦理道德范畴——仁,社会政治范畴——礼,认识方法论范畴——中庸。"仁"是《论语》的思想核心。

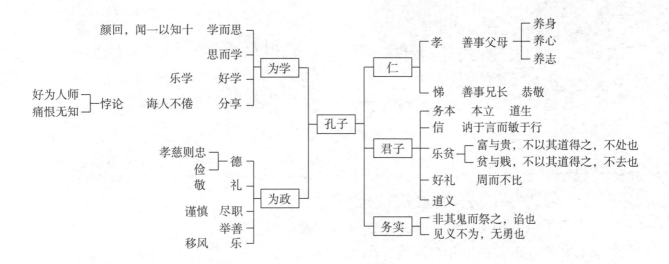

　　《论语》多为语录，但都辞约义富，有些语句、篇章形象生动。如《子路曾皙冉有公西华侍坐》，不仅篇幅较长，而且注重记述，算得上一篇结构完整的记叙文，人物形象鲜明，思想倾向通过人物表情、动作、对话自然地显露出来，具有较强的艺术性。

　　孔子是《论语》描述的中心，"夫子风采，溢于格言"（《文心雕龙·征圣》）；书中不仅有关于他的仪态举止的静态描写，而且有关于他的个性气质的传神刻画。此外，围绕孔子这一中心，《论语》还成功地刻画了一些孔门弟子的形象。如子路的率直鲁莽，颜回的温雅贤良，子贡的聪颖善辩，曾皙的潇洒脱俗等，都称得上个性鲜明，给人留下深刻印象。孔子因材施教，对于不同的对象，考虑其不同的素质、优点和缺点、进德修业的具体情况，给予不同的教诲，表现了诲人不倦的可贵精神。据《颜渊》记载，同是弟子问仁，孔子有不同的回答，答颜渊"克己复礼为仁"（为仁的表现之一为克己复礼，有所不为）；答仲弓"己所不欲，勿施于人"（就己与人之间的关系，以欲施作答，欲是个人的主观能动性之取舍，施是个人主观能动性的实践，用好心坏心来说，要防止好心办坏事，就要慎施）；答司马牛"仁者，其言也讱"。颜渊学养高深，故答以"仁"学纲领，对仲弓和司马牛则答以细目。又如，孔子回答子路和冉有的同一个问题，内容完全不同。答子路的是："有父兄在，如之何其闻斯行之？"因为"由也兼人，故退之"。答冉有的是："闻斯行之。"因为"求也退，故进之"。这不仅是因材施教教育方法的问题，其中还饱含孔子对弟子的高度的责任心。

　　《论语》的主要特点是语言简练，用意深远，有一种雍容和顺、纡徐含蓄的风格。还有就是在简单的对话和行动中展示人物形象。同时语言浅近易懂，接近口语，也是一个特点。

1.《论语》,记孔子与弟子所语之言也。论,伦也,有伦理也。语,叙也,叙己所欲说也。

——[东汉]刘熙

2.《论语》者,孔子应答弟子、时人,及弟子相与言而接闻于夫子之语也。当时弟子各有所记,夫子既卒,门人相与辑而论纂,故谓之《论语》。

——[东汉]班固

3.“直言曰言,答述曰语,散则言语可通,故此论夫子之语而谓之善言也。”“以此书可以经纶世务,故曰纶也;圆转无穷,故曰轮也。”

——[北宋]邢昺

4. 半部《论语》治天下。

——[北宋]赵普

精彩片段

1. _____

2. _____

3. _____

学霸读后感

12 老子今注今译

作品百科

书　　名:《老子今注今译》

体　　裁:哲学著作

作　　者:老聃　译注者:陈鼓应

成书时间:战国中前期

成　　就:全球文字出版发行量最大的著作之一

关 键 词:道法自然;无为而治;辩证法思想

作者简介

老子,男,汉族,姓李名耳,字聃,又字伯阳,世称"李耳""李聃"或"老聃",是李姓、老姓的先祖。春秋时期楚国苦县(今河南陈州)人。中国古代思想家、哲学家、文学家和史学家,道家学派创始人和主要代表人物,与庄子并称"老庄"。在道教中被尊为始祖,称"太上老君"。在唐朝,被追认为李姓始祖。曾被奉为世界文化名人,世界百位历史名人之一。

老子思想对中国哲学发展具有深刻影响,其思想核心是朴素的辩证法。在政治上,老子主张无为而治、不言之教。在权术上,老子讲究物极必反之理。在修身方面,老子是道家性命双修的始祖,讲究虚心实腹、不与人争的修持。

老子传世作品《道德经》(又称《老子》),是全球文字出版发行量最大的著作之一。

陈鼓应,1935 年生,福建省长汀人。中国台湾大学哲学系及哲学研究所毕业。历任台湾大学哲学系副教授、美国加州大学伯克莱校区研究员、北京大学哲学系客座教授,现任台湾大学哲学系教授。主编《道家文化研究》学刊。著述有《悲剧哲学家尼采》《存在主义》《庄子哲学》《老子注释及评介》《庄子今注今译》《老庄新论》《易传与道家思想》等。

《老子》又称《道德经》，是中国古代先秦诸子分家前的一部著作，为其时诸子所共仰，传说是春秋时期的老子李耳所撰写，是道家哲学思想的重要来源。《道德经》分上下两篇，原文上篇《德经》、下篇《道经》，不分章，后改为《道经》在前，《德经》在后，并分为81章，全文共约五千字，是中国历史上首部完整的哲学著作。

 思维导图

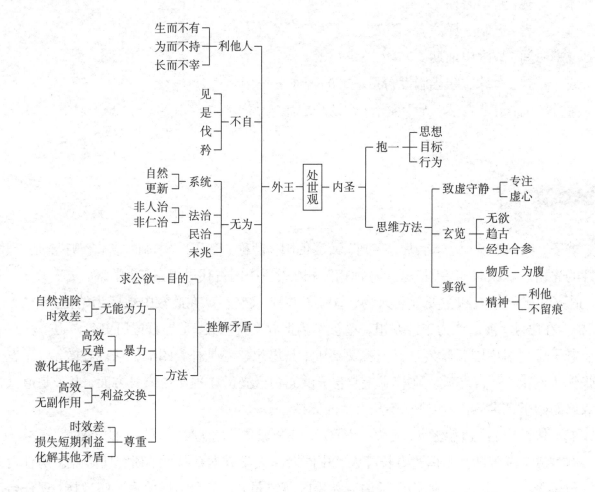

 艺术特色

全书的思想结构是：道是德的"体"，德是道的"用"。

天道理论：老子思想的主要范畴是"道"，"道"字在《老子》书中出现了七十三次。道是一种混沌未分的初始态，无为自化，清静自正，是天地之始，万物之母，为化生万物的根源；

道常无名，无为而无不为，它像水一样，善利万物而不与万物争，以柔弱胜刚强，是最高的善；道是不可言说的，人的感官也不能直接感知，视之不见，听之不闻，持之不得。道既是宇宙的本体，又是万物的规，还是人生的准则。儒家以天、地、人为"三才"，老子则以道、天、地、人为"四大"。"四大"在"三才"之上增加了道，就给中国文化思想的架构打开了一个极其高远、极富想象力的思想空间。道是出自形而上，而贯串形而下的。而且在贯串中，不给天与帝这类有意志、有目的的造物主留下任何插足的余地。天道自然无为是《老子》一书的主旨。

辩证思想：老子认为世界上的任何事物都是相比较而存在的。美丑、善恶、有无、难易、长短都是相互依存的，有此才有彼，有是才有非，有善才有恶。表面看来，正相反对的两个方面是相互对立的，而实际上又是相互包含、相互渗透的。

社会理论：老子认为，道之本性即是自然无为，自然无为乃支配宇宙万物的根本规律，也是人类应当信守的基本行为准则。

美学思想：老子思想的核心是道，道的本性即是自然，出于对自然的推崇，老子也很推崇素朴和稚拙，认为"大巧若拙"，赞美婴儿"含德之厚"，主张大丈夫"处其实，不居其华"。老子"有无相生"以及"有之以为利，无之以为用"的思想，对中国传统美学及传统艺术也产生了很大的影响。中国绘画、中国戏曲一贯强调虚实结合，强调"计白当黑"，强调"空灵"，这些理论源头，正是老子"有无相生"的理论。

文学成就：老子的文章具有一定的文学性，对后世文学的影响不小。首先，《道德经》高度地发挥了文学的特定社会作用，对当时人们认识自然现象与社会生活起了重要作用。文学作品是社会生活的形象反映，好的文学作品是真实地再现自然和社会现象中的各种场景，反映一定历史时期的经济、政治、文化，描写不同阶级，不同阶层，不同人物的精神面貌，反映人们的各种现实关系，使读者获得关于历史和现实、社会与人生的各种正确认识，《老子》在这些方面有很大成就。其次，老子在文章技巧上的成就。仅有五千多字的《道德经》，包容那么丰富的内容而且首尾贯通，这全赖作者写文章技巧之高超。

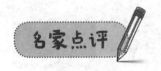

名家点评

1. 鸟，吾知其能飞；鱼，吾知其能游；兽，吾知其能走。走者可以为罔，游者可以为纶，飞者可以为矰。至于龙，吾不能知，其乘风云而上天。吾今日见老子，其犹龙邪！

——［春秋］孔子

2. 老子的最大功劳，在于超出天地之外，别假设一个"道"。

——胡适

**情彩片段**

1. _____

2. _____

3. _____

学霸读后感

情彩片段

13 资治通鉴选

作品百科

书　　名:《资治通鉴选》

体　　裁:历史著作

作　　者:司马光

成书时间:北宋

成　　就:我国古代一部编年体通史

关 键 词:编年体通史;文字简练;记事周详

作者简介

　　司马光(1019—1086),字君实,陕州夏县(今山西夏县)人,进士出身,历任天章阁待制兼知谏院、御史中丞、翰林侍读学士等官职。王安石变法,司马光因反对变法,于熙宁三年(1070 年)出知永兴军(今陕西西安市)。次年改判西京(今河南洛阳市)御史台,从此不预朝政,专修《资治通鉴》,至元丰七年(1084 年),全书修成。哲宗即位,起用司马光为相,次年病卒,年六十八。司马光著作很多,除《资治通鉴》外,还有《通鉴目录》《通鉴考异》《稽古录》《司马文正公集》等三十余种。参加《资治通鉴》编撰工作的,除司马光外,还有刘攽、刘恕、范祖禹等人。

内容速览

　　《资治通鉴》是我国古代史学家司马光主编的一部编年体通史,这部书上起周威烈王二十三年(前 403 年),下迄后周显德六年(959 年),全书分为二百九十四卷,用三百多万字,写出了一千三百六十二年的历史,文字简练,记事周详,在当时来说,是一部编年史巨著。

　　《资治通鉴选》共选出《资治通鉴》八篇,可以分为三个方面,(1)关于阶级斗争方面,有东汉末年的黄巾大起义和唐末的黄巢大起义;(2)关于统治阶级内部矛盾方面,有东汉的两次党锢之祸和唐中叶的安禄山之乱；（3）关于民族关系和中亚交通方面，有北魏孝文帝变法，唐并东突厥，契丹灭后晋和张骞通西域。

思维导图

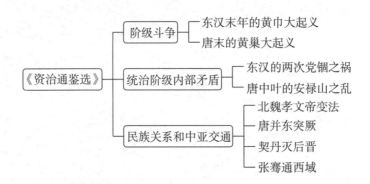

《资治通鉴选》
- 阶级斗争
  - 东汉末年的黄巾大起义
  - 唐末的黄巢大起义
- 统治阶级内部矛盾
  - 东汉的两次党锢之祸
  - 唐中叶的安禄山之乱
- 民族关系和中亚交通
  - 北魏孝文帝变法
  - 唐并东突厥
  - 契丹灭后晋
  - 张骞通西域

艺术特色

《资治通鉴》被誉为"体例严谨，脉络清晰，网罗宏大，体大思精，史料充实，考证稽详，叙事详明，繁简得宜"。

全书以时间为"纲"，以事件为"目"，纲举则目张，时索则事叙。

名家点评

1. 为人君而不知《通鉴》，则欲治而不知自治之源，恶乱而不知防乱之术。为人臣而不知《通鉴》，则上无以事君，下无以治民。为人子而不知《通鉴》，则谋身必至于辱先，作事不足以垂后。

——［宋末元初］胡三省

2. 窃以先哲经世之书，莫善于司马文正公之《资治通鉴》，其论古皆折衷至当，开拓心胸。

——［晚清］曾国藩

精彩片段

1. _____

2. _____

3. _____

学霸读后感

精彩片段

14 中国思想史纲

作品百科

书　　名：《中国思想史纲》
体　　裁：学术著作
作　　者：侯外庐
成书时间：2008 年
成　　就：我国第一部用马克思主义观点系统总结几千年思想遗产的巨著
关 键 词：中国思想通史简本

作者简介

侯外庐（1903—1987），中国历史学家、思想家、教育家。原名兆麟，又名玉枢，自号外庐。山西平遥人。1903 年 2 月 6 日生于平遥县西王智村，1987 年 9 月 14 日卒于北京。1922年到北京求学，分别考入北京政法大学和北京师范大学，兼攻法律和历史。1927 年赴法留学。1930 年回国。九一八事变后，在北平大学、北平师范大学等校任教授。抗日战争期间他在重庆一面从事抗日民族统一战线工作，一面从事学术研究，在中国古史和思想史研究领域内取得了突出的成就。

中华人民共和国建立后，历任中央人民政府政务院文教委员会委员、北京师范大学历史系主任、西北大学校长、中国科学院历史研究所副所长、中国社会科学院历史研究所所长、名誉所长、中国科学院哲学社会科学部学部委员等职。

内容速览

《中国思想史纲》大体依据侯外庐主编的五卷六册本《中国思想通史》的主要论点编写的，从这个意义上讲，《中国思想史纲》也可看作是《中国思想通史》的缩写本，但是在编写过程中有所侧重，有所补充，有所发展，实际上是一个再创作的过程，而并非《中国思想通史》

的简单重复和节略。

思维导图

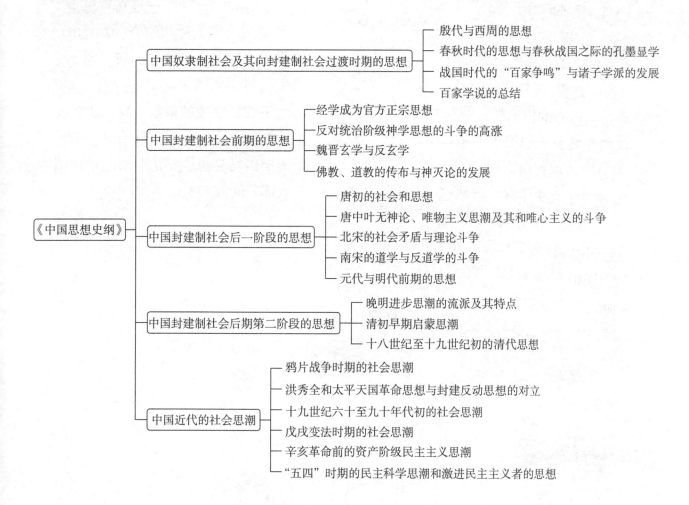

《中国思想史纲》
- 中国奴隶制社会及其向封建制社会过渡时期的思想
  - 殷代与西周的思想
  - 春秋时代的思想与春秋战国之际的孔墨显学
  - 战国时代的"百家争鸣"与诸子学派的发展
  - 百家学说的总结
- 中国封建制社会前期的思想
  - 经学成为官方正宗思想
  - 反对统治阶级神学思想的斗争的高涨
  - 魏晋玄学与反玄学
  - 佛教、道教的传布与神灭论的发展
- 中国封建制社会后一阶段的思想
  - 唐初的社会和思想
  - 唐中叶无神论、唯物主义思潮及其和唯心主义的斗争
  - 北宋的社会矛盾与理论斗争
  - 南宋的道学与反道学的斗争
  - 元代与明代前期的思想
- 中国封建制社会后期第二阶段的思想
  - 晚明进步思潮的流派及其特点
  - 清初早期启蒙思潮
  - 十八世纪至十九世纪初的清代思想
- 中国近代的社会思潮
  - 鸦片战争时期的社会思潮
  - 洪秀全和太平天国革命思想与封建反动思想的对立
  - 十九世纪六十至九十年代初的社会思潮
  - 戊戌变法时期的社会思潮
  - 辛亥革命前的资产阶级民主主义思潮
  - "五四"时期的民主科学思潮和激进民主主义者的思想

艺术特色

　　学术界一般认为，这部书是中国思想史研究中分量最重、水平最高、成就最大和影响最广的里程碑式的通史著作。

　　此书遵循马列主义唯物辩证史观梳理中国古代思想，是特定意识形态下的产物，在特定意识领域内已是权威著作。该书也不失为一种可资检索古代思想线索的较平正的著作。另外，文字简练畅达，今天的学者很少能及。

1. 侯外庐对于马克思主义史学的两点意义：首先，侯外庐的史学实践完成了马克思主义史学观和历史观的转换，即确立服从政治需要、学以致用的史学观，和以阶级斗争为核心的历史观。侯外庐创造的历史体系尤其是思想通史体系，对思想史和学术史的影响都很深远。其次，侯外庐对于马克思主义史学理论的研习及其形成的诸多论断至今深有启发，仍不过时。特别是侯外庐的社会史与思想史并行研究的治史方法和"实事求是""独立自得"的治学精神成为后学者的典范。这些都奠定了侯外庐在中国马克思主义史学史上的特殊地位。

——周鑫

2. 事实表明：一旦马克思主义与中国历史实际相结合，中国历史学的面貌就为之焕然一新。侯老一生的科学实践见证了这一点，侯老一生的科学成就证实了这一点。毫无疑问，侯老一生的科学成就将作为中国马克思主义历史学的重要组成部分而载入史册。

——佚名

精彩片段

1. _____

2. _____

3. _____

学霸读后感

15 中国文化精神

作品百科

书　　名：《中国文化精神》

体　　裁：学术著作

作　　者：张岱年

成书时间：2015 年

成　　就：标志着中国文化研究与普及的品质

关 键 词：中国文化读物；中华文化精华

作者简介

　　张岱年，中国哲学家、文化学家、国学大师。早年任清华大学教授，后长期担任北京大学教授，曾任中国哲学史学会会长。他长期从事中国哲学与文化的研究，有极高的造诣和广泛的建树。他诲人不倦，桃李满天下，是一位享誉海内外的国学大师。他晚年以《中国文化精神》彰显了中国文化研究与普及的水准。

内容速览

　　《中国文化精神》以古今中外为参照，在历史的长河中对中国文化的品格、得失与论争等方面的内容进行了通俗又极专业的讲述，并阐明了中西方文化的异同。它深入浅出、言简意赅、简明系统地对中国文化精神突破性的概括，蕴含着历史的智慧与哲理的启迪，行文一气呵成，叙述引人入胜。本书是学习中华文化传统、理解中华精神品格的普及读物，它对中国人继承优良传统、创造未来新文化有巨大的现实作用。是值得每个中国人拥有的国民常识书。

思维导图

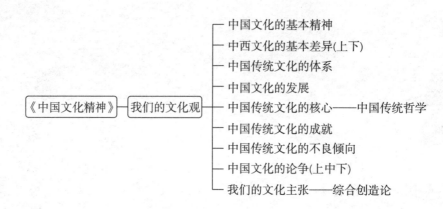

中国文化的基本精神

中西文化的基本差异(上下)

中国传统文化的体系

中国文化的发展

《中国文化精神》—— 我们的文化观 —— 中国传统文化的核心——中国传统哲学

中国传统文化的成就

中国传统文化的不良倾向

中国文化的论争(上中下)

我们的文化主张——综合创造论

艺术特色

1.《中国文化精神》以古今中外为参照,在历史的长河中对中国文化的品格、得失与论争等方面的内容进行了最通俗又极专业的讲述,并阐明了中西方文化的异同。

2. 深入浅出、言简意赅、简明系统地对中国文化精神突破性的概括,蕴含着历史的智慧与哲理的启迪,行文一气呵成,叙述引人入胜。

3.《中国文化精神》是学习中华文化传统、理解中华精神品格的普及读物,它对中国人继承优良传统、创造未来新文化有巨大的现实作用。是值得每个中国人拥有的国民常识书。

名家点评

1. 张先生治学之道为"修辞立其诚";立身之道为"直道而行",此其大略也。

——冯友兰

2. 我对张岱年先生的为人"心仪已久",张先生具有多种优秀的品质,在"当今士林中,真堪为楷模"。

——季羡林

46

3. 张岱老是 20 世纪中国有深度的哲学家和哲学史家之一，他的思想和著作自成体系，博大精深。像我这样的一代人大多读过他的著作，听过他的课，对他的感情非常深厚。他的一生都在勤勤恳恳地做学问，所以学问非常扎实，这是值得我们学习的。冯友兰先生花工夫创造一套自己的体系，而张先生则花工夫告诉我们中国哲学的原貌。他对中国哲学的原点了解得甚为准确，这对今天研究中国哲学原点的问题依然十分有帮助。张岱年先生的第二大贡献就是提出"综合创新"的观点，即综合各哲学体系，创造出新的适应当代社会需求的哲学来。这给中国哲学应该怎么发展指明一条道路，他很善于用当今的哲学观点来梳理传统的哲学思想，这些都是非凡的创举。张先生是一位平和的学者，不仅是做学问的导师，而且也是为人的导师。讨论问题平等相待，无论你身份的尊卑，他都没有一点架子。不但生活上很朴素，而且学风上也很朴素，追求扎实，反对华而不实这是他的特点。

——汤一介

精彩片段

1. _____

2. _____

3. _____

学霸读后感

16 人间正道是沧桑：世界社会主义五百年

作品百科

書　　名:《人间正道是沧桑：世界社会主义五百年》
体　　裁:学术著作
作　　者:顾海良
成书时间:2018 年
成　　就:展现世界社会主义 500 年波澜壮阔的历程
关　键　词:共产党执政规律；社会主义建设规律；人类社会发展规律

作者简介

　　顾海良，教授，博士生导师。曾任中国人民大学马列主义发展史研究所所长，国务院学位委员会办公室副主任，教育部社政司司长，武汉大学党委书记、校长，国家教育行政学院院长。主要著作有《马克思"不惑之年"的思考》《20 世纪国外马克思主义经济思想史》《世界市场全书》《马克思经济思想的当代视界》等。主要研究领域为马克思主义发展史和中国特色社会主义政治经济学。

内容速览

　　《人间正道是沧桑：世界社会主义五百年》展现世界社会主义 500 年波澜壮阔的历程，揭示世界社会主义发展的内在规律，前瞻世界社会主义的未来进程，总结共产党执政规律、社会主义建设规律和人类社会发展规律。社会主义是人类文明历史发展的产物，是人类对理想社会不懈追求的成果，凝聚着世世代代劳动人民及先进思想家力求摆脱奴役和依附、争取自由和解放的憧憬和渴望。在社会主义理想信念的鼓舞下，人类历史舞台上演出了一幕幕威武雄壮、经久不衰的社会历史的活剧。在社会主义旗帜的指引下，百年中国发生了深刻的历史性变化，从根本上改变了中国人民和中华民族的历史命运，不可逆转地结束了近代以来中国内忧外患、积贫积弱的前途命运，不可逆转地走上了中国特色社会主义道路，不可逆转地开启了中华民族走向伟大复兴的新的历史进程。本书既全面展示世界社会主义五百年发展的历史进程，又深入总结无产阶级革命、社会主义建设的经验教训，深刻揭示中国特色社会主义形成的合理性、发展的规律性和历史的必然性。

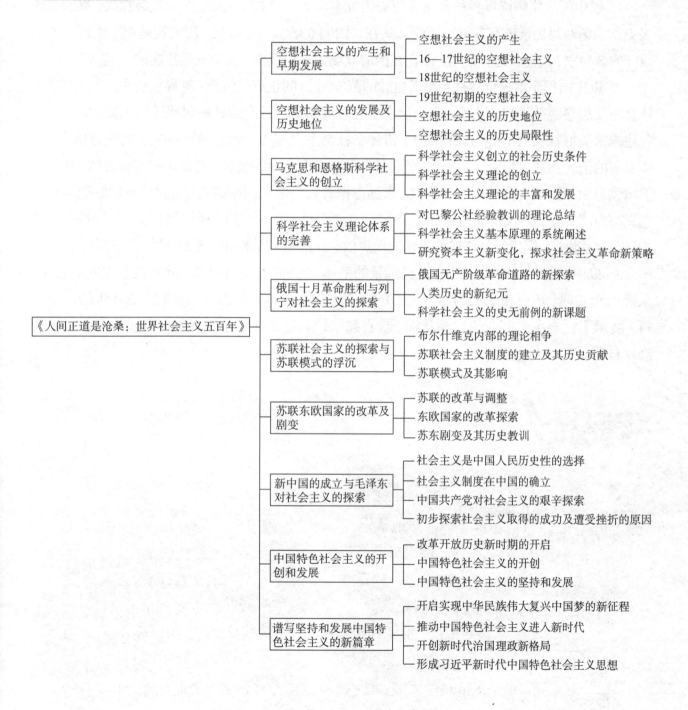

《人间正道是沧桑：世界社会主义五百年》全面准确、简洁平实地阐释了世界社会主义500年的历史渊源、思想发展和实践过程，具有权威性、理论性、指导性，对于引导广大党员干部深入学习贯彻十八大精神和习近平总书记系列讲话精神，进一步坚定理想信念，特别是坚定中国特色社会主义道路自信、理论自信、制度自信，具有重要意义。

1. 以中国立场解读世界社会主义历史的范本。从一定意义上讲，亡史就会亡国，兴国必须兴史。立场对写史读史有着根本影响。站在兴国的立场上写史读史，历史就是"营养剂"，就是最好的教科书，就能传递正能量；站在亡国的立场上写史读史，历史就是扭曲的、"虚无"的。

2. 以中国理想承续世界社会主义血脉的范本。《人间正道是沧桑：世界社会主义五百年》从社会主义思想源头讲起，讲述了空想社会主义对资本主义社会的种种罪恶进行揭露和批判，对向往未来美好社会的精心勾画和设计；讲述了社会主义作为一种超越资本主义的先进思想，它所追求的消灭剥削，实现社会平等，实现每个人自由而全面的发展，实现人类彻底解放，从必然王国到自由王国的飞跃等理念和价值，永远占据着人类道义的制高点；讲述了我们党把马克思主义与中国实际和时代特征相结合，历经千辛万苦，付出各种代价，开创和发展了中国特色社会主义。这些讲述，字里行间传递着极强的理想信念正能量，读来让人气宇轩昂、心头敞亮。

3. 以中国自信前瞻世界社会主义远景的范本。《人间正道是沧桑：世界社会主义五百年》从理论和实践、历史和未来的结合上，介绍了社会主义500年的风雨征程、500年的奋勇前行，展示了社会主义事业的波澜壮阔、跌宕起伏，洋溢着对世界社会主义发展的由衷自豪和高度自信。

名家点评

1. 《人间正道是沧桑：世界社会主义五百年》，可以帮助我们清醒地认识到，科学社会主义是在什么样的历史条件下提出来的，哪些是基本原理，哪些是随着社会实践发展提出的新观点，科学社会主义的科学性和生命力究竟在哪里。在这样科学认识的基础上，就可以形成对于马克思主义的科学信仰，形成对于中国特色社会主义的坚定信念。

——李君如

2. 读了《人间正道是沧桑：世界社会主义五百年》会感到，人类走向共产主义是历史发展不可逆转的总趋势，但道路是曲折的，资本主义最终消亡、社会主义最终胜利，是一个很长的历史过程。

——季明

精彩片段

1. _____

2. _____

3. _____

学霸读后感

精彩片段

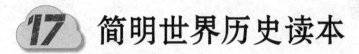

17 简明世界历史读本

作品百科

书　　名:《简明世界历史读本》

体　　裁:学术作品

作　　者:武寅

成书时间:2015 年

成　　就:第三届全国党员教育培训教材展示交流活动精品教材

关 键 词:人类历史发展进程;世界交流

作者简介

武寅,女,吉林双阳人。1968 年 9 月参加工作。1973 年 1 月加入中国共产党,1976 年毕业于辽宁大学外语系日语专业。曾任中国社会科学院研究生院院长。现任中国社会科学院副院长。

内容速览

《简明世界历史读本》由中国社会科学院副院长武寅主编,郭小凌、侯建新、刘北成、于沛等学者撰稿,是中国专业史学工作者通力完成的单卷本世界通史著作。该书系统阐述了人类历史的发展进程,呈现了自史前到 21 世纪初人类社会的丰富图景,内容涵盖政治、经济、文化、科学、思想、艺术、军事、外交、社会及生态环境的历史演变等各个方面,表现了世界历史上不同国家、不同文明之间的交往与互动。

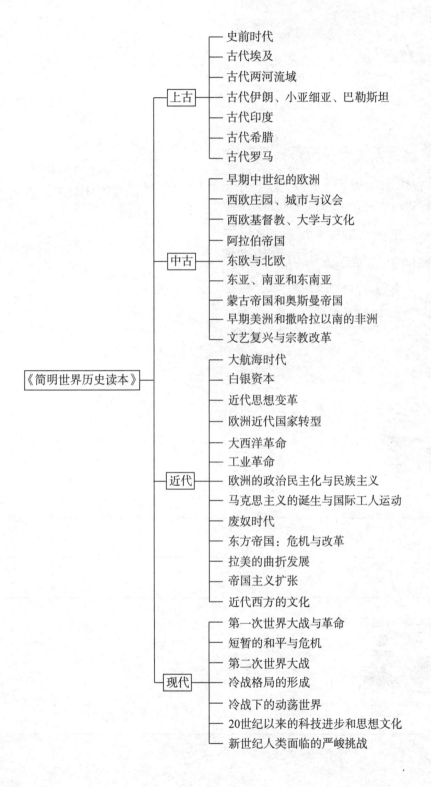

《简明世界历史读本》

上古
- 史前时代
- 古代埃及
- 古代两河流域
- 古代伊朗、小亚细亚、巴勒斯坦
- 古代印度
- 古代希腊
- 古代罗马

中古
- 早期中世纪的欧洲
- 西欧庄园、城市与议会
- 西欧基督教、大学与文化
- 阿拉伯帝国
- 东欧与北欧
- 东亚、南亚和东南亚
- 蒙古帝国和奥斯曼帝国
- 早期美洲和撒哈拉以南的非洲
- 文艺复兴与宗教改革

近代
- 大航海时代
- 白银资本
- 近代思想变革
- 欧洲近代国家转型
- 大西洋革命
- 工业革命
- 欧洲的政治民主化与民族主义
- 马克思主义的诞生与国际工人运动
- 废奴时代
- 东方帝国：危机与改革
- 拉美的曲折发展
- 帝国主义扩张
- 近代西方的文化

现代
- 第一次世界大战与革命
- 短暂的和平与危机
- 第二次世界大战
- 冷战格局的形成
- 冷战下的动荡世界
- 20世纪以来的科技进步和思想文化
- 新世纪人类面临的严峻挑战

艺术特色

《简明世界历史读本》简明扼要、通俗易懂地呈现了人类史前时代直至 21 世纪初的世界历史进程，是我国专业史学工作者通力合作完成的单卷本世界通史著作。与会专家认为该书广泛吸收综合学术研究中的最新成果，脉络清晰又不失生动趣味，兼具学术性和可读性。在科学、简要地叙述世界历史进程的同时也将中国历史的相关内容融入其中。

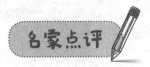

名家点评

1. 提高人文素养需要普及型读本，社会也需要历史专业学者去写一些通俗易懂的读本。该书把一部世界史浓缩至此，非常不容易，既以生动流畅的语言描述人类历史的发展过程，又有学者自己的态度和观点，兼具学术性和普及性。

——钱乘旦

2.《简明世界历史读本》同《简明中国历史读本》，一个说世界，一个讲中国，希望都能成为广大读者了解和学习历史的良师益友。

——赵剑英

精彩片段

1. ＿＿＿＿＿＿＿＿＿＿＿＿＿＿＿＿＿＿＿＿＿＿＿＿＿＿＿＿＿＿＿＿＿＿＿＿

2. ＿＿＿＿＿＿＿＿＿＿＿＿＿＿＿＿＿＿＿＿＿＿＿＿＿＿＿＿＿＿＿＿＿＿＿＿

3. ＿＿＿＿＿＿＿＿＿＿＿＿＿＿＿＿＿＿＿＿＿＿＿＿＿＿＿＿＿＿＿＿＿＿＿＿

学霸读后感

18 简单的逻辑学

作品百科

书　　名：《简单的逻辑学》

体　　裁：学术作品

作　　者：麦克伦尼

成书时间：2008 年

成　　就：香港中文大学推荐的 40 本英文经典著作之一，广受哈佛大学教授和学生的欢迎

关 键 词：逻辑学初步知识；逻辑学基本技巧

作者简介

麦克伦尼，美国知名的逻辑学教授，从事教学多年，曾先后任教于圣母大学和肯塔基大学。现居住于内布拉斯加州林肯市。

内容速览

《简单的逻辑学》，是美国著名的逻辑学教授麦克伦尼推出的著作。本书是一本现实应用的指南，对那些初次接触逻辑的人介绍逻辑的基本原理。本书将逻辑分为五部分，就是书中的五个章节，每一章节以前一章节的知识为基础。第一章是准备，为成为一个逻辑思考者而要搭建的必要思想框架。第二三章是逻辑的核心，如何建立正确的逻辑思考。第二章阐述了引导逻辑思考的基础事实，第三章重点是"论证—逻辑思考"的外在表现形式。第四章，探讨导致非逻辑思考的态度及思维模式。第五章围绕"谬误—非逻辑思考"的细节展开。

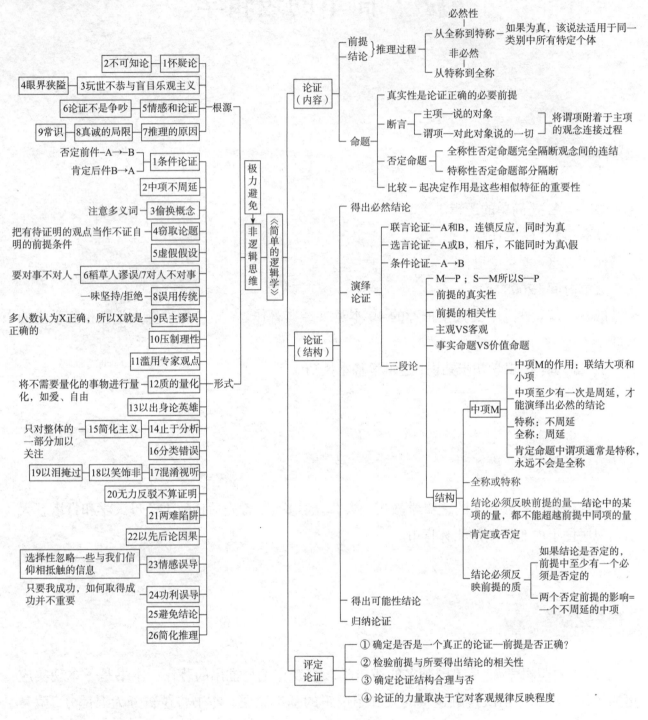

在《简单的逻辑学》中，美国著名逻辑学家、哲学教授麦克伦尼，将一门宽广、深奥的逻辑科学以贴近生活、通俗易懂、妙趣横生的语言娓娓道来。

作者以其简练而又充满趣味的笔触，将逻辑学活化为一种艺术。从它的基本原理，到论证，到非逻辑思维的根源，再到 28 种就发生在你身边的非逻辑思维形式，带领我们进入这个精彩无比的逻辑世界，体会妙趣横生的思维交锋，跨过无处不在的逻辑陷阱，让你沉醉其中，欲罢不能。

这是本小书。之所以说它小，第一是因为本书确实不厚，与市面上长篇宏论的大部头相比，它确实很小；第二是因为阅读本书并不需要太多的专业知识，可读性很强。其内容并不艰难晦涩，作者尽可能采用最直白的语言来解释逻辑中的基本原理、观点、产生谬误的原因、谬误的形式等等基础的逻辑问题。

逻辑，作为一个整体，是个宽广、深奥、精彩纷呈的领域，这本书既没有刻板的理论论述，也不是正规的教科书，这是一本现实应用的指南，对那些初次接触逻辑的人介绍逻辑的基本原理。《简单的逻辑学》期待造就实践者，而不是理论家。

名家点评

1. 要把我们的思想正确地表达出来，第一件事是要讲逻辑。
——吕叔湘

2. 逻辑对生活、认识和哲学都是必不可少的。
——王元化

3. 基础学科包括数学、逻辑学、天文学和天体物理学、地理科学和空间科学、物理学、化学、生命科学。
——联合国教科文组织

精彩片段

1. _____

2. _____

3. _____

19 孟子译注

作品百科

```
书    名:《孟子译注》
体    裁:学术作品
作    者:孟子  译注者:杨伯峻
成书时间:战国
成    就:儒家学派经典著作之一
关 键 词:儒家学派代表人物;仁政思想;性善论
```

作者简介

　　孟子名轲,邹国人,是战国时期伟大的思想家、教育家,儒门亚圣,儒家学派的代表人物之一。孟子与孔子并称"孔孟"。代表作有《鱼我所欲也》《得道多助,失道寡助》《生于忧患,死于安乐》《王顾左右而言他》《寡人之于国也》等,他的思想是上承孔子、下启荀子的先秦儒学的一个重要发展阶段,他的"仁政思想"和"性善论"等对后世东西方的政治、经济、文化都有深远而广泛的影响。孟子的思想集中反映在《孟子》一书中。

　　杨伯峻(1909—1992),原名杨德崇,湖南省长沙市人,著名语言学家。1932年毕业于北京大学中文系,后历任中学教员、冯玉祥将军研究室成员、广东中山大学讲师、湖南《民主报》社社长、湖南省政治协商会议秘书处处长、中共湖南省委统战部办公室主任、北京大学中文系副教授、兰州大学中文系副教授、中华书局编审、中国语言学会理事等。他在语言文字领域的贡献主要体现在古汉语语法和虚词的研究方面,以及古籍的整理和译注方面。

内容速览

　　《孟子译注》中杨伯峻先生对《孟子》的字音词义、历史知识、地理沿革、名物制度、风俗习惯及生僻字、破读和易生歧义和晦涩费解的词句作了详细的注解和考证,杨伯峻先生对全书每一个字都进行了严谨的考究，并译为白话文，对入门学者帮助极大。

思维导图

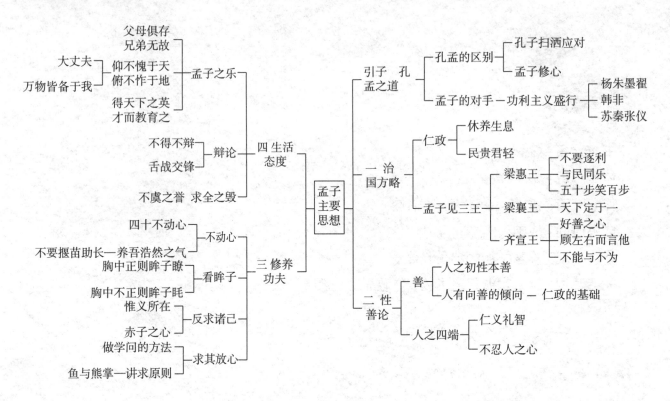

艺术特色

　　《孟子译注》是杨伯峻先生的力作，注释准确、译注平实，是当代最好的《孟子》读本之一。本书作为一部通俗的古典名著读本，不但能帮助一般读者读懂《孟子》一书，还能给研究者提供一些线索和参考。

名家点评

　　1. 细细品味《孟子译注》，同时读到杨伯峻老师的注释，更加通俗地明白儒家思想，中华千年的文化精髓，倘佯在浓浓的"之乎者也"中，更觉一种享受。

——佚名

2.《孟子译注》中杨伯峻先生对《孟子》的字音词义、语法规律、修辞方式，历史知识、地理沿革、名物制度、风俗习惯及生僻字、破读和易生歧义和晦涩费解的词句作了详细的注解和简要考证，并译为白话文，书末还附有词典，可以帮助读者借自学方式提高阅读古书的能力。

——佚名

精彩片段

1. _____

2. _____

3. _____

学霸读后感

20 庄子选集

作品百科

书　　名:《庄子选集》

体　　裁:学术作品

作　　者:庄周　译注者:陆永品

成书时间:战国

成　　就:道家学派经典著作之一

关 键 词:道家学派代表人物;蔑视礼法权贵;逍遥自由

作者简介

庄周(约前369—前286),战国中期哲学家,庄氏,名周,字子休(一作子沐),汉族,蒙(今安徽蒙城,又说河南商丘、山东东明)人。是我国先秦(战国)时期伟大的思想家、哲学家、文学家。

陆永品,中国社会科学院文学研究所研究员,中国作家协会会员。1963年毕业于复旦大学中文系,一生从事古代文学研究工作,自1993年起享受国务院特殊津贴。主要著作有《老庄研究》《司马迁研究》《诗词鉴赏新解》《庄子通释》《庄子选集》《庄子选译》《庄子选评》《唐宋词选》(合著),主编《中国古典文学名著分类集成》(先秦两汉部分)、《俞平伯名作欣赏》,编选《俞平伯集》《史记论文·史记评议》等,并发表学术论文数十篇。

内容速览

《庄子》约成书于先秦时期。《汉书·艺文志》著录五十二篇,今本三十三篇。其中内篇七,外篇十五,杂篇十一。所传三十三篇,已经郭象整理,篇目章节与汉代亦有不同。全书以"寓言""重言""卮言"为主要表现形式,继承老子学说而倡导自由主义,蔑视礼法权贵而倡言逍遥自由,内篇的《齐物论》《逍遥游》和《大宗师》集中反映了此种哲学思想。《庄子》具有很高的文学价值。其文想象丰富,气势壮阔。行文汪洋恣肆,瑰丽诡谲,意出尘外,乃先秦诸子文章的典范之作。

本书融学术性与普及性于一体,从庄子三十三篇中精选有代表意义的二十二篇,加以简明精当的注释,以帮助读者体会庄子独特的哲学思想。

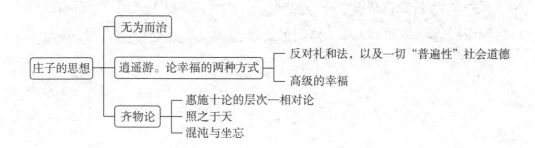

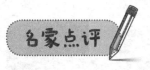

1.《庄子》是先秦文学中文学价值最高的作品,富于浪漫主义色彩,充满丰富的幻想、虚构的情节和奇妙的夸张。

2. 善于寓哲理于形象中,充分运用神话和寓言喻示道理,通过形象与虚构,展示谲怪恢诡的异常形象来象征讽喻主旨。

3. 行文如行云流水,自然流畅,汪洋恣肆。语汇丰富多彩,尖锐泼辣,具有超强的艺术表现力。句式富于变化,着意追求奇崛尖新,有时还韵散结合,音调铿锵,助长文章气势。

1. 庄子蔽于天而不知人。
——[战国]荀子

2. 其学无所不窥,然其要本归于老子之言。故其著书十余万言,大抵率寓言也。善属书离辞,指事类情,用剽剥儒、墨,虽当世宿学不能自解免也。

——[西汉]司马迁

63

3. 万古高风一子休，南华妙道几时修。谁能造入公墙里，如上江边望月楼。

——[唐]李白

4. 庄生齐物同归一，我道同中有不同。遂性逍遥虽一致，鸾凰终较胜蛇虫。

——[唐]白居易

5. 清燕新碑得自蒙，行吟如到此堂中。吏无田甲当时气，民有庄周后世风。庭下早知闲木索，坐间遥想御丝桐。飘然一往何时得，俯仰尘沙欲作翁。

——[宋]王安石

精彩片段

1. _____

2. _____

3. _____

学霸读后感

21 楚辞选

作品百科

　书　　名:《楚辞选》
　体　　裁:诗歌
　作　　者:屈原　宋玉
　成书时间:战国
　成　　就:中国古典文学经典名著之一
　关 键 词:古典文学传统源头

作者简介

　　屈原(约前340—约前278),战国时期楚国诗人、政治家。芈姓,屈氏,名平,字原;又自云名正则,字灵均。约公元前340年出生于楚国丹阳(今湖北秭归),楚武王熊通之子屈瑕的后代。屈原是中国历史上第一位伟大的爱国诗人,中国浪漫主义文学的奠基人,被誉为"中华诗祖""辞赋之祖"。他是"楚辞"的创立者和代表作者,开辟了"香草美人"的传统。屈原的出现,标志着中国诗歌进入了一个由集体歌唱到个人独创的新时代。他被后人称为"诗魂"。

　　宋玉(约前298—约前222),字子渊,宋国(今河南商丘)人。崇尚老庄,战国时期宋国公子,因父子矛盾而出走楚国。中国古代四大美男之一,生于屈原之后,为屈原之后学。曾事楚顷襄王。他好辞赋,为屈原之后辞赋家,与唐勒、景差齐名。所作辞赋甚多,流传作品有《九辩》《风赋》《高唐赋》《登徒子好色赋》《神女赋》等。《汉书·卷三十·艺文志第十》录有赋16篇。所谓"下里巴人""阳春白雪""曲高和寡""宋玉东墙"的典故皆他而来。

内容速览

　　《楚辞》是中国古典文学经典名著之一,人们常常将其与《诗经》并称为"诗骚"或"风骚"，是中国古典文学传统的源头之一。本书精选《楚辞》很重要也是很有代表性的六个篇章，即屈原的《九歌》《天问》《离骚》《九章》《招魂》和宋玉的《九辩》，先予注释，然后以现代韵文翻译。注释简明扼要，有助于读者准确地理解原诗，译文力避奥涩，行文生动流畅，很好地传达了古典诗篇的韵味，是一本很适合现代读者了解楚辞的读本。

思维导图

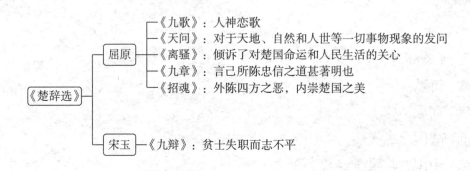

《楚辞选》
- 屈原
  - 《九歌》：人神恋歌
  - 《天问》：对于天地、自然和人世等一切事物现象的发问
  - 《离骚》：倾诉了对楚国命运和人民生活的关心
  - 《九章》：言己所陈忠信之道甚著明也
  - 《招魂》：外陈四方之恶，内崇楚国之美
- 宋玉
  - 《九辩》：贫士失职而志不平

艺术特色

1. 从诗风言，铺排夸饰，想象丰富，是楚辞的共同特征。

2. 从体式言，楚辞较之《诗经》，篇幅极大增长，句式也由四言为主变为长短不拘，参差错落，扩大了诗歌的容量。

3. 楚辞多用楚语楚声，方言词语大量出现。另外，"兮""些（suò）"等语助词频繁出现，成为楚辞的一个鲜明标志。

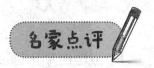
名家点评

1.《楚辞》或是《离骚》也被认为是"无形之中在精神上是把中国统一着的"。

——郭沫若

2. 痛饮酒，熟读《离骚》，便可称名士。

——《世说新语》

3. 绝句千万，不能出此范围。

——［明］胡应麟

4. 千古离骚文字，芳至今，犹未歇。

——［宋］辛弃疾

精彩片段

1. _____

2. _____

3. _____

学霸读后感

22 汉魏六朝诗选

作品百科

书　　名：《汉魏六朝诗选》
体　　裁：诗歌
作　　者：余冠英
成书时间：1958 年
成　　就：读者了解汉魏六朝诗歌的入门必备之册
关 键 词：汉魏六朝诗歌；古代诗歌逐渐成熟

作者简介

余冠英（1906—1995），中国古典文学专家。1906 年生于江苏扬州，1995 年 9 月 2 日卒于北京。1931 年毕业于清华大学，后在清华大学、西南联大等校任教。1952 年任中国科学院文学研究所研究员。后任文学所副所长、学术委员会主任、《文学遗产》杂志主编。由他主持编写的《中国文学史》是古典文学研究领域中的重要成果，经他主持编选的有《唐诗选》《三曹诗选》《诗经选》等，《唐诗选》被公认为唐诗最佳选本之一。余冠英是中国作家协会理事，第三届全国人大代表，第五、六届全国政协委员，并担任国家古籍整理出版规划小组顾问。他毕生致力于古典文学的教学和研究，培育出大批人才。他治学严谨，见解精到，成就卓著。

内容速览

汉魏六朝是我国古代诗歌逐渐成熟的重要时期，这一段时间既有采自民间的乐府诗，也有文人创作的五言、七言诗；既有南方清丽婉约的诗歌，也有北方的铿锵之声。本书选录诗约 300 首，分为九部分：汉诗、魏诗、晋诗、宋诗、齐诗、梁诗、陈诗、北朝诗、隋诗；分 4 卷，汉诗一卷，魏晋诗一卷，宋齐诗一卷，梁、陈、北朝、隋诗合为一卷。全面地反映了当时各个朝代各诗人的不同风格和内容。余冠英突出了各时期的风格和代表作家,详加注释,是读者了解汉魏六朝诗歌的入门必备之册,既可以作为专业人士的备用资料,也可以作为文学爱好者收藏的典籍。

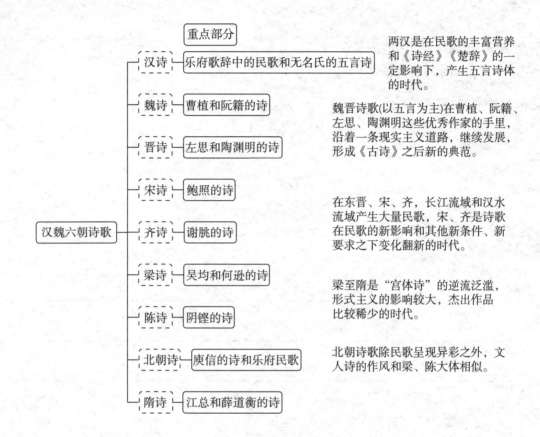

《汉魏六朝诗选》体现了余冠英先生博洽精深、自成一家的学术追求,其翔实的资料、严谨的观点中折射出令人叹服的学术功力和公允、平易的学风。

余冠英先生善于在纵向的文学发展的历史长河中评价每位作家、每首诗的地位,并在与同时代作家、作品的横向比较中分析其特色,从而客观地评估其历史价值。

1. 在中国当代学术史上，说余冠英是一位文学史家，一点儿也不为过。甚至可以说，他还是一位优秀的文学史家。作为学者，余先生是一位非常值得尊重的老人，不张扬，不卖弄，朴实无华，作风严谨，自持内敛，人格高尚，一辈子追求的就是淡泊。

——刘新风

2. 余冠英是清华的代表作家，代表了清华的文风。

——吴组缃

精彩片段

1. _____

2. _____

3. _____

学霸读后感

23 唐宋散文举要

作品百科

书　　名:《唐宋散文举要》
体　　裁:散文
作　　者:王水照
成书时间:1958 年
成　　就:"名家选评中国文学经典丛书"之一
关 键 词:唐宋散文名篇;古文鉴赏

作者简介

　　王水照,1934 年生,浙江余姚人。1960 年毕业于北京大学中文系,现为复旦大学中文系教授、博士生导师,并任中国宋代文学学会会长、中国苏轼研究学会副会长等。长期从事唐宋文学的教学和科研,主要著作有《唐宋文学论集》《苏轼研究》《王水照自选集》等,曾编选《苏轼选集》《宋人所撰三苏年谱汇刊》。

内容速览

　　本书稿是"名家选评中国文学经典"丛书之一种。丛书共 12 种,体例主要包括选文、注释、评析。

　　以"古文八大家"为重镇的唐宋散文,在我国散文史上具有里程碑式的地位。前人把韩愈、柳宗元、欧阳修、苏洵、苏轼、苏辙、曾巩、王安石合称"八大家",这一作家群实际上代表新的散文流派,形成以篇什体裁为主的散文传统,与先秦两汉以著述体裁为主的散文(诸子散文和历史散文)相区别,并成为以后元明清散文作家取经研习的主要对象。

　　本书选录唐宋散文名篇《岳阳楼记》《爱莲说》《六国论》《小石潭记》等六十余篇,均为历久传诵不衰的精品,并附有简洁注释和精当品评。本书稿之出版对广大青少年读者和文学爱好者丰富唐宋古文知识，提高古文鉴赏水平和古典文学修养有极大的帮助。

思维导图

唐宋散文特点 —

一、宋代散文舍弃了韩柳散文的古奥艰深、"沉浸浓郁"的特点，发展了平易自然"文从字顺"的特点。

二、谋篇布局不大相同：唐文讲求纵横开阖、波澜起伏的气势，在转折连接处，讲求出人意外；宋文贵乎迂徐舒缓，不露锋芒，要如行云流水，舒展自如，洋洋洒洒，而又富有逻辑性和表现力。

三、语句安排不大相同：唐文注重推敲字句，时杂入险怪新奇句式及字眼；宋文平顺简易，语言通达流畅，最为特色。

艺术特色

1. 就体裁而言，唐宋散文多种多样，有政论、文论、奏议、碑志、游记、杂说、笔记等，各种体裁独具特色。

2. 就数量而言，唐宋散文名家和散文名作的数量要远远超过前朝各代。唐宋散文以无可争议的辉煌成就登上古代散文的巅峰。

3. 蓬勃兴起的唐宋古文运动。骈文体现了语言的工整和华丽，但是过多地使用典故，过分地讲究格律，片面地追求辞藻的华丽，就束缚了人们的思想，妨碍了自由流畅表达的需要。一些公牍文、政论文、应用文，使用骈文，常常影响了内容的表述。

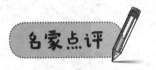

名家点评

1. 所谓"一代之学"，是指他在宋代文学研究中取得的开拓性、典范性成就；"一个方面之学"，是指他在中国文章学方面所做的筚路蓝缕、奠基性工作；"一以贯之之学"，则是对其从未消退的学术热情、从未钝去的学术敏感最好的描述。

——学界同仁

2. 王水照的研究视野广阔，用心最切、用力最深的则是宋代文学。作为当代宋代文学研究的拓荒者和奠基者之一，宋代文人士大夫身上蕴含的使命感，深深浸润他的为人处世。

——《解放周末》记者

 精彩片段

1. _____

2. _____

3. _____

 学霸读后感

24 唐宋传奇选

作品百科

书　　　名:《唐宋传奇选》

体　　　裁:传奇

作　　　者:张友鹤

成书时间:2007 年

成　　　就:唐宋传奇对其后世的小说创作及文化思想有着深远的影响

关　键　词:唐宋传奇名篇;爱情豪侠神怪

作者简介

张友鹤(1907—1971),安徽安庆人。著名的校注家,报人。曾校注了《唐宋传奇选》《镜花缘》《官场现形记》《二十年目睹之怪现状》和《聊斋志异》的会注会校工作。

内容速览

《唐宋传奇选》收录了霍小玉传、莺莺传、聂隐娘等在内的数十个唐宋传奇。传奇是唐代小说的一个别称。把它作为书名的是晚唐人裴铏的小说集《传奇》。在他之前的元稹《莺莺传》也曾被人称为"传奇",不过未必是作者自己采用的原名,很可能是宋朝人擅改的新题。北宋古文家尹洙曾讥笑范仲淹《岳阳楼记》中"用对语说时景"是"传奇体",据陈师道《后山诗话》的解释说:"传奇,唐裴铏所著小说也。"当时人所谓的"传奇体"还是特指裴铏《传奇》一书的文风,它的确是以"用对语说时景"为艺术特色的。但《传奇》的内容也有鲜明的特色,那就是以神仙和爱情相结合的故事为主要题材。南宋人习惯于用"传奇"专称爱情故事,逐步把书名变成了某一类小说的通称。说话人把《莺莺传》《卓文君》《李亚仙》《崔护觅水》等故事列为传奇类,与灵怪、公案、神仙等并列对举(见《醉翁谈录·小说开辟》),可见它只是小说的一个类别。谢采伯在《密斋笔记》自序里说:"经史(疑脱及字)本朝文艺杂说几五万余言,固未足追媲古作,要之无牴牾于圣人,不犹愈于稗官小说、传奇、志怪之流乎?"更明白地把传奇和志怪并举,作为这一类型小说的通称了。元人夏庭芝《青楼集序》则说:"唐时有传奇,皆文人所编,犹野史也,但资谐笑耳。"又作了具体的说明,但对传奇的评价却不高。明代人如胡应麟等才明确地把传奇列为小说的一大类,而且给予了较高的评价。

思维导图

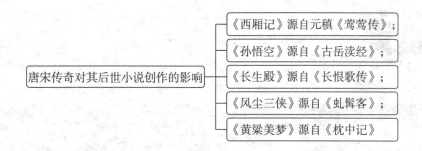

唐宋传奇对其后世小说创作的影响
- 《西厢记》源自元稹《莺莺传》;
- 《孙悟空》源自《古岳渎经》;
- 《长生殿》源自《长恨歌传》;
- 《风尘三侠》源自《虬髯客》;
- 《黄粱美梦》源自《枕中记》

艺术特色

唐宋传奇主要分为爱情、豪侠、神怪三类题材,注重用史传手法塑造人物,情节曲折,文辞华艳。写作方法上注重文采和意想,加强了细节描写,因而篇幅漫长,显然不同于以往的志怪小说,后人称之为传奇。

名家点评

1. 唐宋传奇是中国小说发展的第一座里程碑,是中国真正意义上的小说创作的开始,是现实主义和浪漫主义的杰作。

——佚名

2. 唐宋传奇对其后世的小说创作及文化思想有着深远的影响。

——佚名

精彩片段

1. _____

2. _____

3. _____

学霸读后感

25 宋词选

作品百科

书　　名：《宋词选》
体　　裁：诗词
作　　者：胡云翼
成书时间：1981 年
成　　就：精选宋词中的经典之作
关 键 词：领略宋词；体验人生

作者简介

　　胡云翼（1906—1965），湖南桂东人。原名耀华，字号南翔、北海，笔名拜苹女士，词学家。1927 年毕业于武昌师范。曾创办《艺林旬刊》。历任长沙岳云中学、南华中学、省立一中、无锡中学、镇江师范、暨南大学教职。后在上海中华书局、商务印书馆任编辑。新中国成立后任上海南洋模范中学教员，上海师范学院教授。著有《宋词研究》《宋诗研究》《唐诗研究》《中国词史大纲》《新著中国文学史》《唐代的战争文学》，编有《词选》《诗学小丛书》，又有小说《西泠桥畔》等。

内容速览

　　宋词乃中国词史上的艺术瑰宝，几百年来，一直以自己丰富的情思意蕴和独特的艺术魅力，为广大读者所喜爱。本书精选宋词中的经典之作，进行详尽的注释和精辟的评述，将帮助读者更好地领略宋词的迷人风采，使读者得到更多的人生体验和美的陶冶。朋友，如果你想深刻了解宋代辉煌的文化艺术，如果你想领略词有别于诗的迷人风采，如果你想得到更多的人生体验和美的陶冶，就请到宋词佳境中遨游一番吧！相信你一定会有收获的。

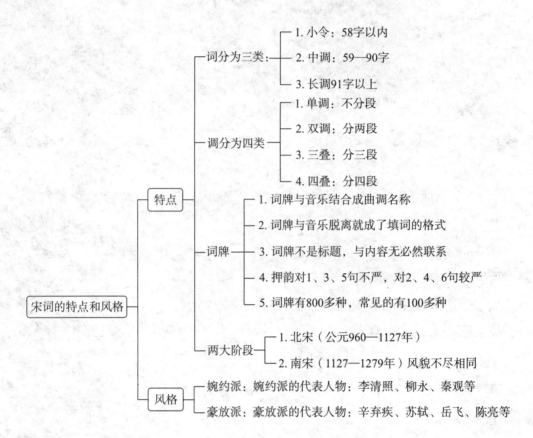

宋词的特点和风格

特点
├─ 词分为三类：
│   ├─ 1. 小令：58字以内
│   ├─ 2. 中调：59—90字
│   └─ 3. 长调91字以上
├─ 调分为四类
│   ├─ 1. 单调：不分段
│   ├─ 2. 双调：分两段
│   ├─ 3. 三叠：分三段
│   └─ 4. 四叠：分四段
├─ 词牌
│   ├─ 1. 词牌与音乐结合成曲调名称
│   ├─ 2. 词牌与音乐脱离就成了填词的格式
│   ├─ 3. 词牌不是标题，与内容无必然联系
│   ├─ 4. 押韵对1、3、5句不严，对2、4、6句较严
│   └─ 5. 词牌有800多种，常见的有100多种
└─ 两大阶段
    ├─ 1. 北宋（公元960—1127年）
    └─ 2. 南宋（1127—1279年）风貌不尽相同

风格
├─ 婉约派：婉约派的代表人物：李清照、柳永、秦观等
└─ 豪放派：豪放派的代表人物：辛弃疾、苏轼、岳飞、陈亮等

　　宋词之所以能成为一种成熟高雅的文体并能够与诗并称为"双绝"，首先在于词是中国古代文体中唯一的一种音乐文学，富有韵律之美，读起来朗朗上口，唱起来宛转悠扬，尤其词的形式丰富多样，在千种词牌的音律框架下，可以填写不同的内容。

　　其次，词与诗、文、赋等文体相比，更具感性的抒情特质，可以让人肆意表达内心的真实的感受和诉求。宋词从俗到雅，弥补了诗、文过于正统而缺少的人情味。

　　再者，宋词的意境之美尤为突出，看似简单的写景状物的词语之中，蕴含无限的深情厚意和对人生的思考，让人吟咏之后，细细品味，如同余音绕梁，给人充分的想象和理解空间。

1. 胡云翼先生的《宋词选》，已由上海古籍出版社重版发行了。该书有注释、有串解、有说明，不失为一部有特色的宋词选本。

——曹济平

2. 宋词，便带着宋朝的气质，一路从宋初走来，影映这整个时代。宋词，是宋朝的缩影，具有宋朝的气质，绽放属于宋朝的光华，映出宋朝的灵魂。

——蒋建军

精彩片段

1. _____

2. _____

3. _____

学霸读后感

26 窦娥冤：关汉卿选集

作品百科

书　　　名:《窦娥冤：关汉卿选集》
体　　　裁：戏剧
作　　　者：关汉卿　选注者：康保成　李树玲
成书时间：2018 年
成　　　就：列之于世界大悲剧中亦无愧色
关 键 词：悲剧；冤情

作者简介

　　关汉卿（1219—1301），元代杂剧奠基人，元代戏剧作家，"元曲四大家"之首。晚号已斋（一说名一斋）、已斋叟。汉族，解州人（今山西省运城），其籍贯还有大都（今北京市）人，及祁州（今河北省安国市）人等说，与白朴、马致远、郑光祖并称为"元曲四大家"。以杂剧的成就最大，今知有 67 部，现存 18 部，个别作品是否为他所作，无定论。最著名的是《窦娥冤》。关汉卿也写了不少历史剧，《单刀会》《单鞭夺槊》《西蜀梦》等，散曲今有小令 40 多首、套数 10 多首。他的散曲，内容丰富多彩，格调清新刚劲，具有很高的艺术价值。关汉卿塑造的"我是个蒸不烂、煮不熟、捶不匾、炒不爆、响珰珰一粒铜豌豆"（《不伏老》）的形象也广为人称，被誉"曲圣"。

　　康保成，中山大学中文系教授、博士生导师、古代戏曲研究室主任。研究方向为中国古代文学、中国戏曲史。近年来侧重从戏剧与民俗、宗教的关系方面入手，探讨古代戏剧形态的演变。著有《中国近代戏剧形式论》《苏州剧派研究》《傩戏艺术源流》《中国古代戏剧形态与佛教》等。

内容速览

　　关汉卿作品中最著名的就是《窦娥冤》，描写了一个普通妇女所遭受的冤狱：年轻的寡妇窦娥无辜地被官府判斩。王国维称《窦娥冤》"列之于世界大悲剧中亦无愧色"。本书共包括从关汉卿存世作品中选出的八个杂剧和若干首散曲。选取的标准主要有二：一是可确定是关作；二是艺术上有特色，影响较大。

思维导图

《窦娥冤》的艺术特点

1. 从人物的形象塑造看，他在杂剧里塑造了一批栩栩如生、性格鲜明的人物形象，为元杂剧的人物画廊增添了色彩

2. 关汉卿善于通过尖锐矛盾冲突，展现人物的内心世界和道德情操

3. 关汉卿善于扣紧人物的身份、地位、遭遇来刻画人物的性格，并在突出人物性格主要方面的同时，注意人物性格的复杂性

4. 从结构布局看，关汉卿善于紧扣作品的主题，采用环环紧扣和步步进逼的结构手法设计场面和安排人物，如《救风尘》

5. 从语言运用看，语言大都从有利于演出和观赏着眼，追求自然质朴、真切美听的风格

艺术特色

　　作品在艺术上，体现出现实主义与浪漫主义风格的融合。作品用丰富的想象和大胆的夸张，设计超现实的情节，显示出正义的强大力量，寄托了作者鲜明的爱憎，反映了广大人民伸张正义、惩治邪恶的愿望。

　　关汉卿戏曲的语言通俗自然，朴实生动，极富性格，评论家以"本色"两字概括其特色。作品中的曲词，都不事雕琢，感情真切，精练优美，浅显而深邃。

名家点评

　　1. 关汉卿的《窦娥冤》是元杂剧社会问题剧中思想深度和情感强度都极为突出的作品，因此它才成为中国文学史上的经典。关汉卿的《窦娥冤》也是中国戏曲史上被京剧及豫剧、秦腔、河北梆子等多个地方剧改编演出，舞台生命力及其强大的作品。

——张冬云

2.《窦娥冤》是元代著名杂剧家关汉卿所创作的具有代表性的作品之一，这不仅仅是元代这一时期杂剧最负盛名的一个典型的悲剧性作品，也是我国历史上比较著名的具有特色的悲剧性戏剧。

——郭志勇

精彩片段

1. _____

2. _____

3. _____

学霸读后感

27 西厢记

作品百科

书　　名:《西厢记》

体　　裁:戏剧

作　　者:王实甫　校注者:王季思

成书时间:大约写于元贞、大德年间（1295—1307）

成　　就:具有很浓的反封建礼教的色彩

关 键 词:天下有情的都成了眷属;引人入胜;文采斐然

作者简介

　　王实甫（1260—1336），字德信。大都（今河北定兴县）人。元代杂剧作家。《录鬼簿》列他入"前辈已死名公才人"。元末剧作家贾仲明在《凌波仙》吊词中说他"作词章风韵美，士林中等辈伏低。新杂剧，旧传奇，《西厢记》天下夺魁"。王实甫作杂剧十四种，今存《西厢记》《丽春堂》《破窑记》三种。散曲存世不多，出语俏丽，委婉含蓄。

　　王季思（1906—1996），学名王起，字季思，以字行。笔名小米、之操、梦甘、在陈、齐人，室名玉轮轩，祖籍浙江省温州市龙湾区永中街道永昌堡。历任浙江大学、之江文理学院、中山大学教授。浙江永嘉人，生于南戏的发源地温州，从小就热爱戏曲。作为著名的戏曲史论家、文学史家，王季思戏曲研究著作颇丰。他重新整理《西厢记校注》，还带领弟子苏寰中等校注《桃花扇传奇》。他先后主编过高校文科教材《中国文学史》以及《中国十大古典悲剧集》与《中国十大古典喜剧集》。很多作品被译成日文与印尼文，在国内外学术界中有重大影响，被誉为"岭南文化的最后一颗文化灵魂"。

内容速览

　　《崔莺莺待月西厢记》（简称《西厢记》，又称《王西厢》《北西厢》）是元代王实甫创作的杂剧,大约写于元贞、大德年间(1295—1307)。

全剧叙写了书生张生(君瑞)与小姐崔莺莺在侍女红娘的帮助下,冲破孙飞虎、崔母、郑恒等人的重重阻挠,终成眷属的故事。

该剧具有很浓的反封建礼教的色彩,作者写青年人对爱情的渴望,写情与欲的不可遏制与正当合理,写青年人自身的愿望与家长意志的冲突;表达了"愿天下有情的都成了眷属"的爱情观。全剧体制宏伟,用了五本二十折连演一个完整的故事,这在古代杂剧中是罕见的。该剧情节引人入胜,形象鲜明生动,文采斐然,极具诗情画意。

《西厢记》主要人物

崔莺莺:崔莺莺出身名门贵族,是个美丽而有才情的少女,父亲崔相国生前已将她许配给郑尚书的儿子。在封建礼教的严重束缚中,她内心强烈地追求着爱情和幸福。她和书生张君瑞在普救寺中相遇,张生的痴情和才华博得她的爱慕,但相国小姐的身份和她所受的教养,使她感到不能自由表达爱情的苦恼。张生解普救寺之围,本应与她结为夫妻,但老夫人的变卦,给她以沉重的打击,反抗的意识开始觉醒。她逐渐从犹豫动摇、怯弱和顾虑中解放出来,终于突破束缚,和张生美满结合

张生(张君瑞):张生先父官礼部尚书,可见他也是官宦和书香门第出身,自幼在此环境熏陶下,勤奋学习,学成满腹文章以求金榜题名。时运不济,造化弄人,多次应举,均名落孙山,因此"书剑飘零,游于四方"。由此可见,张生的愿望是:但求功名日,光宗耀祖时。但这位饱学之士在偶遇莺莺时,却将功名利禄抛向九霄云外,将23年的艰辛与努力置于十八层地狱,义无反顾地把追求自由爱情放在第一要务。于是经史子集却成了他追求爱情的幌子,在之后的岁月里他相思难寐,更别说读书学习了。在普救寺英雄救美,绞尽脑汁争取爱情;终于爱情有望,却遭崔夫人拒绝,以"俺三辈儿不招白衣女婿"为由,张生迫不得已,只能赴京赶考。未料到自己的爱情却建立在功名的基础之上,"得官啊,来见崔夫人;驳落啊,休来见崔夫人"。的确,爱情的力量是伟大的,未遇莺莺时,张君瑞"书剑飘零,功名未遂,游于四方";遇莺莺后,他胸有成竹,胜券在握,最终"一举及第,得了头名状元"

红娘:红娘不仅仅是一个婢女,而且是剧里剧外的联络人。她作为作者代言人,直接体现了作者的意图,作者把自己的思想和意识加在了她的身上,她左右着剧情的发展,具有重要作用。红娘奔走于崔、张之间,周旋于以老夫人为代表的封建势力中,老夫人维护封建纲常和家族利益,维护讲究"父母之命,媒妁之言"的礼教,要打破它,就需要红娘这样具有大胆的反抗精神而又富有同情心和正义感的侠气角色。她见义勇为,情缘反礼,愿为"有情人终成眷属"扫除障碍铺平道路,因此,她在剧中具有相当高的地位

老夫人:老夫人是一个多苦多难的、已经衰败了的封建家庭的家长。丈夫刚刚去世,能够担负起家庭支柱的小儿子尚且年幼,显赫的相府之家转眼之间变得只剩"至亲三四口儿",而客居萧寺,后面会遇到什么麻烦,她一无所知。老夫人的丧夫之痛和对未来世事难料的苦楚不是那个不食人间烟火的莺莺小姐所能体会和理解的。老夫人是《西厢记》中第一个出场的人物,她的一段"子母孤孀途路穷"的唱词,反映了她对门前冷落、世态炎凉的感伤,这对老夫人性格的形成是非常重要的。正是由于她痛感门庭冷落、处境凄凉,所以她特别想为女儿寻一段既可以维持崔府贵族之家的社会地位,又能给女儿带来幸福的婚姻,因而,如张生这般之人断然不是老夫人的理想人选

相较于《莺莺传》简单描述张生对莺莺始乱终弃的故事情节,《西厢记》的情节无疑要丰富得多,人物形象也立体生动得多,更容易博取读者的好感。《莺莺传》里的张生热衷于

追求功名利禄，不敢反抗崔夫人这种封建家长，甚至对莺莺始乱终弃，令人厌恶。但《西厢记》里的张生却勇于追求爱情，且怀着一颗赤子之心，既可爱又感人。莺莺对爱情的追求更是强烈，在与张生互生情愫后，她全然不顾世人的眼光，主动接近张生。送张生进京赶考时，她对张生能否高中毫不介意，只盼他早日考完，早日归来。这种毫不掺杂物质诱惑的纯洁爱情观，令人动容。除了男女主角外，《西厢记》里的红娘形象也相当突出，她本受崔夫人之命，去监视小姐的一举一动，结果却成了帮助小姐追求自由爱情的好帮手。她聪明机灵，有智有谋，周旋在张生和崔夫人之间，每每都会将强横的崔夫人逼得无言以对，说她是张生和莺莺的爱情军师，一点儿都不为过。两人最后能有情人终成眷属，实在要多谢红娘从中穿针引线。

除了饱满的故事、立体的人物和明确的主旨外，《西厢记》的唱词也十分突出，极富诗意，读起来就如同一首首曼妙至极的抒情诗，具有很高的艺术价值。

名家点评

1. 曲词警人，余香满口
　　——［清］曹雪芹（《红楼梦》）

2. 新杂剧，旧传奇，《西厢记》天下夺魁。
　　——［元］贾仲明（《凌波仙》）

精彩片段

1. _____

2. _____

3. _____

学霸读后感

28 牡丹亭

作品百科

书　　名：《牡丹亭》

体　　裁：戏剧

作　　者：汤显祖　校注者：徐朔方　杨笑梅

成书时间：创作于明万历二十六年（1598年）

成　　就：古典四大名剧之一

关 键 词：反礼教；反封建色彩；追求个性自由

作者简介

　　汤显祖（1550—1616），中国明代戏曲家、文学家。字义仍，号海若、若士、清远道人。汉族，江西临川人。汤氏祖籍临川县云山乡，后迁居汤家山（今江西抚州市）。出身书香门第，早有才名，他不仅于古文诗词颇精，而且能通天文地理、医药卜筮诸书。34岁中进士，在南京先后任太常寺博士、詹事府主簿和礼部祠祭司主事。明万历十九年（1591年），他目睹当时官僚腐败愤而上《论辅臣科臣疏》，触怒了皇帝而被贬为广东徐闻典史，后调任浙江遂昌知县，一任五年，政绩斐然，却因压制豪强，触怒权贵而招致上司的非议和地方势力的反对，终于万历二十六年（1598年）愤而弃官归里。家居期间，一方面希望有"起报知遇"之日，另一方面却又指望"朝廷有威风之臣，郡邑无饿虎之吏，吟咏升平，每年添一卷诗足矣"。后逐渐打消仕进之念，潜心于戏剧及诗词创作。在汤显祖多方面的成就中，以戏曲创作为最，其戏剧作品《还魂记》（牡丹亭）、《紫钗记》《南柯记》和《邯郸记》合称"临川四梦"，其中《牡丹亭》是他的代表作。这些剧作不但为中国人民所喜爱，而且已传播到英、日、德、俄等很多国家，被视为世界戏剧艺术的珍品。汤氏的专著《宜黄县戏神清源师庙记》也是中国戏曲史上论述戏剧表演的一篇重要文献，对导演学起了拓荒开路的作用。汤显祖还是一位杰出的诗人。其诗作有《玉茗堂集》4卷、《红泉逸草》1卷、《问棘邮草》2卷。

　　徐朔方（1923—2007），原名步奎，浙江东阳人。他1947年7月毕业于浙江大学师范学院英文系，曾在温州中学、温州师范学校任教。1954年，他调入浙江师范学院（1958年改组为杭州大学）中文系任教，先后任讲师、副教授、教授。他是我国著名的古代文学研究专家，著作等身的学者，是我国元明清戏曲小说研究领域泰山北斗级的人物。

内容速览

　　《牡丹亭》是明代戏曲家汤显祖的代表作，这时作家的思想和艺术都已经成熟。明代话本小说《杜丽娘慕色还魂》为《牡丹亭》提供了基本情节。《牡丹亭》在《惊梦》《寻梦》《闹殇》各出的宾白中还保留了话本的若干原句。在小说中，杜丽娘还魂后，门当户对的婚姻顺利缔成；而在戏曲中，汤显祖进行了脱胎换骨的创造性劳动，把小说中的传说故事同明代社会的现实生活结合起来，使它具有强烈的反礼教、反封建色彩，焕发出追求个性自由的光辉理想。

　　女主角杜丽娘是古典戏曲中最可爱的少女形象之一。出身和社会地位规定她应该成为具有三从四德的贤妻良母。她的人生第一课是《诗经》的首篇《关雎》。传统说法认为它是"后妃之德"的歌颂，是最好的闺范读本。她却直觉地认出这是一支恋歌。在婢女春香的怂恿下，她偷偷地走出闺房。"不到园林，怎知春色如许"，春天的大自然唤醒了她的青春活力。她生活在笼罩着封建礼教气氛、几乎与世隔绝的环境中，眼睁睁地看着青春即将逝去，她却无能为力，不由自主，只好把炽热的感情压制在心中。汤显祖没有因袭前人小说戏曲中一见倾心，互通殷勤，后花园私订终身的手法，而安排杜丽娘在游园之后和情人在梦中幽会；幽会以后，接着描写她第二次到园中《寻梦》。《惊梦》和《寻梦》是杜丽娘郁积在心中的热情的爆发，也是她反抗现实世界的实际行动。

　　《牡丹亭》的感人力量，在于它具有强烈地追求个性自由，反对封建礼教的浪漫主义理想。这个理想作为封建体系的对立面而出现。善良与美好的东西都属于杜丽娘。汤显祖描写杜丽娘的美貌很成功，而描写杜丽娘的感情和理想的那些片段更具魅力。《牡丹亭》写出，她不是死于爱情被破坏，而是死于对爱情的徒然渴望。通过杜丽娘的形象，《牡丹亭》表达了当时广大男女青年要求个性解放，要求爱情自由、婚姻自主的呼声，并且暴露了封建礼教对人们幸福生活和美好理想的摧残。

《牡丹亭》主要人物

杜丽娘——《牡丹亭》中描写得最成功的人物形象。在她身上有着强烈的叛逆情绪，这不仅表现在她为寻求美满爱情所作的不屈不挠的斗争方面，也表现在她对封建礼教给妇女安排的生活道路的反抗方面。作者成功地、细致地描写了她的反抗性格的成长过程

柳梦梅——一个富有才华的青年，但又存在着较浓厚的功名富贵的庸俗思想。他在爱情上确是始终如一的。他一看到杜丽娘的画像和题诗，就被吸引住了。他为她敢于冒开棺处死的危险；在烽火连天、刀兵遍地的日子里，不畏艰险到淮阳替她探望父母。在得悉自己中了状元还被吊打的情况下，第一个念头就是叫人赶紧送信给杜丽娘，让她高兴。这些描写也是生动的，同时他不畏强暴、刚强的反抗性格也是突出的。他敢于在金銮殿上揭露和嘲笑权高势重的岳父。他始终相信自己和杜丽娘的行为是正确的，理直气壮、义正词严。这种性格与杜丽娘的形象交相辉映，使他们的爱情发出了更大的光彩

春香——一位活泼可爱的丫鬟。从某种意义上说，春香正是杜丽娘性格中调皮、直率层面的外化。春香的导引与陪衬，使得杜丽娘更为仪态万方、内涵丰富。这一对少女珠联璧合般的联袂登场，与后来舞台本中花神圣母般的形象交相辉映，将女性美的群体阵容渲染得靓丽如画

杜宝——封建家长制度的代表，是坚决的正统主义者。在婚姻问题上，他坚持门第观念，以致耽搁了女儿的青春，甚至在知悉女儿生病的真正原因后，还故作镇定，以致断送了女儿的生命。这些地方都表现了他的冷酷面目。但另一面他又以封建社会"忠心耿耿"的大臣面目而出现，他勤政爱民，公而忘私，为国忘家。正因如此，他必然要坚定不移地维护封建制度重大支柱之一的封建礼教。为了维护封建制度，他在政治上清廉正直；也是为了维护封建制度，他在家庭中断送了女儿的青春和幸福。从而深刻地揭露了封建道德体系的不合理

陈最良——作者笔下的陈最良是一个十足的迂腐、庸俗、虚伪、自私的道学先生，他严格遵守封建教义，言谈行动充满着酸溜溜的味道。有名的"闺塾"出描写这个人物的道学气最传神。在这个人物身上暴露了封建社会一般知识分子的很多弱点，结合明代嘉靖以后文人生活和精神面貌的实际情况来看，陈最良这个形象有着明显的时代特征。对这个形象的批判，也正好体现了作者反封建礼教的民主精神

艺术特色

一是把浪漫主义手法引入传奇创作。首先，贯串整个作品的是杜丽娘对理想的强烈追求。其次，艺术构思具有离奇跌宕的幻想色彩，使情节离奇，曲折多变。再次，从"情"的理想高度来观察生活和表现人物。

二是在人物塑造方面注重展示人物的内心世界，发掘人物内心幽微细密的情感，使之形神毕露，从而赋予人物形象以鲜明的性格特征和深刻的文化内涵。

三是语言浓丽华艳，意境深远。全剧采用抒情诗的笔法，倾泻人物的情感。另一方面，具有奇巧、尖新、陡峭、纤细的语言风格。这些特点向来深受肯定。一些唱词直至今日，仍然脍炙人口，表现出很高的艺术水准。

1. 汤显祖和莎士比亚的五个相同点：一是生卒年几乎相同（前者 1550—1616 年，后者 1564—1616 年），二是同在戏曲界占有最高的地位，三是创作内容都善于取材他人著作，四是不守戏剧创作的清规戒律，五是剧作最能哀怨动人。

——赵景深（《汤显祖与莎士比亚》）

2. 杜丽如何朱丽叶，情深真已到梅根。何当丽句锁池馆，不让莎翁在故村。

——田汉

3. 汤显祖与莎士比亚时代相同，但具体的戏剧创作传统不同，前者依谱按律填写诗句曲词，后者则以话剧的开放形式施展生花妙笔，认为汤显祖的创作空间与难度更大。汤显祖塑造出《牡丹亭》里杜丽娘敢于追求自身幸福的人物，更是难能可贵。

——徐朔方（《汤显祖与莎士比亚》）

精彩片段

1. _____

2. _____

3. _____

学霸读后感

29 三国演义

作品百科

　　书　　名：《三国演义》

　　体　　裁：长篇历史章回小说

　　作　　者：罗贯中

　　成书时间：元末明初洪武年间

　　成　　就：中国第一部长篇历史章回小说

　　关 键 词：章回小说；三国兴亡；七实三虚；经典战役

作者简介

　　罗贯中（约 1330—约 1400），元末明初小说家。名本，字贯中，号湖海散人，汉族，山西并州太原府人。罗贯中早年曾参与反元的起义斗争。明朝建立之后，专心致力于文学创作。罗贯中编著的小说有《三国志通俗演义》《隋唐志传》《残唐五代史演传》《三遂平妖传》。

内容速览

　　该书描写了从东汉末年到西晋初年之间近百年的历史风云，反映了三国时代的政治军事斗争以及各类社会矛盾的渗透与转化。其虚实结合，曲尽其妙，是四大名著中唯一根据历史事实改编的小说，被许多人误以为该书内容就是中国三国时期的正史。

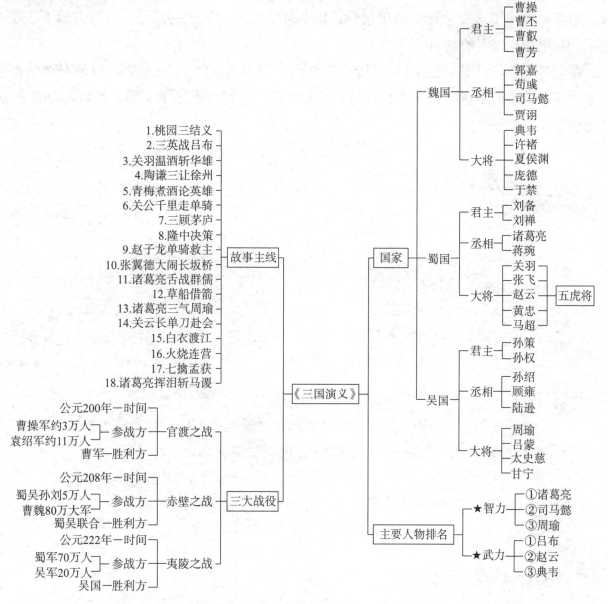

故事主线
1. 桃园三结义
2. 三英战吕布
3. 关羽温酒斩华雄
4. 陶谦三让徐州
5. 青梅煮酒论英雄
6. 关公千里走单骑
7. 三顾茅庐
8. 隆中决策
9. 赵子龙单骑救主
10. 张翼德大闹长坂桥
11. 诸葛亮舌战群儒
12. 草船借箭
13. 诸葛亮三气周瑜
14. 关云长单刀赴会
15. 白衣渡江
16. 火烧连营
17. 七擒孟获
18. 诸葛亮挥泪斩马谡

三大战役
官渡之战
公元200年—时间
曹操军约3万人 袁绍军约11万人—参战方
曹军—胜利方

赤壁之战
公元208年—时间
蜀吴孙刘5万人 曹魏80万大军—参战方
蜀吴联合—胜利方

夷陵之战
公元222年—时间
蜀军70万人 吴军20万人—参战方
吴国—胜利方

《三国演义》

国家

魏国
君主：曹操、曹丕、曹叡、曹芳
丞相：郭嘉、荀彧、司马懿、贾诩
大将：典韦、许褚、夏侯渊、庞德、于禁

蜀国
君主：刘备、刘禅
丞相：诸葛亮、蒋琬
大将：关羽、张飞、赵云、黄忠、马超（五虎将）

吴国
君主：孙策、孙权
丞相：孙绍、顾雍、陆逊
大将：周瑜、吕蒙、太史慈、甘宁

主要人物排名
★智力：①诸葛亮 ②司马懿 ③周瑜
★武力：①吕布 ②赵云 ③典韦

　　罗贯中将来自雅、俗两个不同层面的文化融为一体，并按自己的主体认识、价值观念和艺术好恶加以糅合，从而使作品具有十分丰富的文化蕴涵。在《三国演义》中，既有上层统治阶级意识形态的折光，又沉淀着广大、深沉的民间思想。它是一部形象化的三国兴亡史，同时也是一部民众眼中的政治、军事史。

　　三国史事的历史著作不仅为《三国演义》提供了基本的素材和史事框架，同时历史意识和官史所代表的史学意识也直接影响了小说的创作模式和基本倾向。求实传真精神与经世意识是史官文化的基本特征，体现在史书编撰中要求编撰者必须采取客观的态度，同时

91

又重视对历史经验和教训的总结、探求，以达到"资治"、教化等目的。

《三国演义》在创作上的一个重要特点是依史以演义，作者的创作目的是描绘一部形象化的三国兴亡史，其间总结历史经验教训的意图十分鲜明。作者以写实的态度，比较客观、完整地展现了这百余年的历史过程，其中对历史经验教训的总结，给后人留下了很多启示，因此具有极大的魅力。

在创作上，《三国演义》继承了传统史学的实录精神，"七实三虚"可以说是该书取材的基本原则，小说中虽有不少虚构成分，但大的历史事件皆取之于史籍，主要人物的性格、经历也基本符合史实。

1. 三国演义乃七实三虚惑乱观者。

——[清]章学诚

2. 世人鲜有读三国史者，惟于罗贯中演义得其梗概耳。

——[清]魏裔介

3. 至于写人，亦颇有失，以致欲显刘备之长厚而似伪，状诸葛之多智而近妖；惟于关羽，特多好语，义勇之概，时时如见矣。

——鲁迅（《中国小说史略》）

1. _____

2. _____

3. _____

30 徐霞客游记

作品百科

书　　名:《徐霞客游记》

体　　裁:游记

作　　者:徐霞客

成书时间:乾隆四十一年(1776年,木刻本)

成　　就:世间真文字、大文字、奇文字

关 键 词:地理著作;旅行记录

作者简介

徐霞客(1587—1641),名宏祖,字振之,霞客是他的别号,江阴(今江苏江阴)人,明代地理学家。他从22岁起第一次到太湖地区进行考察,直到逝世的30多年间,几乎每年都要外出进行地理考察,足迹踏遍了中国的16个省市。他把自己的考察所得记录下来,这就是闻名于世的《徐霞客游记》。这本书以散文和日记体的形式,记载了徐霞客在游历中所经历和观察到的各种地理现象、自然规律、气候状况、动植物情况,乃至少数民族地区的风俗习惯、经济状况等。他特别考察和研究了中国石灰岩地貌的分布区域、地貌特征及其发育规律,比西方人的考察早了二三百年。这部著作是中国地理史上的重要著作,在世界地理学史上也有着重要的地位。徐霞客对中国水文地理学的发展也做出了杰出的贡献。他对长江和盘江做了详细的考察后,写了《江源考》和《盘江考》。这两部书是水利科学史上的重要著作。

内容速览

《徐霞客游记》是以日记体为主的地理著作,明末地理学家徐弘祖(一作宏祖,号霞客)经30多年旅行,写有天台山、雁荡山、黄山、庐山、嵩山、华山、五台山、恒山等名山游记17

篇和《浙游日记》《江右游日记》《楚游日记》《粤西游日记》《黔游日记》《滇游日记》等著作，除佚散者外，遗有60余万字游记资料，死后由他人整理成《徐霞客游记》。世传本有10卷、12卷、20卷等数种，主要按日记述作者1613—1639年间旅行观察所得，对地理、水文、地质、植物等现象，均做了详细记录，在地理学和文学上有着重要的价值。

思维导图

《徐霞客游记》主要内容

地貌学：徐霞客30多年的旅行考察，看见过许多地貌形态。记录在游记中的地貌类型就有岩溶地貌、山岳地貌、红层地貌、流水地貌、火山地貌、冰缘地貌和应用地貌七种。被他描述过的地貌形态名称多达一百〇二种。其中中国西南地区岩溶地貌尤为详细。地表岩溶方面，徐霞客通过实地考察我国东南、中南和西南地区岩溶地貌最发达的地区，非常全面而系统地记录了这些地区地表岩溶的各类地貌形态，如石芽、溶沟、岩溶裂隙、落水洞、漏斗、竖井、溶蚀洼地、岩溶槽谷、岩溶盆地、盲谷、干谷岩溶嶂谷、天窗、天生桥、岩溶湖岩溶泉、峰林、孤峰、岩洞、穿山、溶帽山等。徐霞客还对岩溶地貌的分布范围及地区差异作了精辟的论述。由此可见，徐霞客对地表岩溶地貌已有一套系统的分类和命名。地下岩溶方面，内容十分丰富，包括溶洞洞穴堆积、地下河、地下湖、洞穴瀑布等。《徐霞客游记》中记载的溶洞共二百八十八个，经他亲自入洞考察的有二百五十个，占百分之八十七，这个数字不包括他游过但现存《徐霞客游记》中没有记载的溶洞，如张公洞、善卷洞等。描述洞穴的内容包括洞穴大小和洞口方向、洞穴类型和形态结构、洞穴堆积、洞穴生物、洞穴气候、洞穴音响、洞穴考古、洞穴利用、洞内石头的颜色、洞穴成因等十二项。有的地方还记述了他考察洞穴的技术

水文学：《徐霞客游记》用较大的篇幅描述了各地的水体类型和水文特征，记载大小河流五百五十一条，湖、泽潭、池、沼泽一百九十八个。对河流水文的描述包括流域范围、水系、河流大小、河水的流速、含沙量、水量变化、水质、分水岭、伏流、河床的地区差异等。为了论证长江的源头，晚年他专门写了《江源考》，据理反驳"岷山导江"的错误，理直气壮地主张："推江源者，必当以金沙为首。"为人们正确地认识江源做出了贡献。《徐霞客游记》把沼泽称作"阻洳""湖"或"千海子"。当他考察了云南保山大寨的千海子后，写了一篇相当精彩的论述沼泽形态性质、生产性能水文特征的专题论文，把这个沼泽的形状、大小、生物、土壤、水文、生产、交通、物理性质做了详细的描述。像这样详细而具有科学价值的论述沼泽的文献，在徐霞客以前没有出现过。根据徐霞客的描述，现代地理学者认为这个沼泽"可能是一片泥炭沼泽地。"在这片泥炭沼泽地里，上面生长着芜草青青的茂密植被，下有草土浮结和芜土交陷的泥炭层，而且还有补给沼泽的溪水流经其间。这个地方，已建成水库，叫作大海坝水库。再也见不到当年徐霞客所描述的景象了。《徐霞客游记》关于地下热水的记载也很丰富。他把水温不同的地下热水分成四类：（1）冷水泉，与冷矿水相当，水温在25℃以下。（2）温泉，与低中温热水相当，温度在25-55℃。（3）热水泉，与高温热水相当，温度在55-90℃。（4）沸泉，与过热水相当，温度在90℃以上。徐霞客对地下热水的分类跟现代地下热水分类很接近，难能可贵。此外，记载了当时人们利用地下热水资源的各种办法，如沐浴、治病、食品加工、提取地下热水中的矿物资源——硫黄、硝等

人文地理：《徐霞客游记》中有不少人文地理内容，如手工业、矿业、农业、交通运输、商业贸易、城镇聚落、少数民族、各地民情风俗等。如书中记载了煤、锡、银、金、铜、铅、硝、盐、雄黄、硫黄、玛瑙、大理石等十二种矿物的产地、开采和冶炼情况，是明代重要的矿冶史料

艺术特色

《徐霞客游记》在文学上的主要特点是：

1. 写景记事，悉从真实中来，具有浓厚的生活实感；

2. 写景状物，力求精细，常运用动态描写或拟人手法，远较前人游记细致入微；

3. 词汇丰富，敏于创制；绝不因袭套语，落入窠臼；

4. 写景时注重抒情，寓情于景，情景交融，同时注意表现人的主观感觉；

5. 通过丰富的描绘手段，使游记表现出很高的艺术性，具有恒久的审美价值。

此外，在记游的同时，还常常兼及当时各地的居民生活、风俗人情、少数民族的聚落分布、土司之间的战争兼并等情事，多为正史稗官所不载，具有一定历史学、民族学价值。《徐霞客游记》被后人誉为"世间真文字、大文字、奇文字"。

名家点评

1. 霞客先生游览诸记，此世间真文字、大文字、奇文字，不当令泯灭不传，仁兄当急为编次，谋得好事者授梓，不惟霞客精神不磨，天壤间亦不可无此书也。

——［清］钱谦益

2.《徐霞客游记》读来并不像是 17 世纪的学者所写的东西，倒像是一位 20 世纪的野外勘测记录。

——［英国］李约瑟
（《中国科学技术史》）

3. 其词意之高妙，备极诸长，非身历其境者，何能出此……霞客之游记，非仅写景物、谈风月而已，对于山岭之来脉、江海之源流，而未尝无所发现，其有助于地理，自不可没。

——［民国］刘虎如

4. 读徐霞客的游记，最好是旅行时随身携带。

——［美国］谢觉民

精彩片段

1. _____

2. _____

3. _____

学霸读后感

31 红楼梦

作品百科

　书　　名：《红楼梦》
　体　　裁：章回体长篇小说
　作　　者：曹雪芹
　成书时间：清代乾隆初年到乾隆三十年左右
　成　　就：中国古典四大名著之首
　关 键 词：人情小说；贾史王薛四大家族兴衰；爱情婚姻故事；人性美和悲剧美

作者简介

　　曹雪芹（约 1715—约 1763），名霑，字梦阮，号雪芹，又号芹溪、芹圃，中国古典名著《红楼梦》作者，籍贯沈阳（一说辽阳），生于南京，约十三岁时迁回北京。曹雪芹出身清代内务府正白旗包衣世家，他是江宁织造曹寅之孙，曹頫之子（一说曹颙之子）。

内容速览

　　《红楼梦》（又名《石头记》《金玉缘》），中国古典四大名著之首，清代作家曹雪芹创作的章回体长篇小说，它是一部具有世界影响力的人情小说作品，也是举世公认的中国古典小说巅峰之作，中国封建社会的百科全书，传统文化的集大成者。

　　小说以贾、史、王、薛四大家族的兴衰为背景，以贾府的家庭琐事、闺阁闲情为脉络，以贾宝玉、林黛玉、薛宝钗的爱情婚姻故事为主线，刻画了以贾宝玉和金陵十二钗为中心的正邪两赋有情人的人性美和悲剧美。

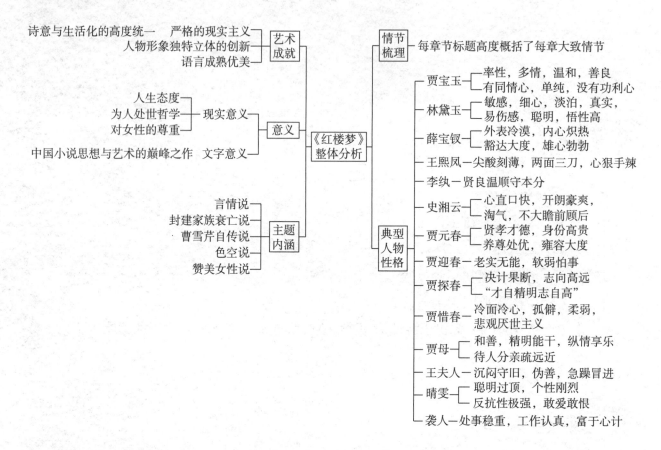

诗意与生活化的高度统一　严格的现实主义
人物形象独特立体的创新　——艺术成就
语言成熟优美

人生态度
为人处世哲学——现实意义
对女性的尊重
中国小说思想与艺术的巅峰之作　文字意义——意义

言情说
封建家族衰亡说
曹雪芹自传说——主题内涵
色空说
赞美女性说

《红楼梦》整体分析

情节梳理——每章节标题高度概括了每章大致情节

典型人物性格

贾宝玉——率性，多情，温和，善良／有同情心，单纯，没有功利心
林黛玉——敏感，细心，淡泊，真实，易伤感，聪明，悟性高
薛宝钗——外表冷漠，内心炽热／豁达大度，雄心勃勃
王熙凤——尖酸刻薄，两面三刀，心狠手辣
李纨——贤良温顺守本分
史湘云——心直口快，开朗豪爽，淘气，不大瞻前顾后
贾元春——贤孝才德，身份高贵／养尊处优，雍容大度
贾迎春——老实无能，软弱怕事
贾探春——决计果断，志向高远／"才自精明志自高"
贾惜春——冷面冷心，孤僻，柔弱，悲观厌世主义
贾母——和善，精明能干，纵情享乐／待人分亲疏远近
王夫人——沉闷守旧，伪善，急躁冒进
晴雯——聪明过顶，个性刚烈／反抗性极强，敢爱敢恨
袭人——处事稳重，工作认真，富于心计

艺术特色

　　《红楼梦》最突出的艺术成就，就是"它像生活和自然本身那样丰富、复杂，而且天然浑成"，它把生活写得逼真而有味道。《红楼梦》里面大事件和大波澜都描写得非常出色，故事在进行，人物性格在显现，洋溢着生活的兴味，揭露了生活的秘密。它的细节描写、语言描写继承发展了前代优秀小说的传统。《红楼梦》的突出成就之一是它"放射着强烈的诗和理想的光辉"。

　　《红楼梦》塑造了众多的人物形象，他们各自具有自己独特的个性特征，成为不朽的艺术典型，在中国文学史和世界文学史上永远放射着奇光异彩。

　　《红楼梦》的情节结构，在以往传统小说的基础上，也有了新的重大的突破。它改变了以往如《水浒传》《西游记》等一类长篇小说情节和人物单线发展的特点，创造了一个宏大完整而又自然的艺术结构，使众多的人物活动于同一空间和时间，并且使情节的推移也具有整体性，表现出作者卓越的艺术才思。

　　《红楼梦》的语言艺术成就，更是代表了中国古典小说语言艺术的高峰。作者往往只需用三言两语，就可以勾画出一个活生生的具有鲜明的个性特征的形象；作者笔下每一个典

型形象的语言，都具有自己独特的个性，从而使读者仅仅凭借这些语言就可以判别人物。作者的叙述语言，也具有高度的艺术表现力，包括小说里的诗词曲赋，不仅能与小说的叙事融成一体，而且这些诗词的创作也能为塑造典型性格服务，做到了"诗如其人"——切合小说中人物的身份口气。

《红楼梦》无论是在思想内容上或是艺术技巧上都具有自己崭新的面貌，具有永久的艺术魅力，使它足以卓立于世界文学之林而毫无逊色。

名家点评

1. 《石头记》者，清康熙朝政治小说也。作者持民族主义甚挚，书中本事在吊明之亡，揭清之失，而尤于汉族名士仕清者，寓痛惜之意。

——蔡元培

2. 《红楼梦》乃开天辟地、从古到今第一部好小说，当与日月争光，万古不磨者。

——黄遵宪

3. 写闺房则极其雍肃也，而艳冶已满纸矣；状阀阅则极丰整也，而式微已盈睫矣；写宝玉之淫而痴也，而多情善悟，不减历下琅琊；写黛玉之妒而尖也，而骂爱深怜，不啻桑娥石女。

——戚蓼生

4. 《红楼梦》是我们中华民族的一部古往今来、绝无仅有的"文化小说"。如果你想要了解中华民族的文化特点特色，最好的——既最有趣味又最为捷便（具体、真切、生动）的办法就是去读通了《红楼梦》。

——周汝昌

精彩片段

1. _____

2. _____

3. _____

学霸读后感

32 官场现形记

作品百科

书　　名:《官场现形记》
体　　裁:小说
作　　者:李伯元
成书时间:晚清
成　　就:20世纪100部优秀小说排行榜第一名
关 键 词:谴责小说

作者简介

　　李宝嘉（1867—1906），又名宝凯，字伯元，别号南亭亭长，笔名游戏主人、讴歌变俗人等。汉族，江苏常州人，晚清小说家。李伯元是个多产作家，他构思之敏，写作之快，是极为少见的。他先后写成《庚子国变弹词》《官场现形记》《文明小史》《中国现在记》《活地狱》《海天鸿雪记》，以及《李莲英》《海上繁华梦》《南亭笔记》《南亭四话》《滑稽丛话》《尘海妙品》《奇书快睹》《醒世缘弹词》等十多种书。其中《官场现形记》更是晚清谴责小说的代表作。

内容速览

　　《官场现形记》是晚清文学家李伯元创作的长篇小说。小说最早在《世界繁华报》上连载，共五编60回，是中国近代第一部在报刊上连载并取得社会轰动效应的长篇章回小说。它由30多个相对独立的官场故事联缀起来，涉及清政府中上自皇帝、下至佐杂小吏等，开创了近代小说批判现实的风气。鲁迅将《官场现形记》与其他三部小说并称之为谴责小说，是清朝晚期文学代表作品之一。

《官场现形记》主要人物

- 赵温：陕西同州府朝邑县秀才，会试落榜后在京城里捐官
- 黄道台：升了道台后，因为之前案子被人告发，花钱疏通安然无恙
- 何"荷包"：江西代理巡抚何某，爱钱，买官山东胶州知府
- 陶子尧：山东候补通判派往上海购买机器，结果被骗去几万两银子，弄得狼狈不堪
- 胡统领：率领官兵从水陆两路驶向浙东剿匪，其一路上花天酒地，烧杀抢掠。胡统领为了领赏受爵，把严州一带土匪猖狂夸大一番，结果上下官兵个个立功受赏
- 羊紫辰：统领，好色，家中有八位姨太太
- 冒得官：船哨官，为保官职，逼迫亲生女儿给羊统领做第九个小老婆
- 湍多欢：湖广总督，奉旨进京，署理直隶总督
- 童子良：户部尚书，童钦差最讨厌的是洋人，只要带一个"洋"字，他绝不肯亲近
- 梅杨仁：江宁府六合县知县，谄媚洋人，颇得文制台器重

艺术特色

1. **表现手法**：《官场现形记》表现手法是现实主义的。其写的多是现实生活中的人物，只是改易姓名而已。

2. **结构安排**：在结构安排上，《官场现形记》与《儒林外史》相仿，采用若干相对独立的短篇故事蝉联而下的结构方式。《官场现形记》作为一个大的语篇结构，其目的是彻底、全面地暴露整个晚清官场的黑暗，为了达到这个目的，小说继承了《儒林外史》的结构形式，但又有一定的突破和发展。这种弧圈式的轨迹的推移，把大量散乱的原始素材化为有序的艺术整体，自然混融，不落痕迹，实在是匠心独运，妙不可言。

3. **讽刺语言**：李伯元作为讽刺文学家出现在世界近代文坛，他那富有东方色彩的讽刺艺术之刻画入微，寓庄于谐，嬉笑怒骂，皆成文章，完全可以列入世界优秀讽刺文学之林，也为中国讽刺文学史的扉页抹上了辉煌的亮色。

名家点评

1. 相比这两部小说(《儒林外史》和《官场现形记》),尽管各有所长,多有风骨,但从广度和深度看来,还是李伯元冠其首。因为他本身的经历,决定了他充塞爱国情的反骨。

——鲁迅

2.《官场现形记》是一部旧社会的史料。它所写的是中国旧社会里最重要的一种制度与势力。它所写的是旧社会最腐败、最堕落的时候。全书是旧社会官场的丑史,这也是当时的一种趋势。

——胡适

3.《官场现形记》也是一部社会史料,它所写的是上流社会:官场。他所写的官场现象,正是清朝亡国现象。

——陈子展

4.《官场现形记》和《儒林外史》一样,一方面拥护封建道德,但又暴露了封建社会末期的各种矛盾与黑暗现象,表现了初期半封建半殖民地的人民的生活。描写了帝国主义的侵略与压迫,以及老百姓如何反抗洋人,说明了真正反抗帝国主义的是老百姓。

——郑振铎

精彩片段

1. _____

2. _____

3. _____

学霸读后感

学霸读后感

33 人间词话

作品百科

书　　　名：《人间词话》

体　　　裁：美学著作

作　　　者：王国维

成书时间：清光绪三十四年（1908 年）

成　　　就：中国第一部将西方美学与中国古典美学融会贯通的文论著作

关　键　词：境界说

作者简介

　　王国维（1877—1927），字静安、伯隅，号观堂、静观，浙江海宁盐官人。近代中国著名学者，杰出的古文字、古器物、古史地学家，诗人、文艺理论家、哲学家。

　　作为中国近代著名学者，王国维从事文史哲学研究数十载，是近代中国最早运用西方哲学、美学、文学观点和方法剖析评论中国古典文学的开风气者，又是中国史学史上将历史学与考古学相结合的开创者，确立了较系统的近代标准和方法。这位集史学家、文学家、美学家、考古学家、词学家、金石学家和翻译理论家于一身的学者，生平著述 62 种，批校的古籍逾 200 种（收入其《海宁王静安先生遗书》的有 42 种，以《观堂集林》最为著名）。被誉为"中国近三百年来学术的结束人，最近八十年来学术的开创者"。梁启超赞其"不独为中国所有而为全世界之所有之学人"，而郭沫若评价他"留给我们的是他知识的产物，那好像一座崔嵬的楼阁，在几千年的旧学城垒上，灿然放出了一段异样的光辉"。

内容速览

　　《人间词话》是中国第一部将西方美学与中国古典美学融会贯通的文论著作，此书吸收了康德和叔本华的美学思想，使之与传统美学相融合，提出一套系统的美学观，其核心思想是"境界说"。"词以境界为上"，还进一步提出了写境与造境、有我之境与无我之境、景语与情语、隔与不隔，以及对宇宙人生的"入乎其内"与"出乎其外"等内容。在作家修养、创作方法、写作技巧等方面，也都有精辟独到的见解，在当时一新世人耳目，影响甚大，在今天也有重要的参考价值。

思维导图

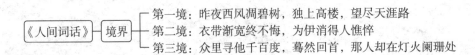

《人间词话》—境界—第一境：昨夜西风凋碧树，独上高楼，望尽天涯路
　　　　　　　　　　第二境：衣带渐宽终不悔，为伊消得人憔悴
　　　　　　　　　　第三境：众里寻他千百度，蓦然回首，那人却在灯火阑珊处

艺术特色

　　《人间词话》是百年来中国最具影响力的美学经典。王国维以简隽明晰、深入浅出的条分缕析，讲透中国古典美学精髓。

　　他用中国古代学者传统读书笔记的形式，梳理出中国从唐末五代以来，渐渐兴盛的词这一文体的美学。

　　在词的写作方面，他推崇"简"与"真"；在词的品鉴方面，他首次提出"境界说"。这两点就是他的美学核心思想。

　　他自然流露的心头之言，断章零语，却字字珠玑，对后世的启迪如雨润万物。

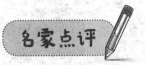

名家点评

　　肚里要不是有上百首诗几十首词，《人间词话》是读不懂的。

——傅雷

精彩片段

1. _____

2. _____

3. _____

学霸读后感

34 鲁迅杂文选

作品百科

书　　　名:《鲁迅杂文选》

体　　　裁:杂文

作　　　者:鲁迅

成书时间:1948 年

成　　　就:代表了现代杂文创作的高峰

关 键 词:强烈的政治性;鲜明的倾向性;浓郁的文学性

作者简介

　　鲁迅(1881—1936),曾用名周樟寿,后改名周树人,字豫山,后改豫才,曾留学日本仙台医科专门学校(肄业)。"鲁迅" 是他 1918 年发表《狂人日记》时所用的笔名,也是他影响最为广泛的笔名,浙江绍兴人。著名文学家、思想家、民主战士,五四新文化运动的重要参与者,中国现代文学的奠基人。有多种版本的《鲁迅全集》行世。毛泽东曾评价:"鲁迅的方向,就是中华民族新文化的方向。"鲁迅一生在文学创作、文学批评、思想研究、文学史研究、翻译、美术理论引进、基础科学介绍和古籍校勘与研究等多个领域具有重大贡献。他对于五四运动以后的中国社会思想文化发展具有重大影响,蜚声世界文坛,尤其在韩国、日本思想文化领域有极其重要的地位和影响,被誉为 "二十世纪东亚文化地图上占最大领土的作家"。

内容速览

　　鲁迅的杂文创作具有强烈的政治性、鲜明的倾向性、浓郁的文学性,代表了现代杂文创作的高峰。鲁迅杂文选收入鲁迅杂文 66 篇,由鲁迅博物馆副馆长、著名鲁迅研究专家金隐铭先生编定。所选文章皆为鲁迅杂文创作的精品。鲁迅先生一生大约创作了约 700 篇杂文,五四时期,鲁迅的杂文大多围绕着文学革命和思想革命这一时代主题展开。他对科学民主的弘扬，对封建社会和家族制度的批判，集中体现了狂飙突进的五四精神。第二次国内革命战争时期，鲁迅的杂文具有更为广泛的时代和现实针对性。

思维导图

鲁迅杂文的特点

（一）鲁迅杂文在形式上具有多样性。杂文这种文体虽然自古就有，但从来没有被重视过，只是一种不起眼的小文章，在形式上也没有什么新颖之处。鲁迅在选定了以杂文作为自己从事写作的主要文体后，首先在形式上做了很多新尝试，并取得了成功。他的杂文，有随感、杂感、题辞、启事、短评、闲谈、漫笔、琐谈、闲话、日记、书信、序、跋、记、忆、论、说，有题目或者"无题"等。鲁迅主要根据内容的需要来选定文章的形式，没有定规，形成了很多创制，为后来者提供了样本；尤其是由于他所取得的巨大成就，使杂文成为文坛百花园中的一朵奇葩，并且成为一种独立的文体

（二）鲁迅在运用逻辑思维来揭露事物的矛盾时，构成了文章强烈的论战风格，别具一种动人的艺术魅力。《灯下漫笔一》先说"纸币换银元"的事件，百姓们吃了亏还内心欢喜庆幸，从而联想到我们非常容易成为奴隶，成为奴隶后还很高兴；为什么呢？接下来就通过历史事实来说明，在战乱年代，百姓们总是有"乱离人不如太平犬"的感叹，希望一个固定的主子来管理他们，哪怕不把他们当人也愿意；天下太平后，统治者果然也不把百姓当人，元朝的法律就有明文规定，百姓则恭颂圣明。之后得出结论，中国历史就是百姓们"想做奴隶而不得"和"暂时做稳了奴隶"这两种时代的交替，而号召青年们"无需反顾，去创造历史上所不曾有过的第三样时代"的结论，就水到渠成地得出了。整个论述顺理成章，一气呵成，逻辑严谨

（三）鲁迅杂文中讽刺笔法得心应手地加以运用，从而达到"嬉笑怒骂，皆成文章"的境界。讽刺，是杂文写作的基本手法之一，也是鲁迅最常用的。在《夏三虫》中，鲁迅采用了这样的笔调："假如有谁提出一个问题，问我三者之中（跳蚤、苍蝇、影子）最爱什么，而且非爱一个不可，又不准像'青年必读书'那样的缴白卷的。我只得回答道：跳蚤。跳蚤来吮血，虽然可恶，而一声不响的就是一口，直截爽快。蚊子便不然，一针叮进皮肤，自然还可以算得有点彻底的，但未叮之前，要哼哼的发一篇大议论，使人觉得讨厌。如果所哼的是在说明人血应该给它充饥的理由，那可更讨厌了，幸而我不懂。"这段文字虽然妙趣横生，别开生面，但决不轻松、欢快。作者的笔调很明显，着意在讥刺、挖苦、嘲讽那些所谓的"学者""文人"们的狡诈、虚伪，批评、否定这种行为。我们看了也会笑，但决不是会心的笑，而是鄙弃的笑，在笑的背后隐藏着强烈的憎恶。这样的讽刺非常有力，在鲁迅文中也随处可见

（四）鲁迅杂文中既有精辟深刻富含哲理的语言，又有生动幽默的妙句，显示出语言大师的功力。《这个与那个》是1925年在批判教育总长章士钊要在小学恢复"读经"的文章，开头写道："一个阔人说要读经，嗡的一阵一群狭人也说要读经，岂但'读'而已矣哉，据说还可以'救国'哩。"这里用了一个"阔人"和临时生造的词"狭人"，又用了象声词"嗡"、词组"据说"、语气词"哩"以及文白夹杂的句式，对章士钊妄图开历史倒车的不自量力给予了致命的讽刺，在极简单平凡的用词和句式中，那种轻蔑、不屑、挑战的意味力透纸背，而在这一切的背后看出作者灵活运用的语言、举重若轻的深厚功力

（五）鲁迅杂文形象性很强。在勾画出某种人物或现象特征的同时，往往造就具有典型特征的形象，使文章的内涵更加丰富饱满，意义也更加深刻。鲁迅主张"论时事不留面子，砭锢弊常取类型"，因而他的文章观点深刻，形象丰满，堪称典型。像他笔下的脖子上挂着小铃铛的"领头羊"的形象，就立刻使人想起某些为专制统治当局帮忙或"帮闲"的知识界中人的卑劣嘴脸。还有像"落水狗""丧家犬""苍蝇""蚊子"等形象，都是鲁迅笔下某类人物的专属画像

艺术特色

第一，战斗性与愉悦性的和谐统一。杂文具有战斗性，对于"有害的事物""立刻给以

反响或抗争"，是"感应的神经""攻守的手足"；杂文又有愉悦性，它使读者在笑声中愉快地和那些旧事物告别，获得美的精神享受。愉悦性伴随战斗性而生。

第二，论辩性与形象性的有机结合。杂文的本质是论辩的，它有"论"的色彩。它以逻辑力量制服论敌，作者的最终目的是论是非，辨正误，揭示真理。然而，杂文的论辩是形象性的论辩。杂文的形象性，最主要的是"砭锢弊常取类型"。它虽然写的是"一鼻，一嘴，一毛"，其"形象"却是可知可感的；把它们合起来读，不仅某一形象更加鲜明，而且可以从中看出"时代的眉目"。

第三，幽默、讽刺与文采的巧妙运用。幽默，是通过影射、讽喻、双关等修辞手法，在善意的微笑中，揭露生活中乖讹和不合情理之处。讽刺，是以含蓄的语言或夸张的手法，讥刺、嘲讽落后、黑暗的人或事。杂文笔法，就是以讽刺、幽默为主的笔法。杂文语言还要有文采，精练、别致，往往庄谐并用，骈散结合，妙趣横生，令人叫绝。

此外，杂文还有一个特征：短小精悍。鉴赏杂文，首先要把握杂文的文体特点，从杂文的特点出发，容易理解、欣赏杂文的思想内容和艺术特色。

名家点评

1. 鲁迅本人对于文学选本，既肯定它的长处，"往往能比所选各家的全集或选家自己的文集更流行，更有作用"，又认为它是经过选者过滤的东西，"被选者缩小了眼界"，选者"有时还加以批评，提醒了他之以为然，而默杀了他之以为不然处。"

——佚名

2. 鲁迅先生的杂文具有透辟的思想洞察力、锐利的文化批判力和强烈的艺术感染力，通过不拘一格的形式，以及寓热情于冷峻之中的文笔，抨击了时政、鞭挞了习俗、揭示了生活的哲理。将诗和政论结合在一起的风格，后来被人们称之为"鲁迅风"。鲁迅杂文开创了现代杂文的新风，影响了一代又一代的杂文作者。

——佚名

精彩片段

1. _____

2. _____

3. _____

学霸读后感

精彩片段

35 呐喊

作品百科

书　　名:《呐喊》

体　　裁:短篇小说集

作　　者:鲁迅

成书时间:1923 年

成　　就:奠定鲁迅在中国现代文学史和现代文化史上的地位

关 键 词:国民劣根性;忧患意识;社会变革

作者简介

　　鲁迅(1881—1936),中国现代文学的奠基者。原名周树人,字豫山、豫亭,后改名为豫才,浙江绍兴人。1918 年 5 月,首次以"鲁迅"作笔名,发表了中国文学史上第一篇白话小说《狂人日记》。他的著作以小说、杂文为主,代表作有:小说集《呐喊》《彷徨》《故事新编》;散文集《朝花夕拾》;文学论著《中国小说史略》;散文诗集《野草》;杂文集《坟》《热风集》《华盖集》等 18 部。毛泽东主席评价他是伟大的无产阶级的文学家、思想家、革命家,是中国文化革命的主将,也被称为"民族魂"。

内容速览

　　小说集《呐喊》收录了《狂人日记》《孔乙己》《药》《阿 Q 正传》《故乡》等 14 篇小说,反映从辛亥革命前后到五四时期中国古老农村和市镇的面貌;它描绘了辛亥革命前后到五四时期的中国社会现实,总结了辛亥革命的历史经验教训,深刻地揭露了封建宗法制度和封建礼教吃人的本质和虚伪,痛苦地解剖了中国沉默的国民灵魂,批判了国民的劣根性。

描写鲁迅冒着严寒回到了离别已久的故乡的所见所闻

20世纪20年代中国农村的破产和农民的痛苦生活在小说中得到了形象的反映。在封建统治思想压迫的生活背景下造成人与人之间的"隔膜"与心灵上的毁灭，深刻揭露出封建等级制度给人的心灵造成的伤害

《故乡》

小说深刻地表现了封建文化窒息下形成的中国国民的劣根性，阿Q则是这种国民性弱点的集中表现

主人公阿Q是一名村里的短工，自尊又自卑，但他总能在精神上获胜。在阿Q的爱情和生活双双跌入低谷后，进城成了他命运的转折点。回来时获得村里人一时的敬畏，但人们探听底细后又对他"敬而远之"。得知革命党进村，本是对其"深恶痛绝"的他又有些儿神经，直到最后被抓、被杀

深刻揭露了封建文化窒息下形成的中国国民的劣根性，阿Q则是这种国民性弱点的集中表现。"精神胜利法"是阿Q的主要特征

《阿Q正传》

主人公方玄绰是小官吏又兼做教员，早年也曾觉醒过，后来却消沉了。他严于责人，宽于责己，思想严重退步，喜欢"差不多说"的"精神胜利法"

《端午节》

一篇描写没落的旧式知识分子的小说

主人公陈士成参加科举考试，考了十六回，回回落榜，也没有捞到秀才，终于变得精神失常，最后投湖自尽，了结了自己的一生

鲁迅通过对这个人物的描写揭露了封建科举制度和封建教育的本质，对人物本身也作了彻底的否定

《白光》

描写一个家庭主妇三太太在夏天给她的孩子们买了一对小白兔，小说就围绕着兔的出现和消失展开起伏曲折的故事情节

表达了作者对弱小的同情，对随意欺凌弱小者的憎恨

《兔和猫》

以鲁迅与俄国盲诗人爱罗先珂住在一起时的生活为素材

表现出两人深厚的友谊，同样也是爱的抒情

《鸭的喜剧》

主要叙述了"我"的三次看戏

近三分之一篇幅写"我"在北京的两次看京戏，后用三分之二多的篇幅写"我"小时候在故乡去赵庄看一场社戏

三场戏发生在两个地点:都市和乡村。北京的两次看戏叙述中，透露的是一种沉重的压抑感

整篇小说的感情基调就是都市和乡村的对立，表现了作者对农村生活的衷心向往和对农民的深厚感情

《社戏》

《呐喊》简述

以第一人称的口吻叙述了一个"狂人"的故事

"狂人"——在本小说中诠释出一个最先觉醒的叛逆者，革新者形象

小说中的"狂人"特点

《狂人日记》

主要内容是讲述一个没有考上秀才的读书人的悲惨遭遇

人物介绍:主人公孔乙己是个心地善良的人，但他在科举制度的毒害下，满口"之乎者也"，但一无所长，最终成为别人的笑料

小说特点与意义:通过对孔乙己性格和遭遇的形象描写，揭示出封建科举制度的腐朽和封建教育对知识分子心灵的戕害

《孔乙己》

主要内容:是主人公华老栓用被统治者杀害的革命者夏瑜的鲜血蘸成"人血馒头"为儿子治病的故事

小说主题引人深思，即通过有力地揭示旧民主革命与民众的严重隔膜，揭露了长期的封建统治给人民造成的麻木和愚昧

《药》

主人公单四嫂子的儿子宝儿得了病，主人公为儿子四处求医，盼望着"明天"宝儿的病就能好，但最终病魔还是无情地夺去了宝儿的生命

明天是什么——是希望抑或绝望，单四嫂子失去宝儿后的孤独与痛苦是真实的，而"明天"的含义是丰富而发人深省的

《明天》

以第一人称记述故事，"我"，是五四时期具有进步倾向的知识分子

主人公身上尤为明确地体现出革命民主主义者思想特点。无时无刻不在关心祖国的未来和民族的希望。同时，对北洋军阀的反动统治和腐朽不堪的孔孟之道深恶痛绝

《一件小事》

讲述了主人公N先生剪掉辫子后的一系列遭遇

主人公N先生是一个有觉悟、有理想的人，因为觉得不方便而剪去辫子，却遭到了周围人的蔑视和厌恶，让他深感中国的守旧和顽固

《头发的故事》

主要描述了朝廷上皇位的更替对村里人思想的风波

揭示了在封建思想摧残下的中国人安于现状、不问世事，放弃拯救自己命运的思想与价值观念

《风波》

1. 人物创作手法的多样性。在人物创作上，作者运用了多种手法来刻画人物，塑造了一批具有鲜明个性特征的典型人物。

首先作者善于用"杂取种种人，合成一个"的典型化方法来塑造典型形象。鲁迅正是以这种典型化的方法，创造了阿Q、孔乙己、闰土等一系列典型形象。

其次是运用"画眼睛"和白描的手法来刻画人物。"画眼睛"和白描手法的运用重点在于抓住最能表现人物性格特点的各种细节特征进行描写，从而收到以小见大的表达效果。如《阿Q正传》中，"阿Q在这刹那，便知道大约要打了，赶紧抽紧筋骨，耸了肩膀等候着"。寥寥数语，就写出了阿Q灵魂深处的奴性和因长期遭受欺凌而形成的卑怯麻木的心理。

再次是作者重视通过挖掘人物复杂的内心世界来刻画人物，通过描写人物内心的感觉、幻觉、潜意识等，深刻地揭示人物的灵魂。典型的如《狂人日记》通篇都是近乎意识流的内心独白，在颠倒时序的同时却细腻深刻地写出了人物的心理变化。

2. 艺术表现手法的多样性。《呐喊》在艺术表现手法上，主要以现实主义手法为主，但在客观的叙述之中也能感受到作者浓烈的感情。《呐喊》把西方小说艺术与中国传统小说艺术融合起来创造了现代中国短篇小说的民族新形式。

3. 作品结构样式的多样性。1923年，茅盾在谈论鲁迅时说到，首先，《呐喊》里的十多篇小说，几乎一篇有一篇的新形式。其小说大多截取生活的横断面，以一个或几个生活场面、片段连缀而成。但在叙事方式上，有第一人称的，也有第三人称的；在行文顺序上，有以顺叙为主，也兼有倒叙的；在行文线索上，有单线发展的，也有双线交织的。在小说体式上，则更加多样。

4.《呐喊》风格独特，喜剧与悲剧相交织，层次丰厚，令人回味无穷。《孔乙己》《阿Q正传》是悲剧与喜剧交融的典范。这样的悲喜剧交融实际上体现了生活人的情感、情绪本身的丰富性。

此外，小说的语言在富有鲜明的民族特色的同时又形成了独特的个人风格，创造了现代文学语言的典范。鲁迅的艺术语言精练纯净，生动传神，真实朴素，增强了小说的艺术表现力和感染力。

1. 这是中国最好的一本小说。
——李大钊

2.《呐喊》是中国新文艺上真正的、划时代的杰作。
——许寿裳

3.《呐喊》是最近数年来中国文坛上少见之作。那样的讥诮的沉挚,那样的描写深刻,似乎一个字一个字都是用刀刻在木上的。

——郑振铎

4.《呐喊》出版之后,各种出版物差不多一齐为它呐喊,人人谈的总是它。

——成仿吾

精彩片段

1. _____

2. _____

3. _____

学霸读后感

36 彷徨

作品百科

书　　名：《彷徨》

体　　裁：小说

作　　者：鲁迅

成书时间：1926 年

成　　就：贯串着对生活在封建势力重压下的农民及知识分子 "哀其不幸，怒其不争" 的关怀

关 键 词：农民；知识分子；哀其不幸；怒其不争

作者简介

鲁迅（1881—1936），原名周樟寿、周树人，字豫山、豫亭、豫才、秉臣。笔名除鲁迅外，还有邓江、唐俟、邓当世、晓角等。中国现代文学家、思想家、革命家和教育家。人称 "文教思革"。光绪七年八月初三（1881 年 9 月 25 日）生于浙江省绍兴府会稽县（今绍兴市）东昌坊口。祖籍河南省汝南县，小时享受着少爷般的生活，慢慢家基衰败变得贫困。青年时代受达尔文进化论和托尔斯泰博爱思想的影响。

1898 年鲁迅从周樟寿更名为周树人。1902 年去日本留学，原在仙台医学院学医，但是因为一部影片，深知仅仅医生是不能拯救人类，从此后从事文艺工作，希望用以改变国民精神。1905—1907 年，参加革命党人的活动，发表了《摩罗诗力说》《文化偏至论》等论文。

其间曾回国奉母命结婚，夫人朱安。1909 年，与其弟周作人一起合译《域外小说集》，介绍外国文学。同年回国，先后在杭州、绍兴任教。1918 年以 "鲁迅" 为笔名，发表白话小说《狂人日记》，时年 38 岁。在此之前，他是一名医学院学生，因战乱奋起改行为作家。鲁迅生平是一个 "爱书如命" 的人。1927 年与许广平女士结合，生有一男名周海婴。

1936 年 10 月 19 日病逝于上海。1981 年出版了《鲁迅全集》（共十六卷）。2005 年出版了《鲁迅全集》（共十八卷）。

鲁迅的小说、散文、诗歌、杂文共数十篇（首）被选入中、小学语文课本。已成为家喻户晓的艺术形象小说《祝福》《阿Q正传》《药》等先后被改编成电影。北京、上海、广州、厦门等地先后建立了鲁迅博物馆、纪念馆等，同时他的作品被译成英、日、俄、西、法、德等50多种文字，在世界各地拥有广大的读者。

鲁迅以笔为武器，战斗一生，被誉为"民族魂"、现代文学的旗帜，是中国现代伟大的无产阶级文学家、思想家、革命家，是世界十大文豪之一。毛泽东评价他是中华文化革命的主将。"横眉冷对千夫指，俯首甘为孺子牛"是鲁迅先生一生的写照。

内容速览

《彷徨》是鲁迅的小说作品集，共收入其1924年至1925年所作小说十一篇。首篇《祝福》写于1924年2月16日，末篇《离婚》写于1925年11月6日，实际的时间跨度是一年半多。《彷徨》于1926年8月由北京北新书局初版，列为作者所编的《乌合丛书》之一。作者生前共印行十五版次。此后印行的版本都与初版相同。整部小说集贯串着对生活在封建势力重压下的农民及知识分子"哀其不幸，怒其不争"的关怀。

思维导图

《彷徨》——哀其不幸，怒其不争

- 《祝福》写祥林嫂毫无希望、就是有点希望也要被扑灭的一生
- 《在酒楼上》写曾经激进的青年吕纬甫，最终回到了子曰诗云的教授之中
- 《幸福的家庭》其实在经济的压迫之下并不幸福
- 《肥皂》则讽刺了一个或者几个貌似正人君子的中年夫子，他们看见一个行乞的十七八岁的女子，就想着如果用肥皂把她洗洗那又如何？而四铭就因着这个潜在的意识，竟也买了块绿色的肥皂
- 《长明灯》中的疯子疯疯傻傻，他就是要把庙里的长明灯打灭，被阻了，他就说："我放火。"最后，他就被他的叔伯长辈锁在庙里的厢房之中
- 《示众》依然写的是看客。中国人永远只是看客，只会当看客。看了，就散了。不问被看者为什么示众，也不问自己为什么要看。只是要看，便看了
- 《高老夫子》某天终于"洋"了起来，俄国有高尔基，那么他自然就可以改名叫"高尔础"，不是基础吗？有基必有础。他能叫高尔基，我为什么不能叫高尔础？成了高尔础后，他就自觉"高大"起来，觉得不能与往日的麻友相提并论。然而最终他发现自己没有"高尔什么"的天分，他连书也教不了，又经不住麻雀牌的诱惑，也经不住笼一把吃冤大头的诱惑，终于还是上了牌桌
- 《孤独者》中的魏连殳是鲁迅特别用心地描写的一个。那是一个曾经大觉悟的人，似乎已经参透了人生的一切。他对大人们不屑一顾，小孩子们却又不理他。他曾经潦倒不堪，似在坚持着什么，又突然摇身一阔。在咯血中大把大把地花着做参议而阔起来的钱。他死了，好像死了才干净，才解脱。鲁迅其实是用着一种大悲哀的笔调来写这个人的，这里面也寄托着他的大失望。人世就是这样苍凉，人生就是这样无望，想找一条路，然而终于找不到，他只有死
- 《伤逝》不仅仅是在谈论经济对于爱情的重要性，它实质上是在探讨爱情是否可以长久。而经济的窘迫困顿只是一个极现实极真实的诱因。因着这个诱因，爱情就无疑成为幻灭。伤逝了，这伤逝凄惨得令人伤感
- 《兄弟》似乎是在讽刺那种貌似亲睦的兄弟情分
- 《离婚》就纯属一个乡下女人的不幸了。鲁迅有言:哀其不幸，怒其不争。那个爱姑在"七大爷"的威严之下，竟不敢说她早已想好的话了。有什么办法呢？他们是官，且有势。而她，只是一个乡下人

《彷徨》极大的魅力，还在于偏是从普通平凡的人事中，发现和体悟那"一切的永久的悲哀"。这就是所谓艺术的陌生化。作家通过他的作品的描写，让读者重新打量自己所熟悉的，甚至是因为司空见惯而已经有些麻木的生活，获得某种新的体验和想象。本来大家很熟悉很普通的人事，经过鲁迅的感觉和构思，就不一样了，变得沉重了，要重新思考了。由于鲁迅的发现太透彻，往往带着悲悯与同情，从现实的人事中感悟到人性、人生等带哲理性、超越性的命题。

名家点评

1. 鲁迅"改革国民性思想"是一个思想体系，这个体系的思想基础是鲁迅强烈的爱国主义，现实基础是当时严酷的社会现状。该体系发端于日本留学期间，到《呐喊》《彷徨》时代基本形成。《呐喊》《彷徨》就是这个思想的艺术结晶，并且随着鲁迅世界观的不断发展深化而日趋成熟、丰满。

——张大和

2. 所属望者殷，所挟持者远，这是鲁迅的深刻。……他（指鲁迅）像一只失群的飞鸿，在浩渺的天空飘飘荡荡，无所归依；孤独寂寞的内心体验，遂外化和升华为一种巨大的创造欲：他用手中的勾魂摄魄之笔，绘出无数旧时代的图景，意态生动，悲壮无匹。其中，对自由的探讨，对人性的扫描，对弱者的关注，对时俗的思考……无不忧愤深广，启人心扉，以其"智慧的痛苦"，达到和进入了史诗的层次，从而冠绝一代，独步千秋。

——张宗刚

精彩片段

1. _____

2. _____

3. _____

学霸读后感

37 屈原

作品百科

书　　名:《屈原》

体　　裁:话剧

作　　者:郭沫若

成书时间:1956 年

成　　就:是郭沫若历史剧的代表作

关 键 词:屈原;以橘喻志;灵魂高洁

作者简介

　　郭沫若（1892—1978），中国作家、诗人、历史学家、考古学家、古文字学家、社会活动价。原名郭开贞，笔名郭鼎堂等，四川乐山人。郭沫若在现代文学史上足以代表一个时代的诗人与历史剧作家。他是 20 世纪初被热切呼唤、终于出现的摩罗诗人，又是新中国的预言诗人。1921 年出版诗集《女神》，体现与时代的需要与诗人创作个性的统一。另有作品集《星空》《前茅》《恢复》；漂流三部曲《歧路》《炼狱》《十字架》；剧本《卓文君》《聂莹》《王昭君》《虎符》《棠棣之花》《高渐离》《南冠草》《孔雀胆》《蔡文姬》《屈原》等。著述有《青铜时代》《十批判书》《奴隶制时代》等，有《郭沫若全集》行世。

内容速览

　　话剧《屈原》取材于战国时期楚国的历史，写伟大诗人、政治家屈原的政治挫折和个人遭际。郭沫若首次将其形象塑造于舞台之上，他以神来之笔，在从清晨到午夜这段非常有限的舞台时空里，概括了这位诗人一生的悲剧。话剧一开始，即写屈原以橘喻志，教育学生要保持高洁的灵魂。"生要生的光明，死要死得磊落"，做一个顶天立地的男子。

思维导图

《屈原》的浪漫主义特色

（一）情节结构的浪漫主义特点：郭沫若巧妙地将情节安排在一天之内，设置了诸多悬念，情节起伏大，在一定时间内给予了很大的空间和时间用以抒发情感，刻画人物的内心，因此在情节处理上体现了浪漫主义特点

（二）以情写人，塑造鲜明的人物形象：郭沫若在《屈原》中为我们塑造了性格突出的鲜明人物形象，将截然对立的忠良和奸臣、爱国者和叛国者置于统一情景之下，将两者的冲突和矛盾激发出来，通过强烈的对比，体现不同的人物性格和特征。在艺术特色上的浪漫主义特性的表述，主要体现在对人物性格和人物内心情感的重点反映上，侧重于在事实的基础上体现人物的心理活动

（三）穿插抒情诗及民歌：戏剧性的语言是《屈原》以情写史的重要代表，体现了浪漫主义文学的显著特征

（四）以史喻今的浪漫主义特征：《屈原》创作于1942年，正是国民党积极推行反共政策，推行消极抗日的时期，面临着内忧外患的国情。郭沫若的内心充满了对祖国的担忧和对民族未来的期盼，也表达了对国民党卖国政策的深恶痛绝

（五）鲜明的浪漫主义艺术色彩：郭沫若的《屈原》赋予了历史剧以丰富的情感，以情晓人，以"情"写"史"。虽然《屈原》是一部历史剧，但是作者却没有将作品的表现方式拘泥于历史事实的陈述，而是更侧重于人物性格和人物理想抱负的呈现

艺术特色

1.《屈原》的浪漫主义特色和诗情：作者大胆地提出了"失事求似"的历史创作原则，如剧中将屈原坎坷的一生浓缩在一天里展开、创造了婵娟形象、以"淫乱宫廷"向屈原问罪等，都参合着作家大胆的艺术想象、艺术真实与历史真实的统一。

根据历史可能性的原则舍弃了人物某些非必然的生活情节而突出其精神，从而将人物理想化。如屈原潜到汉北以图再起。喷发式的感情表达方式和大开大阖的戏剧冲突的结合，如《雷电颂》。

2.《屈原》的现实战斗意义：《屈原》作为具有浪漫主义特色的历史剧，其主题则是富有战斗性的。因此抗战时期的现实，和屈原时代的历史有着惊人的相似之处。这表现在：剧作中屈原坚持齐楚联盟团结抗秦，反对与强秦妥协的精神，具有坚持抗战，反对妥协；坚持团结，反对分裂；坚持进步，反对倒退的现实意义。屈原的诅咒黑暗、呼唤光明的"雷电颂"，更是喊出了国统区人民的心声，产生了强烈的社会反应和效果。

名家点评

1. 把时代的愤怒复活在屈原时代里。我是有意借屈原的时代来象征我们的时代。

——郭沫若

2. 屈原的名字对我们更为神圣。他不仅是古代的天才歌手，而且是一名伟大的爱国者，无私无畏，勇敢高尚。他的形象保留在每个中国人的脑海里。无论在国内国外，屈原都是一个不朽的形象。我们就是他生命长存的见证人。

——毛泽东

精彩片段

1. _____

2. _____

3. _____

学霸读后感

38 子夜

作品百科

书　　名:《子夜》

体　　裁:长篇小说

作　　者:茅盾

成书时间:1933年

成　　就:中国第一部写实主义的成功的长篇小说,被译成英、德、俄、日等十几种文字,产生了广泛的国际影响

关 键 词:民族资本家;中国社会;矛盾和斗争

作者简介

　　茅盾(1896—1981),原名沈德鸿,字雁冰。汉族,浙江桐乡人。中国现代著名作家、文学评论家、文化活动家以及社会活动家,五四新文化运动先驱者之一,我国革命文艺奠基人之一。1896年7月4日生于浙江桐乡县乌镇。这是个太湖南部的鱼米之乡,是近代以来中国农业最为发达之区,它毗邻着现代化的上海,又是人文荟萃的地方,这里成就了茅盾勇于面向世界的开放的文化心态,以及精致入微的笔风。作品有中篇小说《幻灭》《动摇》《追求》,总称《蚀》三部曲。长篇小说《虹》《子夜》等,还发表了《林家铺子》《春蚕》等小说及一些散文随笔。到了"文化大革命"时期,稍稍平稳便秘密写作《霜叶红似二月花》的"续稿"和回忆录《我走过的道路》。茅盾于1981年3月27日辞世。茅盾的作品语言优美、简练,长篇小说叙事方式从不拖泥带水,散文意境深远。

内容速览

　　《子夜》,原名《夕阳》,中国现代长篇小说,约30万字。茅盾于1931年10月开始创作,至1932年12月5日完稿,共十九章。有些章节分别在《小说月报》和《文学月报》上发表过。半个多世纪以来,《子夜》不仅在中国拥有广泛的读者,且被译成英、德、俄、日等十几种文字,产生了广泛的国际影响。小说以1930年5—6月间半封建、半殖民地的旧上海为背景,以民族资本家吴荪甫为中心,描写了当时中国广阔的社会生活,以及各种矛盾和斗争。

思维导图

《子夜》情节结构:虚实结合、远近结合——五条重要线索贯串始终

①以买办资本家赵伯韬、金融资本家杜竹斋、民族工业资本家吴荪甫等人为代表的公债交易所中"多头"和"空头"的投机活动

②在世界经济危机、帝国主义经济侵略以及军阀混战等影响下的中国民族工业的兴办、挣扎和以朱吟秋丝厂出盘、陈君宜绸厂出租、孙吉人船只被扣、周仲伟投靠"东洋大班"、吴荪甫倾家荡产为标志的彻底破产

③由工人群众的悲惨生活、资本家的反动面目、走狗们的虚伪阴险、黄色工会内部的互相倾轧,以及地下党领导人的路线分歧等画面,共同组成的工人反抗资本家残酷剥削的怠工、罢工斗争

④使得封建僵尸吴老太爷仓皇出逃、使反动地主曾沧海暴死街头,使吴荪甫的"双桥王国"美梦彻底破灭的农村如火如荼的革命运动

⑤是表现依附于资产阶级的"新儒林外史"人物的空虚庸俗的日常生活、寻求刺激的变态心理和苦闷抑郁的精神状态等

艺术特色

中国小说历来受到"史传"传统和"诗骚"传统的深刻影响与渗透。茅盾的《子夜》依然处在这两大传统互动的框架之中,一方面,茅盾为意识形态化的历史观念提供鲜明的、形象化的历史图景,深入地解释了20世纪30年代国内经济斗争、阶级斗争的现实,得出的是符合无产阶级意识形态的历史结论;另一方面,茅盾也没有忘记"言志抒情"的"诗"的功能,他将个人的、感性的历史经验编织在对具体人物的塑造中,他在作品中寄予了人文反思、人道批评。史诗性的现实主义创作以更大的规模与气势,反映一个历史时期更为广阔、更为复杂的社会面貌,因而更能显示出这个时代的本质特征。

以《子夜》为起点的大规模地描写中国社会现象的大部分作品,形成了相当稳定的创作模式,一批作家开始认同和尝试这种创作模式,他们以极大的兴趣关注社会现实,正面描写社会的主要矛盾,所以,人们称之为社会剖析小说。20世纪30年代后,由茅盾所开创的这一种形态的现实主义小说传统渐渐地上升为主流,并在五六十年代达到了高峰。

名家点评

1. 这是中国第一部写实主义的成功的长篇小说……应用真正的社会科学,在文艺上表现中国的社会关系和阶级关系,《子夜》不能不说是很大的成绩。

——瞿秋白

2. 笔势具如火如荼之美,酣姿喷薄,不可控搏。而其细微之处复能婉委多姿,殊为难能可贵。

——吴宓

3. 我有这么个感觉,他(茅盾)写《子夜》,是兼具文艺家写作品与科学家写论文的精神的。

——叶圣陶

4.《子夜》是20世纪世界文学巨著中,可以和《追忆逝水年华》《百年孤独》相媲美的杰作。

——[日]筱田一士

精彩片段

1. _____

2. _____

3. _____

学霸读后感

39 茶馆

作品百科

书　　名：《茶馆》

体　　裁：话剧

作　　者：老舍

成书时间：1956 年

成　　就：中国戏剧创作的经典作品

关 键 词：裕泰茶馆；三个时代；社会风云

作者简介

老舍（1899—1966），原名舒庆春，字舍予，满族，北京人。中国现代小说家、著名作家，杰出的语言大师、人民艺术家。1918 年毕业于北京师范学校，曾任小学校长、中学教师等职。1923 年发表第一篇小说《小铃儿》。1924 年赴英国伦敦大学东方学院任华语讲师，此间创作了《老张的哲学》《赵子曰》《二马》等长篇小说。1930 年回国，先后在齐鲁大学、山东大学任教，并写出长篇小说《猫城记》《离婚》《骆驼祥子》和短篇小说《月牙儿》等。抗战期间，曾主持全国文艺界抗敌协会工作。1946 年赴美讲学，完成了长篇巨著《四世同堂》等。新中国成立后应召回国，创作了《龙须沟》《茶馆》等 23 部话剧和长篇小说《正红旗下》。1951 年，被北京市人民政府授予 "人民艺术家" 称号。有《老舍全集》行世。

内容速览

《茶馆》是现代文学家老舍于 1956 年创作的话剧，是中国戏剧创作的经典作品。《茶馆》结构上分三幕，以老北京一家叫裕泰的大茶馆的兴衰变迁为背景，展示了从清末到北洋军阀时期再到抗战胜利以后的近 50 年间，北京的社会风貌和各阶层的不同人物的生活变迁。每一幕写一个时代，北京各阶层的三教九流人物，出入于这家大茶馆，全剧展示出来的是一幅幅气势庞大的历史画卷，形象地说明了旧中国的必然灭亡和新中国诞生的必然性。

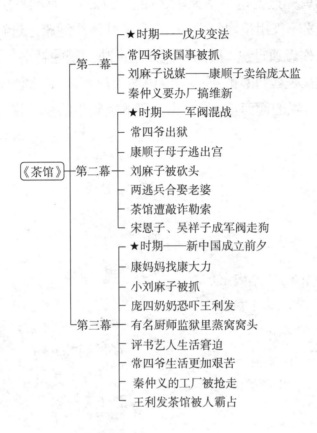

《茶馆》
- 第一幕
  - ★时期——戊戌变法
  - 常四爷谈国事被抓
  - 刘麻子说媒——康顺子卖给庞太监
  - 秦仲义要办厂搞维新
- 第二幕
  - ★时期——军阀混战
  - 常四爷出狱
  - 康顺子母子逃出宫
  - 刘麻子被砍头
  - 两逃兵合娶老婆
  - 茶馆遭敲诈勒索
  - 宋恩子、吴祥子成军阀走狗
- 第三幕
  - ★时期——新中国成立前夕
  - 康妈妈找康大力
  - 小刘麻子被抓
  - 庞四奶奶恐吓王利发
  - 有名厨师监狱里蒸窝窝头
  - 评书艺人生活窘迫
  - 常四爷生活更加艰苦
  - 秦仲义的工厂被抢走
  - 王利发茶馆被人霸占

形散而神不散的结构。《茶馆》的谋篇布局独具匠心。全剧没有贯串到底的矛盾斗争，是一出以人物带故事的话剧。它由几乎没有联系的几个小故事组成。幕与幕之间在情节上的联系，表面上看是不太紧密的，但仔细分析，便可发现三幕之间的联系是作者描写的一种深层的政治意识。

浮雕式人像展览。茶馆作者老舍塑造人物形象有其独特的方式。着重刻画时代的、阶级的、职业的和气质的特点以及地方色彩，作出各种社会典型的艺术概括，通过浮雕般栩栩如生的人物造型，反映不同的社会面貌。

独特的喜剧样式。《茶馆》中有不少悲剧性的场面，但是全剧的基调却是喜剧的，而且即使是悲惨的情节和细节也往往以幽默的笔法表现出来。老舍在《茶馆》中塑造了许多小人物。王利发与秦仲义在社会风浪中的命运升沉都有相同之处，他俩都没有逃脱破产的下场。剧中也出现了一些权势人物，如庞太监、马五爷及沈处长，但从处理这些人物的漫画式、剪影式的手法来看，他们也还是作为小人物来描写的。这些小人物都是老舍笔下幽默的对象，正是这些小人物形象才提供了这种寓悲于喜，啼笑皆非的题材。

诱人的语言魅力。《茶馆》的语言特色最主要的就是真实、形象。如相面人唐铁嘴来到"茶馆"对王掌柜说："我不抽大烟了。"王掌柜听了很高兴，即回答"那好"。他接着说："我改抽白面儿，大英帝国的香烟，日本的白面，两大强国侍候着我一个人，这福气还小吗？"即使不知他底细单凭这句话就知道他是一个无耻之徒了。从这富有幽默感、个性化的语言里，可以深深地体察到帝国主义不仅用枪炮打中国，而且还从体质健康上进行毒害的可耻行径。

侧面透露的手法。作者通过纵、横两个侧面来反映广阔的社会生活。横的侧面：作者选取了裕泰茶馆这个象征被摧残得衰败不堪的旧中国为观察窗口，通过对出入茶馆的各种人物的描写来反映时代变迁。纵的侧面：通过贯串全剧的人物生活变迁来反映社会演变。

名家点评

1.《茶馆》是中国话剧史上的瑰宝；第一幕是古今中外剧作中罕见的第一幕。

——曹禺

2. 我认为《茶馆》是 1949 年新中国成立以后最好的作品。作品的特点就是不煽情，语言平实、口语化，却最能表达深刻的感情，能让人落泪。

——王蒙

3. 全剧的文字并不多，就写了五十年，七十多个人物，精练的程度惊人。

——陈白尘

4.《茶馆》是一个有浪漫主义色彩的伟大的现实主义作品。

——张庚

精彩片段

1. _____

2. _____

3. _____

40 边城

作品百科

书　　名:《边城》

体　　裁:中篇小说

作　　者:沈从文

成书时间:1934 年

成　　就:以独特生动的乡土风情吸引了众多海内外读者

关 键 词:湘西风情;纯爱故事

作者简介

沈从文(1902—1988),原名沈岳焕,湖南凤凰县人,汉族(其父为汉族),但有部分苗族(沈从文祖母是苗族)和土家族(沈从文母亲是土家族)血统,现代著名作家、历史文物研究家、京派小说代表人物,笔名休芸芸、甲辰、上官碧、璇若等。14 岁时,他投身行伍,浪迹湘川黔边境地区。1924 年开始文学创作,抗战爆发后到西南联大任教,1946 年回到北京大学任教。新中国成立后在中国历史博物馆和中国社会科学院历史研究所工作,主要从事中国古代服饰的研究,1988 年 5 月因心脏病突发,在其北京寓所逝世 。代表作有《边城》《长河》,散文集《湘西散记》等。另著有《中国古代服饰研究》。有《沈从文全集》行世。

内容速览

《边城》是沈从文所作中篇小说,首次出版于 1934 年。

该小说以 20 世纪 30 年代川湘交界的边城小镇茶峒为背景,以兼具抒情诗和小品文的优美笔触,描绘了湘西地区特有的风土人情;借船家少女翠翠的纯爱故事,凸显出了人性的善良美好与心灵的澄澈纯净。《边城》以独特的艺术魅力、生动的乡土风情吸引了众多海内外的读者,也奠定了它在中国现代文学史上的特殊地位。

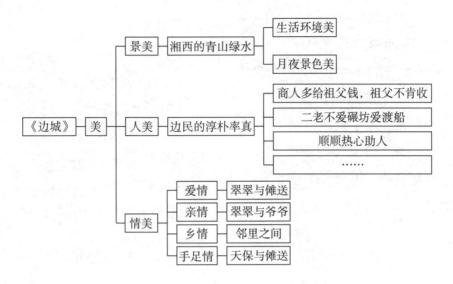

《边城》—美
- 景美—湘西的青山绿水
  - 生活环境美
  - 月夜景色美
- 人美—边民的淳朴率真
  - 商人多给祖父钱，祖父不肯收
  - 二老不爱碾坊爱渡船
  - 顺顺热心助人
  - ……
- 情美
  - 爱情—翠翠与傩送
  - 亲情—翠翠与爷爷
  - 乡情—邻里之间
  - 手足情—天保与傩送

艺术特色

首先，从思想内容上看，《边城》寄托着沈从文先生"美"与"爱"的美学理想，是他的作品中最能表现人性美的一部小说。《边城》描写的湘西，自然风光秀丽、民风纯朴，人们不讲等级，不谈功利，人与人之间真诚相待，相互友爱。作者推重湘西人的生活方式，也想以此重建民族的品德和人格。

其次，从表现手法上看，《边城》采用了兼具抒情诗和小品文的优美笔触，描绘了湘西特有的风土民情。主要表现在以下两个方面：一是细腻的心理描写，二是诗画般的环境描写。

心理描写是对人物在特定环境中的意志、愿望和思想感情等内心活动的描绘。或展开人物的美好心灵，或揭露人物的丑恶灵魂，以表现人物的精神状态和性格特征。其方法多种多样：或通过对话、独白、行动、姿态、面部表情等直接剖析；或采用幻想、梦境间接揭示；或借助景物描写、气氛渲染及周围人物的反应等侧面烘托。

而《边城》中的环境描写，不仅烘托了人物的心理活动，使人物的情感沉浸在富有诗情画意的氛围中，还为我们展示出湘西边陲特有的清新秀丽的自然风光。在作者笔下，啼声婉转的黄莺、繁密的虫声、美丽的黄昏、如银的月色……奇景如画，美不胜收。

最后，忧伤的基调给予了作品深入人灵魂的悲剧美。《边城》的忧郁不是作者故意渲染出来的，而是从作品中自然流淌宣泄出来的。作品的忧伤基调没有削弱作品的可读性，反而增加了作品的厚度与魅力。通过几个主人公的种种悲剧的描写，表达了作者对湘西下层人民不能自主地把握命运，一代又一代继承悲凉的人生命运的深深慨叹。

名家点评

1.《边城》的语言是沈从文盛年的语言，最好的语言。既不似初期那样的放笔横扫，不加节制；也不似后期那样过事雕琢，流于晦涩。这时期的语言，每一句都"鼓立"饱满，充满水分，酸甜合度，像一篮新摘的烟台玛瑙樱桃。

——汪曾祺

2. 沈从文的中篇小说《边城》是一部杰作，它的艺术独创性主要在两个方面表现出来：作为中国现代文学牧歌传统中的顶峰之作，它巩固、发展和深化了乡土抒情模式；继鲁迅的《阿Q正传》之后重塑了中国形象。

——刘洪涛

精彩片段

1. _____

2. _____

3. _____

学霸读后感

41 家

作品百科

书　　名:《家》(原名:《激流》)

体　　裁:小说

作　　者:巴金

成书时间:1933 年

成　　就:现代文学中描写封建大家族兴衰史的优秀长篇小说

关 键 词:封建家族;罪恶与反抗;小说

作者简介

　　巴金(1904—2005),原名李尧棠,笔名有佩竿、极乐、黑浪、春风等,字芾甘。汉族,四川成都人,祖籍浙江嘉兴。中国作家、翻译家、社会活动家、无党派爱国民主人士。代表作有"激流三部曲"(《家》《春》《秋》)、"爱情三部曲"(《雾》《雨》《电》)、《憩园》《寒夜》等。巴金在"文革"后撰写的《随想录》,内容朴实、感情真挚,充满着作者的忏悔和自省,巴金因此被誉为"二十世纪中国文学的良心"。2003 年巴金被国务院授予"人民作家"荣誉称号。有《巴金全集》行世。

内容速览

　　《家》是中国作家巴金的长篇小说,《激流三部曲》中的第一部,入选 20 世纪中文小说 100 强(第 8 位),被认为是巴金的代表作之一。最早于 1931 年在《时报》开始连载,原篇名为《激流》。开明书局于 1933 年 5 月出版首本《家》单行本。它描写了 20 世纪 20 年代初期四川成都一个溃败的封建大家庭悲欢离合的历史。在小说中,揭示了封建大家庭的罪恶及腐朽,控诉了封建制度对生命的摧残,歌颂青年一代的反封建斗争以及民主主义的觉醒。

以高老太爷为首的统治者，掌握全府生杀大权；高老太爷道貌岸然、生活淫逸，玩小旦、娶姨太太；这种淫秽生活被儿子克定、克安们效法着

主题：批判封建宗法家族制度

封建宗法统治者的荒淫、虚伪、腐朽

对美好事物的摧残

鸣凤因反抗"小老婆"的命运，而被逼跳湖；因家长之间的细小摩擦，便拆散了觉新与梅的美好姻缘，并使梅抑郁而终；因借口血光之灾，使得瑞珏搬离高家，难产而死

《家》

主题：歌颂充满希望的反抗力量

觉慧、觉民上新式学校，接受新思想，追求自由与平等，大胆反抗高老太爷的权威，不惜离家出走，甚至觉民因此而获得与琴的爱情

1. 对封建大家庭生活细致观察与娴熟驾驭生活的艺术功底。小说中善于把日常礼仪、节日典祭、人伦举止等整合提炼，栩栩如生地展示出来，使作品饱满生动，熠熠动人。

2. 充分运用比照与对比的小说建构艺术。比如高老太爷祖孙间，觉慧与觉新兄弟中，琴与梅的爱情与婚姻里，都形成鲜明的对比，既揭示了人物性格的不同，更折射出社会思想、文化心态和价值取向的对立。

3. 浓郁的抒情色彩。字里行间富于激情，饱含作者的爱与恨。

名家点评

1. 从情绪上来说，这部小说是一张控诉状，写出了旧家庭制度的一切罪恶，如爱情的不自由、个性的压抑、礼教的残忍、长者的绝对权威和卫道者的无耻。

——罗成琰、阎真
（《儒家文化与20世纪中国文学》）

2. 我要写这种家庭怎样必然地走上崩溃的路，走到它自己亲手掘成的墓穴。我要写包含在那里面的倾轧、斗争和悲剧。我要写一些可爱的年轻的生命怎样在那里面受苦、挣扎而最终不免死亡。我最后还要写一个叛徒，一个幼稚然而大胆的叛徒。我要把希望寄托在他的身上，要他给我们带来一点新鲜空气。

——巴金（《关于〈家〉》）

精彩片段

1. _____

2. _____

3. _____

学霸读后感

42 暴风骤雨

作品百科

书　　名:《暴风骤雨》

体　　裁:长篇小说集

作　　者:周立波

成书时间:1948 年

成　　就:再现了新民主主义革命时期中国农村暴风骤雨般的阶级斗争

关 键 词:阶级斗争;民族特色;结构严谨

作者简介

　　周立波(1908—1979),中国作家。原名绍仪,笔名立波。湖南省益阳人。青年时求学于长沙省立一中、上海劳动大学。他的文学创作活动是从 1928 年到上海开始的。1929 年在《申报》上发表了处女作散文《买菜》。此后便一边求学一边做工,利用业余时间进行文学活动。1934 年参加中国左翼作家联盟,同时加入中国共产党,积极投入党领导的革命文学活动。这时期他主要从事文艺评论和外国文学翻译、编辑工作,间或也写点散文,比较著名的翻译作品有苏联肖洛霍夫的《被开垦的处女地》(第一部)和捷克基西的《秘密的中国》等。1937 年抗日战争全面爆发,周立波离开战斗了 10 年的上海,奔赴抗日前线,到八路军前线和晋察冀边区参加抗战工作。这时期写了大量的散文报告文学,这些作品后来收集在《晋察冀边区印象记》和《战地日记》两个集子中。1939 年到延安,在鲁迅艺术学院任编译处长,兼任文学系教员。后来又主编过《解放日报》文艺副刊。1941 年开始写小说,这期间主要作品有《麻雀》《第一夜》《阿金的病》《夏天的晚上》《纪念》《牛》等。1944 年,随八路军三五九旅的一个南下支队深入华南敌后,与部队战士同历艰险。根据这段战斗经历,写了《王震将军记》《王首道同志和别的几个领导者》《李先念将军印象记》,后结集为《南下记》。1946 年到东北松花江省(现黑龙江省)尚志市参加土地改革,访贫问苦,反复体验生活。1947 年 5 月,他调任《松江农民》编辑,开始构思创作《暴风骤雨》,于 1947 年 10 月和 1948 年 12 月,他先后完成了《暴风骤雨》上、下卷的创作。新中国成立后,创作了长篇小说《山乡巨变》《铁水奔流》等。

《暴风骤雨》是现代作家周立波所创作的一部长篇小说，1948年东北书店初版。

《暴风骤雨》描写以萧祥为队长的土改工作队开进松花江畔的元茂屯，发动和组织广大贫苦农民开展对恶霸地主韩老六的斗争。处决了韩老六后，韩老六的弟弟带领土匪武装进屯，进行反攻倒算，企图扼杀新生政权。在共产党员赵玉林和青年农民郭全海的先后领导下，斗垮了阴险狡猾的地主杜善人。此后郭全海报名参军，踏上了解放全中国的新征程。

《暴风骤雨》以磅礴的革命气势、鲜明的阶级爱憎以及丰满的人物形象，再现了新民主主义革命时期中国农村暴风骤雨般的阶级斗争。这部小说具有鲜明的民族特色，结构严谨，人物惟妙惟肖，语言富有地方色彩。

 思维导图

《暴风骤雨》人物形象

赵玉林：上卷的中心人物，是元茂屯第一个觉醒的新型农民。他过去受到地主阶级的残酷压迫和剥削，成年累月地辛苦劳动，还不能维持其起码的生活，他"一年到头，顾不上吃，顾不上穿，一家三口都光着腚，冬天除了抱柴挑水、做饭外，一家三口，都不下坑"，被人称为"赵光腚"。这个全村最穷的"赵光腚"，在阶级压迫和剥削面前有着宁折不弯的硬骨头性格。他守着庄稼人的本分，既不沮丧，也不怨天尤人，更无非分之想，而是执着地勉力支撑着苦难的日月。他说："穷人要是遇到不痛快的事就哭鼻子，那真是淹死在泪水里啦。"在困难面前，他从不低头。他曾经在三天揭不开锅盖的情况下，去向韩老六借债，韩则企图以污辱他的妻子作为借债条件。他对这种兽行作了力所能及的斗争，并因此受到迫害，被日本鬼子抓去当劳工，吃尽苦头。然而他却保持人格的尊严。由于他经济地位的低下与具有不向困难低头的性格，加上他曾受到苏联红军的帮助和影响，因而他在土改工作队到了元茂屯后，在小王的启发帮助下，很快觉悟了。他勇敢地站出来带领群众斗争韩老六。他与地主阶级势不两立，没有过多的犹豫和胆怯的心情。在粉碎韩老七反革命武装骚扰的斗争中，赵玉林表现得无比的勇敢和坚强。受了重伤，他还发出"快去撵胡子，不要管我，拿我的枪去"的叮嘱。小说描写他由一个深藏着阶级仇恨的普通农民，到在斗争中认识自己的阶级力量，终于成长为忠于革命的先进战士的性格发展历程，突出表现了他走上革命道路可贵的坚定性。小说还深情地挖掘了赵玉林的心灵美。赵玉林身为农会主任，又一贫如洗，在分配土改胜利果实时，曾被评为一等一级，但他只要了三等三级的东西。他对妻子说：应该想想过去的日子，"能对付穿上，不露肉那就行了"，"你别着忙，老百姓都有了，咱们就会有的。"他心里只有别人，唯独没有自己。最后，他为保卫胜利果实而英勇献身。临终前，他只留下一句话："没有啥话死就死了，干革命还能怕死吗？"没有遗憾，也没有豪言壮语，但这平实的语言却掷地有声。赵玉林为革命牺牲，是他性格发展的最高点。从他入党直至为革命牺牲，标志着他走完了由个体农民向无产阶级先锋战士转变的光辉历程

郭全海：下卷的中心人物。他也是一个在土改运动中成长起来的新型农民。他是在旧社会受尽苦痛和磨难，带着很深的阶级仇恨，参加到土改斗争的风暴中来的。在群众尚未充分发动起来斗争韩老六的时候，他就勇敢地站出来控诉韩老六的罪行，以后就很快成为农民中的积极分子。他曾带领一个小组分配土地，工作极端负责、认真，并能做好思想工作，打消农民的顾虑。"把分地工作和宣传教育工作结合起来"。小说上卷还写了他断然拒绝韩老六的利诱，主持分粮时忘了给自己留以及驯服烈马的场景，表现了他立场坚定、大公无私、有驾驭繁杂工作的能力。但由于他处于配角的地位，英雄性格未能充分展示。下卷把郭全海放在革命斗争的漩涡中展现他的英雄性格和精神面貌。他主持了与杜善人算剥削账的斗争，打垮了杜善人的嚣张气焰。在挖浮财过程中他不仅表现得很有组织才能，而且精明、机警。尤其在"活捉韩老五""分马""参军"等章节的突出描写和刻画，使他的英雄性格得到了充分的展示。"活捉韩老五"，表现了郭全海精明能干、不怕吃苦、思考周密、胆大心细、临阵机警沉着、老练以及勇于自我牺牲的精神。在"分马"一章，则表现了他善于组织群众、宣传群众，正确处理矛盾的工作才能。通过"换马"，既锻炼了积极分子，又教育了后进群众。他主张"换马"，让马驹，以至参军临别时还念念不忘将马驹送给田老太太，生动地表现了他大公无私、说一不二的品质。而在分马过程中，更生动地表现了他那享受应得利益但又不追求应得利益的坦率赤诚的品性。这时他已不是一般的农民干部，而是以无产阶级先进分子姿态，善于按党的政策处理具体问题的优秀的党的基层干部了。最后，他经过严肃的思想斗争，告别了新婚的妻子，带头参加了人民解放军，从元茂屯走向全国。在他身上，透露着浓烈的时代气息，表现了刚毅、坚强的性格和高度的政治觉悟。郭全海的形象很大程度上是作为赵玉林的后继者出现的

老孙头：这一形象概括了老一辈农民身上的某些特点，又有着自己鲜明的个性特征。作为一个替别人赶了28年大车的老贫农，他拥护土改，对以韩老六为代表的地主阶级有满腔仇恨，对共产党无比热爱。这些都是他性格的本质的一面。另一方面，由于旧社会小生产者的生活地位所决定，他身上也有着一些比较明显的缺点：深明世故、见风使舵、自私胆小、略带油滑、好吹牛。随着斗争的发展，老孙头也在不断克服自己的弱点，成长为农民中的积极分子

萧祥：小说中土改工作队长，表现了党与群众的关系。萧祥是一个出色的群众运动的组织者和领导者，又是一个感情丰富的革命战士。既具有一个优秀的党的干部的政治素质，革命坚定性，多谋善断，又有关心人的丰富的内心世界。他尊重被人贱视的二流子李毛驴的人格，以严肃动情的劝说唤醒李毛驴的自尊自爱；他处理侯长腿媳妇的事不抱成见，合情合理。这些描写不是单纯表现他的人情味，而是在更高的意义上表现了他能引导一切留有旧制度创伤的人走上新生活的深谋远虑，也是一种对革命有坚定信念的表现

1. **人物塑造**:《暴风骤雨》的突出成就,首先表现在成功地塑造了赵玉林、郭全海等在无产阶级先锋队教育下成长起来的先进农民的典型。他们不是在抗日的烽火和解放战争的战场上锻炼成长的,而是在推翻封建土地所有制的暴风骤雨中,经受了斗争的锻炼而成长起来的具有无产阶级革命时代新式农民英雄的先锋战士。《暴风骤雨》运用古典小说塑造人物的方法,注意在广阔的生活画面上,把人物放在剧烈的矛盾冲突和斗争中,通过人物的语言和行动,选取典型事件来展示人物性格。作者通过人物的语言行动,非常生动地写出了老孙头喜悦、精明,有点自私的心理特征。用人物语言、行动以及简练的心理描写,尤其是将三者水乳交融地结合在一起以刻画人物形象,是《暴风骤雨》艺术上的一个显著特点。

2. **结构情节**:《暴风骤雨》在结构和情节上追求朴素的单纯的美。他把丰富的思想内容、广阔的生活画面,熔铸在单纯的结构、朴素的情节之中。作者把人物刻画融化在情节的叙述之中,不同于西方小说对人物心理作反复的、静止的解剖。小说结构在单纯中显得摇曳多姿。农民获得翻身前的血泪故事,土改中农民的种种思想弱点,东北地区的自然风光、风土习俗,都穿插在两大阶级斗争的主线上,结构单纯,线索清晰。

3. **语言特色**:《暴风骤雨》是周立波"想用农民语言来写的""一种尝试"。小说较多地吸收和提炼了东北农民群众的生动、形象、简练、风趣、表现力强的语言,不仅朴实、自然、亲切,而且富有地方色彩和生活气息,体现了作者对大众风格的追求。比如说家里穷得没有饭吃,农民说:"锅盖总是长在锅沿上";比如说穷人家里没有地,农民就说:"我家开门就是人家的地方。"又比如说普通人生气或开玩笑时总骂人"王八蛋",农民会婉转、幽默地说:"你多咱搬家?谷雨搬家?"再比喻说知识分子腔:"看那人光在家里陪着妻子",农民则说:"那家伙老是守着娘娘庙。"

名家点评

1.《暴风骤雨》的人物是比较单纯的,整个作品的情节和结构也是比较单纯的,也因为这样,它比较易于为一般读者所把握。作者的语言也是比较单纯的。这里没有太过复杂,太不合中国习惯的语法,也很少有由于缺少洗练和修饰而留下的语言的杂质以及过分累赘的痕迹。正如对于群众生活一样,作者对于群众语言也是热爱、敏感的。在这个作品里,作者吸收了不少群众的语汇和群众语言的长处,而脱离了知识分子语言的干瘪和贫乏。

——陈涌

2. 我们在《暴风骤雨》第一部里看到的，其实是一个有关被肆意侮辱压迫凌虐的弱者在外来强势力量支持和帮助下进行快意的除霸复仇的故事。它的艺术吸引力、感染力主要就来自读者的复仇期待与复仇快感。《暴风骤雨》第一部里"敌方"主要人物韩老六是个典型的"恶霸"形象，与传统文学及戏曲中"镇关西"郑屠一类人物一脉相承。

——阎浩岗

精彩片段

1. _____

2. _____

3. _____

学霸读后感

43 曹禺戏剧选

作品百科

　书　　名：《曹禺戏剧选》
　体　　裁：戏剧
　作　　者：曹禺
　成书时间：1941 年
　成　　就：曹禺先生被誉为"东方的莎士比亚"
　关键词：曹禺戏剧代表作

作者简介

　　曹禺（1910—1996），中国杰出的现代话剧剧作家，原名万家宝，字小石，小名添甲。汉族，祖籍湖北潜江，1910 年 9 月 24 日出生在天津一个没落的封建官僚家庭里。曹禺幼年丧母，在压抑的氛围中长大，个性苦闷而内向。1922 年，入读南开中学，并参加了南开新剧团。曹禺笔名的来源是因为本姓"万"（繁体字），繁体万字为草字头下一个禺。于是他将万字上下拆为"草禺"，又因"草"不像个姓，故取个谐音字"曹"，两者组合而得曹禺。曹禺是中国现代话剧史上成就最高的剧作家。曹禺自小随继母辗转各个戏院听曲观戏，故而从小心中便播下了戏剧的种子。其代表作品有《雷雨》《日出》《原野》《北京人》。1996 年 12 月 13 日，因长期疾病，曹禺在北京医院辞世，享年 86 岁。曹禺作为中国新文化运动的开拓者之一，与鲁迅、郭沫若、茅盾、巴金、老舍齐名。他是中国现代戏剧的泰斗，戏剧教育家，历任中国文联常委委员、执行主席；中国戏剧家协会常务理事、主席；中国作协理事，北京市文联主席；中央戏剧学院院长、名誉院长；北京人民艺术剧院院长等职务。他所创造的每一个角色，都给人留下了难忘的印象。1934 年曹禺的话剧处女作《雷雨》问世，在中国现代话剧史上具有极其重大的意义，它被公认为是中国现代话剧成熟的标志，曹禺先生也因此被誉为"东方的莎士比亚"。

《曹禺戏剧选》收录了曹禺的代表作《雷雨》《日出》《原野》《北京人》等。《雷雨》是一部纠缠着复杂的血缘关系、聚集着许多的巧合,但却透露着必然的悲剧。《原野》通过一个农民复仇的悲剧故事,深刻地展示了作家对"命运"的困惑以及对神秘宇宙的哲学思考。《日出》讲述交际花因沉浸于上海的纸醉金迷而最终堕落、破产、走向死亡的故事。阐述了"只有那些选择了真诚与美好的人,才会突破重重阴云迷雾,迎来那散发着人性的、光辉的、美丽的日出!"《北京人》以一个典型的没落士大夫家庭的经济衰落为全局矛盾冲突的线索,展开家庭中善良与丑恶、新生与腐朽、光明与黑暗的冲突;反映封建主义精神统治对人的吞噬。发出"人应当像人一样活着,必须在黑暗中找出一条路子来"的呼声。

思维导图

曹禺的戏剧语言极具特色，从而使得他在处理戏剧冲突当中，能深入剧中人的内心世界，或则表现人物与人物之间的心灵交锋，或则刻画剧中人内心的自我交战。表面的争执、外部的冲突都包蕴着剧中人的内心交战。一切外在的冲突、争辩与日常生活场景，都是为了酝酿、激发与表现内心的冲突。

语言个性鲜明的性格化是优秀戏剧的一大特色，同时也是曹禺戏剧的一大特点，曹禺笔下的人物个性化语言，非常突出。

戏剧语言的动作性指剧中人物不仅表现出在说话，而且表现出人物自身的心理活动、思想感情，它是和手势、表情、形体动作结合在一起的，推动着剧情的发展。

曹禺的语言也是抒情、诗意的。曹禺在创作中运用了一些诗的语言技法，如比喻、象征、含蓄等的综合运用，使他的戏剧语言具有浓厚的抒情性。在剧本中，曹禺喜欢对他所描绘的人物进行外貌、性格和身世的具体描述，对人物生活的场景作详细的说明和描绘。这种语言如同叙事诗一般，具有浓厚的抒情性。那像诗一样的语言，具有浓厚的抒情性，意蕴深厚，发人深思，耐人寻味，达到了情景交融的艺术效果。

名家点评

1. 艺海诲人曾见雷鸣四海，文章华国长如日出东方。

——赵朴初

2. 戏剧音容炳后世，终生浩气反帝封。

——胡絜青

3. 他由我们这腐烂社会层里雕塑出那么些有血有肉的人物，责贬继之以抚爱，真像我们这时代突然来了一位摄魂者。在题材的选择，剧情的支配，以及背景的运用上，都显示着他浩大的气魄。这一切都因为他是一位自觉的艺术者，不尚热闹，却精干调遣，能够透视舞台效果。

——《大公报》文艺奖审查委员会

4. 文明戏的观众，爱美剧的业余演员，左翼剧运动影响下的剧作家。

——孙庆升

5. 中国现代戏剧的奠基人。

——朱栋霖

6. 曹禺作为一位戏剧大师，不仅是中国话剧艺术的奠基者，而且是20世纪世界话剧艺术发展的一个杰出代表。

——余秋雨

精彩片段

1. _____

2. _____

3. _____

学霸读后感

44 围城

作品百科

书　　　名:《围城》
体　　　裁:长篇小说
作　　　者:钱锺书
成书时间:1947 年
成　　　就:新儒林外史
关　键　词:知识分子;"围城"困境

作者简介

钱锺书(1910—1998),原名仰先,字哲良,后改名钟书,字默存,号槐聚,曾用笔名中书君,江苏无锡人,育有一女钱瑗(1937—1997),中国现代著名作家、文学研究家,曾为《毛泽东选集》英文版翻译小组成员,晚年就职于中国社会科学院,任副院长。其父是著名国学家钱基博,在父亲的影响和督导下,自幼打下了良好的国学基础。其后就读于苏州桃坞中学和无锡辅仁中学。书评家夏志清先生认为小说《围城》是"中国近代文学中最有趣、最用心经营的小说,可能是最伟大的一部"。钱锺书在文学、国学、比较文学、文化批评等方面颇有建树。1946—1947 年写成并发表了长篇小说《围城》,还发表短篇小说《人、兽、鬼》。抗战及新中国成立后,先后担任南京国立中央图书馆总编纂、上海国立暨南大学外文系教授、清华大学外文系教授、北京大学文学研究所研究员、中国社会科学院副院长等职务。长期进行翻译和中国文学的研究,出版了《宋诗选注》《旧闻四篇》《七缀集》《谈艺录》以及《管锥编》等学术著作。

内容速览

《围城》是钱锺书所著的长篇讽刺小说,于 1947 年首次出版,被誉为"新儒林外史"。本书以高超的语言艺术和对生活的深刻观察著称。作者用繁茂、幽默诙谐的比喻和反讽，配合尖酸刻薄的语言和机智幽默的文字，表现了以主人公方鸿渐为代表的知识分子在婚恋、教育、生活、事业等种种"围城"中的困境。借以深刻反映了人性中的欺诈、虚伪与懦弱，展示抗战初期知识分子的群相。

思维导图

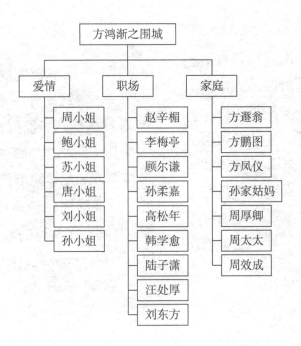

艺术特色

1. **注意选择和营造艺术画面。**作者以方鸿渐的生活为主线，采用大幅度"移动式"的构图法，精心地把所需要的画面恰如其分地摄入读者的视野。小说的舞台初是在大洋的轮船上，在香港，继而又在上海，后又从上海移到抗战后方的一个小城，最后又转回香港与上海，将上海沦陷区的骚动和奢华，战时后方的凋零百态，相互转换，连成一体，显现了当时中国整体的形象，并与主人公的生活历程相契合，具有序列性和连续性。

2. **人物形象的细腻刻画。**《围城》中集纳了各界面目的角色近七十人。当作者半是嘲讽半是悲悯地调侃时，联想特别活跃，作文行云流水，不能自休。对作品中的主要人物通过一些画龙点睛的动作和对话来显示人物的个性特征，很少直接大段大段地描写人物的心理活动，但个个是惟妙惟肖，有时又仅仅是寥寥几笔，便神态逼真地透露出人物在特定场合中微妙的情绪变化。

3. **含蓄、幽默而又深邃、精警的语言。**《围城》属于讽刺文学，对畸形社会中那些令人作呕的污浊景象，作者以无可隐忍的鄙视和憎恶之情，进行了暴露和批判，并尽情挥洒着那种博引经传、融会中西、联类无穷的超越具体描写对象驰向更广阔思维空间的讽刺幽默笔触，创造出一种由博识、睿智、谐趣构成的有智性之美的审美世界以及妙语连珠和巧喻迭出、纵横恣肆的独特文体。常见的是作者往往涉笔成趣，让那些锋利而隽永的巧喻脱口而出。

名家点评

1. 这部长篇小说人物和对话的生动，心理描写的细腻，人情世态观察的深刻，由作者那支特具的清新辛辣的文笔，写得饱满而妥适。零星片段，充满了机智和幽默，而整篇小说的气氛却是悲凉而又愤郁。

——李健吾

2. 小说中数度提到的围城，象征了人间处境：每次离开一个地方，或因此和相识的人每次疏远，都好像一次死亡。鸿渐同鲍小姐、苏小姐、晓笑、已故未婚妻一家、自己家人、大学同事，以至自己妻子——疏离，非常戏剧化地表现出他精神的逐渐收缩，直到一无所有的地步。《围城》是一部探讨人的孤独和彼此之间无法沟通的小说。

——夏志清（《中国现代小说史》）

精彩片段

1. _____

2. _____

3. _____

学霸读后感

45 射雕英雄传

作品百科

    书　　名:《射雕英雄传》

    体　　裁:长篇武侠小说

    作　　者:金庸

    成书时间:1957—1959 年

    成　　就:开创了一种新的叙事方法及结构形式

    关 键 词:爱国主义;英雄史诗;个性化人物

作者简介

    金庸(1924—2018),原名查良镛,1924 年 3 月出生于浙江省海宁县。大学主修英文和国际法。曾在上海《大公报》、香港《大公报》及《新晚报》任记者、翻译、编辑,1959 年创办香港《明报》,任主编兼社长历 35 年,其间创办《明报月刊》《明报周刊》、新加坡《新明日报》及马来西亚《新明日报》等。主要作品有:《书剑恩仇录》《碧血剑》《射雕英雄传》《神雕侠侣》《雪山飞狐》《飞狐外传》《倚天屠龙记》《连城诀》《天龙八部》《侠客行》《笑傲江湖》《鹿鼎记》《白马啸西风》《鸳鸯刀》《越女剑》等。

内容速览

    《射雕英雄传》是金庸创作的长篇武侠小说,最初连载于 1957—1959 年的《香港商报》,后收录在《金庸作品集》中,是金庸"射雕三部曲"的第一部。

    《射雕英雄传》以宋宁宗庆元五年(1199)至成吉思汗逝世(宋宝庆三年,金正大四年,蒙古成吉思汗二十二年,1227)这段历史为背景,反映了南宋抵抗金国与蒙古两大强敌的斗争,充满爱国的民族主义情愫。

    该小说历史背景突出,场景纷繁,气势宏伟,具有鲜明的"英雄史诗"风格;在人物创造与情节安排上，它打破了传统武侠小说一味传奇，将人物作为情节附庸的模式，坚持以创造个性化的人物形象为中心，坚持人物统帅故事，按照人物性格的发展需要及其内在可能性、必然性来设置情节，从而使这部小说达到了事虽奇人却真的妙境。

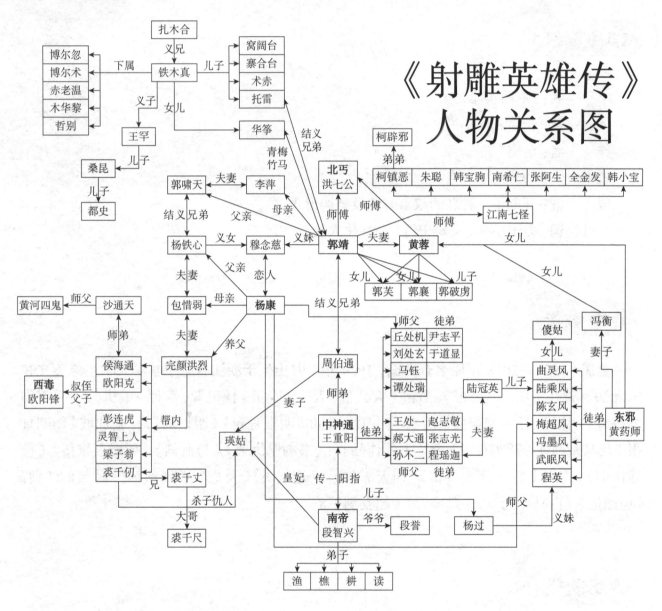

《射雕英雄传》人物关系图

在《射雕英雄传》中，金庸塑造了一系列血肉丰满的人物形象：郭靖，大智若愚，大巧为拙，淳朴忠厚，侠肝义胆，为国为民；黄蓉，聪明伶俐，多才多艺，娇媚刁钻；老顽童周伯通，学武成痴，心无旁骛，了无心机，天真率性；北丐洪七公，豪爽热诚，全无伪饰，一

副济世救民的火热心肠，心胸开阔而又光明磊落；东邪黄药师，聪明绝顶，才智超人，洒脱超逸，偏于乖戾，弹指神通神秘莫测，落英神剑机巧过人，碧海潮生曲更是胸罗甲兵；西毒欧阳锋，为人阴险诡诈，残忍自私，以毒王而自傲于世，贪婪而又阴狠，终于因为逆练九阴真经而变得疯狂；成吉思汗，勇猛稳重，雄才大略，心狠手辣，残忍嗜杀；杨康，生于正而长于邪，性情浮华而贪恋富贵。金庸的武侠小说在人物形象塑造上克服了旧武侠小说人物性格单一、呆板的毛病，着意挖掘人物的内心世界，表现人物的思想情感，故台湾评论界有金庸小说是"武戏文唱"之说。郭靖成了金庸笔下有着巨大的人格魅力的人物形象，在《射雕英雄传》中，突出了郭靖的"知其不可为而为之"，乃至鞠躬尽瘁、死而后已的宝贵的精神，以及"为国为民，侠之大者"的崇高品格。

《射雕英雄传》的情节曲折生动。《射雕英雄传》的主要故事情节是郭靖这一人物与东邪、西毒、南帝、北丐、中神通这"华山五绝"及其门人之间的遭遇与恩怨纠葛。郭靖与东邪黄药师的女儿黄蓉邂逅江湖，结为伴侣，相互深爱对方。可偏偏西毒欧阳锋的侄儿欧阳克也看上了黄蓉，于是欧阳克、郭靖、黄蓉之间的关系就不简单。而郭靖的师傅们"江南七怪"与黄药师的徒弟"黑风双煞"之间又不共戴天，这就更让郭靖烦恼不已。更要命的是郭靖在与黄蓉相遇之前，又与成吉思汗的女儿华筝有婚姻之约。这样就使得这中间的关系变得更为复杂。幸而郭靖因黄蓉之故，拜了北丐洪七公为师，又蒙南帝"一灯大师"相救，还与"中神通"及其弟子"全真七子"之间有着密切的交往，种种情仇纠葛、恩怨情状，复杂万端。

名家点评

1.《射雕英雄传》奠定了金庸武侠小说"巨匠"的地位，人们不再怀疑金庸能否写出大作品来。

——倪匡

2.《射雕英雄传》成了一部经典性的作品。它不仅是武侠故事的经典，也是小说艺术的经典，因为它开创了一种新的叙事方法及结构形式。《射雕英雄传》当然也成了金庸小说创作的一个新的起点，一个分界线。

——陈墨

（《港台新武侠小说五大家精品导读》）

3.《射雕英雄传》是作者最富青春气息的作品，郭靖和黄蓉的爱情，也充溢着青春的热情和温柔、甜蜜与欢畅，同生共死的誓言和来日大难的忧惧，有迷惘、伤痛、误解却从没有刻骨铭心的伤害，更没有贪婪和欲望的污染。郭靖与黄蓉的爱情，就像每个人梦中的初恋，让少年人向往，让中年人伤痛，让老年人回忆。这种质朴、健康又极为明亮的色调在金庸的其他人物身上也是不复现的。

——严家炎(《金庸小说论稿》)

精彩片段

1. _____

2. _____

3. _____

学霸读后感

46 平凡的世界

作品百科

书　　名：《平凡的世界》
体　　裁：长篇小说
作　　者：路遥
成书时间：1986 年
成　　就："中国第三届茅盾文学奖"获奖作品
关 键 词：当代城乡社会生活全景；普通人形象

作者简介

　　路遥（1949—1992），原名王卫国，中国当代农村作家。1949 年 12 月 2 日生于陕西榆林市清涧县石咀驿乡王家堡村一个贫困的农民家庭，7 岁时因为家里困难被过继给延川县农村的伯父。早年在家乡当小学教师。1973 年进入延安大学中文系学习，其间开始文学创作。大学毕业后，任《陕西文艺》（今为《延河》）编辑。1980 年发表《惊心动魄的一幕》，获得第一届全国优秀中篇小说奖，1982 年发表中篇小说《人生》。1982 年成为作协陕西分会专业作家。后任作协陕西分会副主席。

　　1992 年 11 月 17 日上午 8 时 20 分，路遥因肝病医治无效在陕西西安英年早逝，年仅 43岁。有《路遥文集》行世。

内容速览

　　《平凡的世界》是中国作家路遥所作的长篇小说，为"中国第三届茅盾文学奖"获奖作品，全书共三部，于 1986 年 12 月首次出版。

　　该书以中国 70 年代中期到 80 年代中期十年间为背景，通过复杂的矛盾纠葛，刻画了当时社会各阶层众多普通人的形象，全景式地表现了中国当代城乡社会生活。书中劳动与爱情、挫折与追求、痛苦与欢乐、日常生活与巨大社会冲突纷繁地交织在一起，深刻地展示了普通人在大时代历史进程中所走过的艰难曲折的道路。

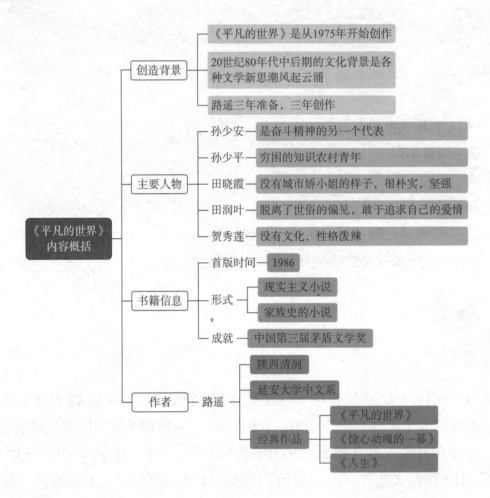

《平凡的世界》内容概括

创造背景
- 《平凡的世界》是从1975年开始创作
- 20世纪80年代中后期的文化背景是各种文学新思潮风起云涌
- 路遥三年准备，三年创作

主要人物
- 孙少安——是奋斗精神的另一个代表
- 孙少平——穷困的知识农村青年
- 田晓霞——没有城市娇小姐的样子，很朴实，坚强
- 田润叶——脱离了世俗的偏见，敢于追求自己的爱情
- 贺秀莲——没有文化，性格泼辣

书籍信息
- 首版时间——1986
- 形式
  - 现实主义小说
  - 家族史的小说
- 成就——中国第三届茅盾文学奖

作者——路遥
- 陕西清涧
- 延安大学中文系
- 经典作品
  - 《平凡的世界》
  - 《惊心动魄的一幕》
  - 《人生》

1. **结构**：作品的时间跨度从 1975 年初到 1985 年，它全景式地反映了这十年间我国城乡社会生活的巨大历史性变迁。如此庞大的工程，路遥采用了"三线组合法"，即在情节的发展和人物的活动上安排了三条线索，三条线索都以时间为序，并将这十年间我国所发生的一些重大的历史事件也列入其中。

第一条线索以孙少平为中心，写了由于城乡差别和脑力劳动与体力劳动的差别，孙少平、金波、兰香、金秀等农村青年渴求知识，渴望现代社会城市的文明和丰富的精神生活与物质生活。第二条线索以孙少安为中心，以双水村、石圪节、原西县为主要地点。主要写了极"左"路线给双水村人造成的贫困，以及三中全会后双水村人奔富裕之路的艰难历程。第三条线索以田福军的升迁为序，展示了由村到县、地、省的政治斗争和路线斗争，这条斗争线索时明时暗，一直贯串于作品的始终。它反映了不同历史时期的政治斗争和路线斗争在党内不仅激烈，而且总是那么壁垒分明。歌颂的是正确路线斗争的代表人物，表现了他们为推动历史前进而贡献自己的力量，否定和批判错误路线，并通过一些干部队伍中存在的问题，展开正面描写，指出潜在的弊端。三条线索的人物不同，所反映的主题也不完全相同，这就保持了一种相对的独立性。

《平凡的世界》将三条线索同时展开，平行发展，利用人物间的关系，情节的相连，选择了一个最恰当的地点作为纽带来联系三条线索，使它们时而交叉直至完全融合。

2. **人物形象**：《平凡的世界》以传统的价值观念及现实主义的创造手法为主，注重故事的连贯性，注重完整人物形象的塑造，同时又不放过情节上的浪漫主义因素，是一部通俗易懂的小说。

秉笔直书的现实主义笔法和路遥"为人民"的创作哲学相结合，形成了小说雄浑壮丽的美学格局。同时，路遥非常注重人物性格的典型化。且不说孙少平等主要人物，就连次要人物也非常典型。比如农村"革命家"孙玉亭，就是特殊年代的特殊产物，还有支书田福堂，他的自命不凡和谨小慎微，是农村干部的典型。还有区委书记苗凯、秘书张生民等等。这些人物都带着他们身份的标签，一举一动都让人一眼看出他们的职业特点和由职业特点所形成的行为方式特征，从而探索各式人物的性格心理和文化心态，传导时代的律动。

3. **语言**：小说的语言朴实厚重，渗透着作家强烈的感情色彩。在流畅的故事叙述中，经常会出现有关生活意义和价值的点睛之笔出现，比如，"人生就是永不休止的奋斗！只有选定目标并在奋斗中感到自己的努力没有虚掷，这样的生活才是充实的，精神也会永远年轻。""人的生命力正是在这样的煎熬中才强大起来的。想想看，当沙漠和荒原用它严酷的自然条件淘汰了大部分植物的时候，少女般秀丽的红柳和勇士般强壮的牛蒡却顽强地生长起来——因此满怀激情的诗人们才不厌烦高歌低吟赞美它们！"这些至理名言，都是笔之所至，水到渠成，它们甚至被许多读者铭记在心，成为他们的生活指南。同时，陕北信天游古朴忧郁的情绪和单纯明朗的表达方式，以及他们丰富的日常语言，都成为小说的语言素材，赋予了书面语具体可感的形象，也增添了浓郁的地方特色。

名家点评

1.《平凡的世界》是茅盾文学奖皇冠上的明珠，激励千万青年的不朽经典，最受老师和学生喜爱的新课标必读书。

——陈忠实

2. 这部小说所传达出的精神内涵，正是对中华民族千百年来"自强不息、厚德载物"精神传统的自觉继承。这样的小说对底层奋斗者而言，无疑具有"灯塔效应"。这样，我们就不难理解路遥的《平凡的世界》能产生如此广泛而深刻的社会影响的原因。

——梁向阳

精彩片段

1. _____

2. _____

3. _____

学霸读后感

精彩片段

47 哦，香雪

作品百科

书　　名:《哦，香雪》

体　　裁:小说

作　　者:铁凝

成书时间:1982 年

成　　就:《哦，香雪》是著名作家铁凝的代表作，也是公认的名作

关 键 词:农村姑娘；天真善良；心灵纯洁

作者简介

　　铁凝，1957 年生，当代著名作家，河北赵县人。主要著作有《玫瑰门》《无雨之城》《大浴女》《麦秸垛》《哦，香雪》《孕妇和牛》，以及散文、电影文学剧本等百余篇 (部)，总计 300 余万字。1996 年出版 5 卷本《铁凝文集》。散文集《女人的白夜》获中国首届鲁迅文学奖，中篇小说《永远有多远》获第二届鲁迅文学奖。根据小说改编的电影《哦，香雪》获第 41 届柏林国际电影节青春片最高奖。电影《红衣少女》获 1985 年中国电影"金鸡奖""百花奖"优秀故事片奖。部分作品被译成英、法、德、日、俄、丹麦、西班牙等文字。亦有小说在中国香港和中国台湾出版。现任中国共产党第十九届中央委员会委员，中国文联主席、中国作家协会主席。

内容速览

　　铁凝的短篇小说《哦，香雪》以细致入微的观察和清新婉丽的语言，描绘了香雪这位农村姑娘天真、善良而纯洁的心灵；以一位青年女作家独特的视角，向我们展示了似乎离我们非常遥远，又好像就在眼前的大山深处，一个几乎与世隔绝，物质和文化生活贫乏落后到令人难以置信的小山村；塑造了以香雪为代表的，一群血管里躁动着青春的炽热，渴望和追求现代物质文明和现代文化生活的农村姑娘群象。

思维导图

凤娇等女孩说话大胆直率，性格泼辣，就像《红楼梦》中的王熙凤，在文中这样写道："哟，我的妈呀！你踩着我的脚啦！"凤娇一声尖叫，"我撕了你的嘴！"凤娇骂着，"哟，我们小，你就老了吗。"大胆的凤娇回敬了一句。这些直言不讳的话充分体现了其性格泼辣的一面

《哦，香雪》人物形象

（一）不同的人物话语，体现了不同的个性特点

香雪少言寡语，性格文静腼腆，就像《红楼梦》中的林黛玉。火车在台儿沟停下时，众多姑娘七嘴八舌问"北京话"（一位火车上的男乘务员）问题时，香雪跟在众多姑娘后小声问了句："你们城里人一天吃几顿饭。"在回家的路上，众多姑娘和凤娇开玩笑，凤娇让她帮腔时，香雪却不说话，并且慌得脸红，说明香雪平时不善言谈，胆子小，很腼腆。在火车上与旅客做小买卖时，那么信任地瞧着你，还不知怎么讲价钱，只说："你看着给吧"。在火车上当铅笔盒主人一定要把铅笔盒送给她，怎么也不要她的鸡蛋时，她心里想"台儿沟再穷，她也从没白拿过别人的东西"，于是在临下车时她还是悄悄地把鸡蛋塞在女学生的座位下。这让我们看到了一个纯真无邪、淳朴善良的香雪

香雪和凤娇都带着那种山里人独有的质朴，火车的到来同样改变了她们两个人的生活。但是她们面对改变，凤娇改变得更加外露，而香雪的变化则显得内敛，表现了她与凤娇完全不同的性格，从而烘托出两人不同的追求，表现了她们不同的人生目标

（二）不同的兴趣追求，表露了不同的人生目标

凤娇只关注物质生活的改变，而香雪除了关注物质层面的同时更关注精神层面的追求，她渴求文化。在她们的兴趣追求中，凤娇注重的是头饰、手表、和"北京话"做买卖；注意到的是妇女头上的金圈子，比指甲油盖还小的手表；在交换东西时，总是用鸡蛋、红枣等土产调换自己喜爱的发卡、纱巾，甚至花色繁多的尼龙丝袜。凤娇对那个"北京话"乘务员很感兴趣，情有独钟。这样写凤娇便是对台儿沟原始生活状态的写照，她代表了真正闭塞在台儿沟的人。而香雪更注重的是车厢里的学生书包；渴望用一篮子鸡蛋换一个班上其他同学都有的自动铅笔盒之类的文化用品；她也不像其他姑娘那样对"北京话"乘务员感兴趣，打听的是北京的大学要不要台儿沟的人、什么叫"配乐诗朗诵"、自动铅笔盒的价钱。因为香雪是她们全村唯一的初中生，对文化知识的追求使她与其他姑娘们的问题和物品需求都不一样，她比别人的追求更高，显得比别人更高一筹。所以以她的眼界与关心的事物自然要比凤娇高出一些，她代表了最终要走出台儿沟的希望

当这些姑娘们毅然决定了要用家里的东西换取自己喜爱的东西时，凤娇与香雪表现出了不同的心态。凤娇们羡慕城里人的头饰和手表，而背着家人用鸡蛋换了这些奢侈品回来，不知道几个圈圈套在头上并不就是好看，而手表也不一定越小越好，她们只是盲目地羡慕和追随，像城市里的姑娘盲目追随潮流一样。而为了这些并无多少价值的东西，她们已经开始把自家不多的鸡蛋牺牲掉而宁愿挨父母骂了，在贪图享受的诱惑面前，对贫穷父母的体谅和爱也不再重要了，具有爱慕虚荣与追求享乐思想之嫌

（三）不同的换物目的，展示了不同的性格特点

而香雪却有着与众人不同的换物目的，她想换的不是一只铅笔盒，而是要换回自己的尊严，甚至付出了比别人更大的代价。因其虽是全村唯一的初中生，但她穷，经常被学生歧视和嘲讽，她受的伤害令人难过。那只木头铅笔盒，虽是父亲亲手做的，凝聚着父亲的爱，但在她眼里很寒碜，是陈旧、古老与贫穷的象征。所以她唯一想的就是弄到自动铅笔盒，孜孜以求的铅笔盒，虽为一物，实是一种文化知识和现代文明的象征。若在别的学生面前自豪一次，这样可以挽回自尊。对于香雪来说，铅笔盒就像黑夜中一盏闪闪的明灯，照着她在追求知识、追寻文明的道路上勇敢地前进。她将设法获得真正的尊严，在这种强烈的自尊心和坚定信念的促使下，在那停车一分钟的间隙里，毅然踏进了火车。为此，她甘愿被父母责怪，而且一个人摸黑走了三十里的山路，这对一个平时说话不多、胆子又小的山村少女来说，需要多大的勇气！在她一个人沿着铁路走回家乡的时候，对养育她的大山说："台儿沟一定会是'这样的'；台儿沟的姑娘不再央求别人……"从这一段话可以看出香雪对未来是憧憬的，对于家乡目前的贫穷和落后，香雪有着一种无比的乐观。再者在回家的路上她深深地为那篮母亲甚为珍惜的鸡蛋而自责，也体现了她的善良和淳朴。这与凤娇换物时表现出了与众不同的心态。相比之下，香雪确实是众姑娘中的最优秀者，她强烈的自尊心、上进心和不服输的顽强劲儿真令人惊叹

构思的精巧。首先，小说并未着笔于轰轰烈烈的大场面，也未设置激烈的冲突和矛盾，更不讲求情节的离奇曲折，而是截取了几个小小的生活场景，通过火车一分钟的停靠，向人们洞开了小山村——台儿沟的生活。也通过这一分钟的停靠，给山民们（尤其是山村少女们）带来了全新的感受。通过她们细致入微的心理变化和感情波澜，由此折射出时代生活的巨变。

其次是心理描写细腻感人。小说十分细致地描写了山村少女们心理的活动和变化。姑娘们对外面世界的好奇，凤娇对列车员的一见倾心，香雪对山外世界的向往，对带有磁铁的泡沫塑料文具盒的企盼……都十分真切地显现出山村少女对新生活、对美好未来的热切呼唤。

最后，小说还具有清新淡雅，诗一般的风格。作家不铺排浓烈的辞采，刻意追寻的是淡雅的艺术风格。因而语言新鲜、活泼，极大地增强了小说的表现力。在作家笔下一切都充满了生机和活力，写山、写树、写小溪、写山风、写火车，笔触所至，这些物体都跃动起来，有了体温、脉搏，有了感情、灵魂，有了语言、歌声……和人物微妙的心理活动一起，共同组建成一个和谐、充满诗意和生机的世界。使读者感受到扑面而来的清新的气息。

名家点评

1. 西山口离台儿沟三十里。傍晚七点才过，小姑娘香雪被列车捎到了陌生的西山口。风吹响近处的小树林，小树林发出窸窸窣窣的声音。小说《哦，香雪》的高潮部分，就将主人公置于这样可怕的环境中。香雪是否又要急得哭起来了呢？作者铁凝以她富有感情的笔触，从容展开细腻、真切的心理描写。

——华彤庚

2. 关注中国亿万农民命运，无疑是一个重大的主题。作家恰是把这重大主题通过细小的故事情节反映出来，这也是本篇小说突出的构思特点。小说的中心事件，就是香雪想得到一个她在火车上看到的，能自动打开的塑料文具盒。文具盒，这在人们眼里，可能平常得不能再平常的一件小东西。作家就是通过这样一件平常的小东西，表现了以香雪为代表的新一代农民，对现代文明的渴望和追求，表现了作家对中国农民所追求理想的感叹，也说明他们的渴望的微薄和局限。

——建文

精彩片段

1. _____

2. _____

3. _____

学霸读后感

48 历史的天空

作品百科

书　　　名：《历史的天空》

体　　　裁：长篇小说

作　　　者：徐贵祥

成书时间：2000 年

成　　　就：第六届茅盾文学奖获奖作品

关　键　词：革命历史；可敬可感；平凡英雄

作者简介

　　徐贵祥，笔名楚春秋，男，出生于 1959 年 12 月 27 日，汉族，安徽霍邱县人。大学毕业。1991 年又毕业于解放军艺术学院文学系。1978 年 12 月应征入伍，历任班长、排长、连长，集团军组织处干事、师宣传科科长，1994 年调入解放军出版社，先后任编辑、总编室主任、科技编辑部主任兼副编审、空军创作室副主任，现任解放军艺术学院文学系主任。1998 年加入中国作家协会。著有长篇小说《仰角》《历史的天空》，中短篇小说集《弹道无痕》《天下》等。中篇小说《弹道无痕》获 1991 年—1992 年《解放军文艺》优秀作品奖；中篇小说《潇洒行军》获 1991 年—1992 年《昆仑》优秀作品奖；中篇小说《决战》获第七届中国人民解放军文艺奖；电影文学剧本《弹道无痕》（已拍摄发行）获第二届中宣部五个一工程奖、中国政府电影华表奖；长篇小说《仰角》获第九届中国人民解放军文艺奖；长篇小说《历史的天空》获第六届茅盾文学奖、第三届人民文学奖、第十届中国人民解放军文艺奖、第八届中宣部五个一工程奖。

内容速览

　　长篇小说《历史的天空》，曾获第六届茅盾文学奖等多个奖项。作品叙述了以梁大牙、陈墨涵为代表的一代人，在抗日战争、解放战争、抗美援朝战争、"文化大革命"直至新时期的生命历程，如实描绘出了自20世纪30年代开始的近半个世纪复杂多变而又跌宕起伏的革命历史，塑造了一批性格鲜活、可敬可感的平凡英雄。

思维导图

《历史的天空》人物介绍

梁大牙（梁必达）：主人公梁大牙出生于鄂豫皖交界之处的一个叫蓝桥埠的地方，此地既受到楚文化的影响又受到儒家文化的熏陶，双重文化的双重影响，使得此地的文化既有活泼开放的一面又有严肃的一面。这样的环境造就了主人公朴实粗犷的性格和粗野的话语方式，如小说的开始部分梁大牙大声吼叫："放你娘的屁！你给老子快跑，跑到了老河湾再拾掇你。"像这样粗野的语言小说中比比皆是，活灵活现地凸显出人物粗犷侠义的性格。还有民间常用的赌誓方式和用语："咱兄弟大眼瞪小眼，谁都不能装孬，谁装孬谁就是蓝桥埠龚二家的母狗下的崽。"可爱中透出人物的豪气及铮铮铁骨。最后，他在爱情的表白方面，也是相当的感性和直白，例如他喜欢上了东方闻音，就直接称呼她为"娘子"。最后在战争的锻炼下，在杨庭辉、东方闻音等同志的帮助下，梁大牙从一个浑身散发着土匪气息的农村无产者成长为一名具有一定政治水平的共产党高级将领，后改名为梁必达

张普景：张普景为人正派原则性强，但有些固执，凡事重证据，不讲情理，工作缺乏灵活性。他时刻警惕梁大牙的"非革命行为"，并与之开展坚决的斗争。虽然对梁大牙的看法和态度有一定的偏差，但他光明磊落，遇事从不退缩。新中国成立以后，他一直做梁大牙的搭档，时时刻刻监督着梁大牙的一举一动，一旦发现梁大牙有错误，就毫不留情地进行批评。可以这么说，张普景永不妥协的斗争促进了梁大牙的政治素质得以提高和成熟。正如梁大牙所言："没有张普景几十年如一日地揪我的辫子，那就不知道要犯多少错误。""文革"中，面对造反派头子江古碑的百般利诱和严刑批斗，张普景坚持原则，拒作陷害梁必达、王兰田的伪证。最终被迫害致疯而死

朱预道：朱预道是梁必达的小伙伴，他由于贫穷，没有读过书，也不知道多少大道理，但认准了和梁必达在一起干就行的理；他聪明，打仗勇猛，是梁必达的得力干将；他鬼点子也多，敢于在作战间隙谈情说爱，在作风问题上屡犯错误，最后在"文革"中没有把握好大方向

高秋江：高秋江在《历史的天空》中是巾帼英雄的形象，但从她的经历中不难看出，她在进行英勇抗战和挣脱爱情的掩盖下，进行的是一种女性意识独立的斗争，刚开始文本对高秋江这样论述："高秋江投笔从戎，报效国家自不必说，少女情怀追逐初恋之梦更是重要的动力。"高秋江是彰德府北方圆十里首富的孙女，恋上了小农地位的莫干山，他们的"不轨行为"被高老太爷察觉后，就被无情地拆散，高秋江以死相拼拒绝了若干豪门的求亲，决然离家投奔了国民党的军队。从这方面说，她是一位首先摆脱封建家庭束缚的女性，她这种娜拉式的但又高于娜拉式的出走，宣布了向封建家庭的诀别，及对自身自由的追求

艺术特色

　　徐贵祥的长处正是编故事，他始终将目光聚焦于人物在战争与政治的多重纠葛和激烈碰撞中的复杂境遇和传奇经历，人物性格既有发展，又有恒定的基本元素贯串始终。命运起伏跌宕，故事大开大合，常常出人意料却又总在情理之中。环环相扣，抽丝剥茧，草蛇灰线，引

人入胜。

　　再加上语言的粗犷劲道，酣畅淋漓，势如破竹，也加强了阅读的快感，一旦开卷便欲罢不能，非一气呵成而后快。

　　显然，我们从中看出了中国传统章回小说对徐贵祥的深深浸淫，使这种一度被视为传统、保守的叙事形式越来越显示出了历史积淀的巨大穿透力和生命力。

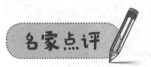

名家点评

　　1.《历史的天空》在种种历史的偶然背后，显示出了历史的必然，纵向而又曲折地演绎了梁必达从一介草莽到高级将领的性格史与心灵史，通过个体生命对历史的重新言说，以真切厚重的军人生命体验的细节和碎片，去填充和修补想象中的历史，使历史中的战争和战争中的英雄都变得更加真实、丰富和耐人寻味，从而以鲜活强悍的人物性格和人格光芒照亮了苍茫深邃的历史的天空和当代战争文学的人物画廊。作品凝重雄浑，充满了战争文学的阳刚之气和崇高风范，故事跌宕起伏，包蕴了聪颖的战争艺术和兵家智慧。

——朱向前

　　2.纵观整部小说，可以看出，作者力图从新的角度诠释战争、权力、政治与人格的关系，把人性、欲望、命运同战争生活的交融放在表现的焦点上，让战争背景成为人格的舞台和人心的炼狱，让战争的天幕上，始终放射人格的光彩。在表现中国民族革命战争和塑造中国军人形象方面，《历史的天空》具有一定的开拓性和创新性。

——雷达

精彩片段

1. _____

2. _____

3. _____

学霸读后感

49 三体

书　　　名：《三体》

体　　　裁：长篇科幻小说

作　　　者：刘慈欣

成书时间：2006—2010 年

成　　　就：第 73 届雨果奖最佳长篇小说奖

关 键 词：地球人类文明和三体文明；超越常人的想象力

作者简介

　　刘慈欣，1963 年 6 月生于北京，祖籍河南省信阳市罗山县，山西阳泉长大。1985 年自华北水利水电学院毕业后，在发电厂当一名工程师；1999 年首次发表短篇小说《鲸歌》，同年以《带上她的眼睛》获得中国科幻银河奖一等奖，此后连续多年蝉联该奖项；2007 年推出长篇作品《三体》，是首个获得雨果奖的亚洲作家。《三体》三部曲被普遍认为是中国科幻文学的里程碑之作，将中国科幻推上了世界的高度。

内容速览

　　《三体》是刘慈欣创作的系列长篇科幻小说，由《三体》《三体Ⅱ·黑暗森林》《三体Ⅲ·死神永生》组成，第一部于 2006 年 5 月起在《科幻世界》杂志上连载，第二部于 2008 年 5 月首次出版，第三部则于 2010 年 11 月出版。作品讲述了地球人类文明和三体文明的信息交流、生死博杀及两个文明在宇宙中的兴衰历程。其第一部经过刘宇昆翻译后获得了第 73 届雨果奖最佳长篇小说奖。

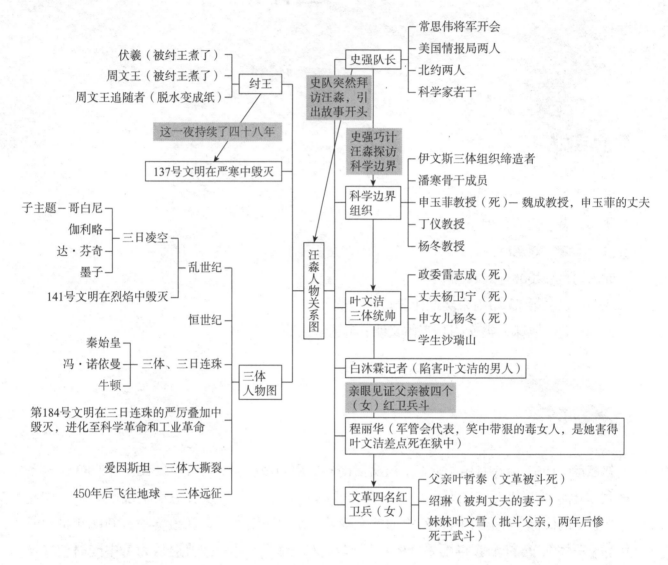

　　阅读《三体》系列，除了在其中仍然能体味到一些传统的科幻作品的风格之外，又可以带来一种像阅读那些出色的商业通俗小说时会感受到的快感。而且，会为作者超越常人的想象力而叫绝，也很欣赏作者的思考，以及其中部分的思想。这个小说系列的可读性，就其情节展开的精彩度来说，作为其基础的，恰恰是作者惊人而且超越常人的想象力。在《三体》系列中，作者突破了硬科幻的传统模式，让其故事更好看，与此同时，在其哲学基础上，还是沿用了地球思维的某种框架。

　　刘慈欣采取的描写方式具有技术主义的特点，这会使他在惊叹"方寸之间，深不见底"之后，进一步带读者深入宇宙（比如奇异的"四维空间"）中去认知它的"尺寸"。在描写的链条上，这样的层层递进产生一种异乎寻常的力量，他在与无形无限搏斗，试图把一切都写"尽"。或者说，他不遗余力地运用理性来编织情节，让他的描写抵达所能想象的时空尽头。刘慈欣的小说以激进的科学推理为支撑，甚至在《三体》这样的鸿篇巨制里，宇宙规律本身的更改也是支撑其情节的最主要支点。

《三体》系列以众多的人物和繁复的情结，描绘出宇宙间的战争与和平，以及人类自身对于道德的选择困境。刘慈欣对所有这些如那种不同维度的世界看似无法言传的景观，毫无保留地以全景细密的"写实"方式加以刻画，他的文字精准而结实，使幻想变得栩栩如生。面对这些壮丽的宇宙景观和精妙的物理设想，那种感觉就像离开池塘见到了大海。另一方面，刘慈欣创造的世界有着读者可以认同的鲜活的历史感和现实感。刘慈欣的科幻世界与现实之间的连接点，在很大程度上是"中国经验"。

名家点评

1. 在读过《三体》以及《三体Ⅱ·黑暗森林》以后，我毫不怀疑，这个人单枪匹马，把中国科幻文学提升到了世界级的水平。

——严锋

2.《三体》太有想象力了，背景十分宏大，看完《三体》之后，我觉得当个美国总统和浩瀚的宇宙相比实在太渺小了。毕竟每天处理的都是和国会争论的琐事，不用担心外星人入侵。

——［美］奥巴马

3. 确确实实《三体》踢出了临门一脚，至少它带动中国科幻，从杂志时代、短篇时代迈向长篇畅销书时代，而且把科幻的圈子影响，从科幻圈子之内，向主流文学界，向社会扩散。

——王晋康

精彩片段

1. _____

2. _____

3. _____

50 中华传统文化经典百篇

作品百科

书　　名:《中华传统文化经典百篇》

体　　裁:文化经典

作　　者:袁行霈　王仲伟　陈进玉

成书时间:2016 年

成　　就:中华书局 2016 年度双十佳图书(人文社科类)

关 键 词:修身立德;治国理政;伸张大义;嫉恶刺邪;亲情伦理

作者简介

袁行霈,字春澍,江苏武进(今常州市武进区)人,著名古典文学专家。1936 年 4 月 18 日生于山东济南,1957 年毕业于北京大学中文系。北京大学中文系教授、人文学部主任、国学研究院院长、中国传统文化研究中心主任、《国学研究》年刊主编、北京大学校务委员会委员。主要社会兼职有全国政协常委、民盟中央副主席、国务院学位委员会委员、国家古籍整理出版规划小组成员暨学术委员会副主任、教育部面向 21 世纪教学改革顾问组顾问、全国高等院校古籍整理委员会委员、中央文史研究馆馆长。2018 年 4 月当选美国人文与科学院外籍院士。第九届全国政协常委,第十届全国人大常委。

内容速览

为传承中华民族的历代文化经典,弘扬中华民族优秀传统文化,展现传统文化在当代的意义,并为构建中华民族的精神家园,实现中华民族伟大复兴的"中国梦"提供精神助力,国务院参事室、中央文史研究馆特此编纂《中华传统文化经典百篇》。

本书选入的 101 篇经典作品,包括先秦诗歌、辞赋及历代论说、语录、史传、奏议、碑志、杂记、序跋、尺牍等各种文体,不仅涉及哲学、社会科学,还涉及科学技术、中外关系、军事思想等领域，尤其注重那些关乎修身立德、治国理政、伸张大义、嫉恶刺邪、亲情伦理的传世佳作。

思维导图

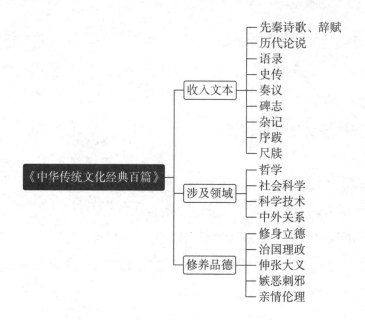

艺术特色

　　《中华传统文化经典百篇》既是历代名著名作的精粹选本，也是中华民族优秀传统文化的一个较小体量的缩影。

　　该书对每篇选文的题解、注释尽可能平实准确、简明扼要、言之有据。

　　解析部分不一味因袭旧说，而是力求在实事求是的前提下，深入挖掘新意。

名家点评

　　1.《中华传统文化经典百篇》是第一次在一部综合性选本中选入这些篇章，使读者能够了解到传统文化的方方面面。

——刘跃进

2. 袁行霈没有年轻人通常具有的心猿意马、轻佻浮躁、好高骛远那等凌厉之气，也从无生活懒散、读书不求甚解的郎当作风。袁行霈从不张扬夸耀、显示自己的长处，也从不干华而不实、哗众取宠之事。袁行霈于朴实无华的为人处世之中，时时洋溢着一股蓬勃向上、昂奋进取的朝气，表现出一个有志有为青年的高洁品质。

——马嘶

精彩片段

1. _____

2. _____

3. _____

学霸读后感

51 经典常谈

作品百科

书　　　名:《经典常谈》

体　　　裁:文学

作　　　者:朱自清

成书时间:1946 年

成　　　就:概览中国古典文学的不二之选

关 键 词:中国古代文学;发展脉络

作者简介

　　朱自清(1898—1948),中国散文家、诗人、古典文学研究家。原名自华,号秋实,后改名自清,字佩弦。江苏扬州人,原籍浙江绍兴。1916 年中学毕业后考入北京大学预科。在大学读书期间开始新诗创作。1920 年北京大学哲学系毕业后,在江苏、浙江一带教中学,积极参加新文学运动,并参加了新潮社、文学研究会。1925 年到清华大学任教,开始研究中国古典文学,创作则以散文为主,其中《背影》《荷塘月色》都是脍炙人口的名篇。1931 年留学英国,漫游欧洲,回国后写成《欧游杂记》。1937 年抗日战争全面爆发,随校南迁至昆明,任西南联大教授,1946 年由昆明返回北京,任清华大学中文系主任。一生著述颇丰,现有《朱自清全集》行世。

内容速览

　　朱自清的《经典常谈》包括说文解字、周易、尚书、诗经、三礼、春秋三传、四书、战国策、史记汉书、诸子、辞赋、诗、文等十三篇,系统地介绍了中国古代文学的发展与历史脉络。全书对经典的梳理与讲解,不仅知识上简洁精辟,文字上更是白话文通俗流畅的典范;让古文对读者来说更为亲近、熟悉,从而启发读者的兴趣,是读者概览中国古典文学的不二之选。

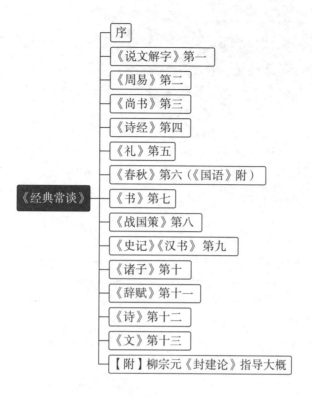

《经典常谈》 —
- 序
- 《说文解字》第一
- 《周易》第二
- 《尚书》第三
- 《诗经》第四
- 《礼》第五
- 《春秋》第六（《国语》附）
- 《书》第七
- 《战国策》第八
- 《史记》《汉书》第九
- 《诸子》第十
- 《辞赋》第十一
- 《诗》第十二
- 《文》第十三
- 【附】柳宗元《封建论》指导大概

艺术特色

作为中国现代散文家、诗人的朱自清，不但以其清隽沉郁的文风、洗练秀丽的文笔著名，而且他对中国的古代典籍亦有极深的造诣与研究。针对我国经典读起来特别难，使一般人敬而远之的状况，朱自清先生撰写了这本对经典作品全面而深入浅出的介绍的通俗读物。全书基本上按我国古代经史子集分类法的顺序，概述了《说文解字》《四书五经》《战国策》《史记》《汉书》等典籍，还涉及诸子、辞赋、诗文各个类别中的名著。

名家点评

1. 朱先生的《经典常谈》却是负起这方面的责任来的一本书。它是一些古书的"切实而浅明的白话文导言"。谁要知道某书是什么，它就告诉你个什么，看了这本书当然不就是变了古书，可是古书的来历，其中的大要，历来对于该书有什么问题，直到现在为止，对于该书已经研究到什么程度，都可以有个简明的概念。学生如果自己在一大堆参考书里去摸索，费力甚多，所得未必会这么简明。因这本书的导引，去接触古书，就像预先看熟了地图跟地理志，虽然到的是个新地方，却能头头是道。

——叶圣陶

2. 这是一本大家公认的国学入门极佳读本，也是"大家写小文章"的优秀范例。有读者评价朱自清先生的这本书说："行文流畅，深入浅出，举重若轻。和朱自清先生在他的散文里给予我们的浪漫自由的感受不同，本书给人的印象却是严谨而逻辑分明的。"今天，就让我们来切身感受一番吧。

——于欣言

精彩片段

1. _____

2. _____

3. _____

学霸读后感

52 语文常谈

作品百科

　书　　名：《语文常谈》

　体　　裁：学术著作

　作　　者：吕叔湘

　成书时间：1980 年

　成　　就：很有分量的普及读物

　关　键　词：语文知识；实用性；知识性

作者简介

　　吕叔湘（1904—1998），中国语言学家，语文教育家。近代汉语学的拓荒者和奠基人。江苏丹阳人。曾就读于丹阳县高等小学、江苏省常州高级中学。1922 年考入国立东南大学（原南京高等师范学校，1928 年更名中央大学，1949 年更名南京大学），就读于外国语言文学系，1926 年毕业。毕业后曾在丹阳中学、苏州中学任教。1936 年赴英国留学，先后在牛津大学人类学系、伦敦大学图书馆学科修读。1938 年回国后历任云南大学文史系副教授，华西协和大学中国文化研究所研究员，金陵大学中国文化研究所研究员兼中央大学中文系教授、清华大学中文系教授。1952 年起任中国科学院语言所研究员。曾任中国科学院语言所所长、中国语言学会会长、《中国语文》杂志主编、《现代汉语词典》主编、《汉语大词典》首席顾问等。1987 年获香港中文大学荣誉文学博士学位，1994 年被聘为俄罗斯科学院外籍院士。

内容速览

　　《语文常谈》是一部书籍，共分八章，是吕叔湘先生所著。本书是本很有分量的普及读物，有实用价值，知识性也很强，如旧字典中的反切法、古典诗词中的压韵问题，都有精要的叙述。

《语文常谈》

（1）语言和文字。讲述有关语言、文字的知识，语言是人类特有的。二者之间的关系是辩证的，文字不能超脱语言，为语言服务；二者关系密切但也不完全一致，语言文字要两条腿走路

（2）声、韵、调。从绕口令说起，说明怎样给汉字注音，介绍字音的三要素——声、韵、调及其在文学上的应用，没有必要谈音色变。还从声、韵、调方面讲述了语音、音韵的基本知识

（3）形、音、义。介绍形、音、义的纠葛，异体字弊多利少，分析异读字要尽量减少，同音字数量繁多，一字多义与数字同形的现象，从而说明汉字为汉语的服务并不是尽善尽美的

（4）字、词、句。语言的单位，说明三位一体的结构，从语音的句和语法的句等不同角度来分析汉语语法的特点

（5）意内言外。字义约定俗成，字义和词义是转化相生的，语言的地面上是坎坷不平的

（6）古今言殊。分别介绍了语言的变化，语汇的变化，语法、语音的变化，从文言到白话的发展

（7）四方谈异。介绍中国的各大方言及推广普通话问题。包括汉语方言的种类和数目，语言语汇的差别，语音的分歧，方言和方言之间的界限，推广普通话的意义

（8）文字改革。就汉字改革的历程及趋势进行简要论述。讨论汉字是否能满足我们对文字的要求。介绍改革汉字的观点，拼音文字的优点、缺点、拼音化的发展趋势。说明简化汉字只是治标

艺术特色

　　吕叔湘先生的作品没有深奥的术语，却从汉语的实际出发深入浅出地表达了自己对汉语基本问题的一些看法，虽然不能使我们弄清楚所有的问题，却有很强的启发性，引导我们去深入研究这些问题。

名家点评

　　1. 读完吕叔湘先生的《语文常谈》，我获益颇多。他用通俗易懂的语言，简单明白的事例阐述了语言学上几个重要的问题，如动物"语言"和人类语言的差异问题，语言和文字的关系问题，汉字的注音问题，声、韵、调分析法和音素分析法的差别问题，声、韵、调在诗歌创作中的作用问题，汉字形、音、义之间复杂的对应关系以及由此带来的不便，语言的历时变化和共时的地域差异问题，汉字改革问题等。

——佚名

2. "读书破万卷，下笔如有神"，我们相信，通过阅读这套版本权威、选目完善、经典实用的丛书，不仅有助于中小学生的课内外学习与考试升学，还能提高学生的科学和人文素质，为广大中小学生语文素养的全面提高和终身发展打下坚实的基础。

——佚名

精彩片段

1. _____

2. _____

3. _____

学霸读后感

53 诗词格律

作品百科

书　　名：《诗词格律》
体　　裁：学术著作
作　　者：王力
成书时间：1977 年
成　　就：一部优秀的诗词创作入门必读书
关 键 词：格律基本知识

作者简介

　　王力（1900—1986），中国语言学家，诗人。字了一。1900 年 8 月 10 日生于广西博白，卒于 1986 年 5 月 3 日。1924 年入上海南方大学学习，次年转入上海国民大学。1926 年考入清华大学国学研究院，师事梁启超、王国维、赵元任。1927 年留学法国，1931 年获巴黎大学文学博士学位。1932 年回国，历任清华大学、燕京大学、广西大学、昆明西南联合大学教授，岭南大学、中山大学教授。1954 年后任北京大学教授，并兼任中国文字改革委员会委员、副主任。曾兼任国家语言文字工作委员会顾问、中国语言学会名誉会长、中国音韵学研究会名誉会长等职务。他还曾是中国科学院哲学社会科学部学部委员。全国政协常委。著有《中国文法学初探》《中国现代语法》《汉语诗律学》《汉语音韵学》《汉语史稿》《中国语言学史》等，其论著汇编成《王力文集》。

内容速览

　　这本《诗词格律》所讲的诗词格律，大部分是前人研究的成果，也有一些地方是著者自己的意见。由于它是一部基本知识的书，所以书中不详细说明哪些部分是某书上叙述过的，哪些部分是著者自己的话。《诗词格律》着重在讲格律，不是诗词选本，所以对于举例的诗词，不加注释。所引诗词的字句，也有版本的不同；著者对于版本是经过选择的，但是为了节省篇幅并避免烦琐，也不打算在每一个地方都加上校勘性的说明了。

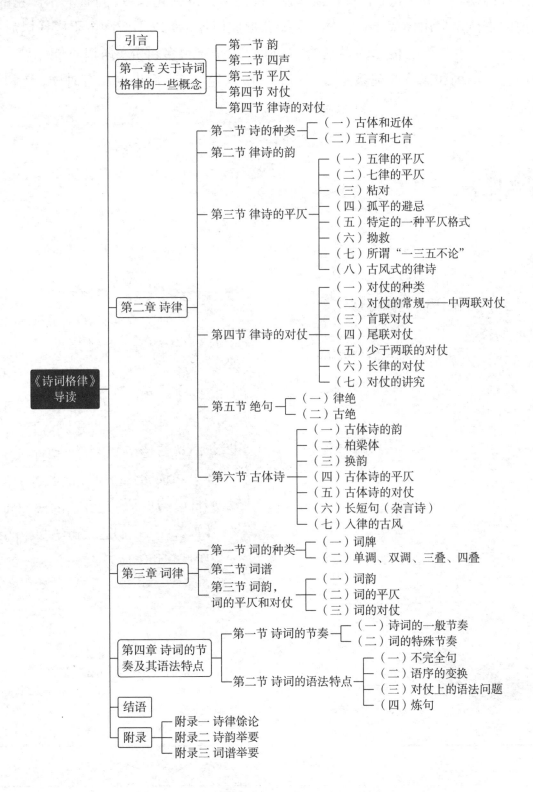

王力此书深入浅出，特别适合初学者入门。

《诗词格律》有一个总的目的，就是试图简单扼要地叙述诗词的格律，将其作为一种基本知识来告诉读者。关于诗，着重在谈律诗，因为从律诗兴起以后，诗才有了严密的格律。唐代以前的古诗是自由体或半自由体，还没有形成格律，所以不谈。至于唐代以后的古体诗，虽然表面上也是不受格律的限制的，实际上还是有很多讲究，所以不能不谈，只不过可以少谈罢了。词和律诗的关系是很密切的。所以先讲诗，后讲词。有时候，诗和词结合起来讲述。

名家点评

1. 王力先生的《诗词格律》对于我们理解诗词近体诗创作是很好的读物，其中全面介绍了近体诗格律的基本知识，以及词的格律，是一部优秀的诗词创作入门必读书。

——佚名

2. 以前学习诗词的时候不觉得那些诗人有多厉害，直到看了这本书，才发现一首诗、词里面竟然隐藏了那么多的知识，才发现古人们的智慧真的是无穷无尽的。当然也让我意识到了，学习和发扬这优秀传统文化的重要性。让我们在继承这优秀传统文化的基础上，加以我们自己的创新，让我们的诗词的魅力永放光芒，让我们这朵传统文化的鲜花，永葆青春和生命力。

——佚名

精彩片段

1. _____

2. _____

3. _____

54 乡土中国

作品百科

书　　名:《乡土中国》

体　　裁:社会学

作　　者:费孝通

成书时间:1948 年

成　　就:中国乡土社会传统文化和社会结构理论研究的重要代表作之一

关 键 词:中国农村;差序格局;男女有别;家族、血缘和地缘

作者简介

费孝通(1910—2005),中国社会学家,江苏吴江人。1928 年起先后在东吴大学、燕京大学、清华大学学习,获社会人类学硕士学位。1935 年获公费留学资格赴英国留学,获伦敦大学哲学博士学位。1938 年回国,先后在云南大学、清华大学任教授。1942 年加入中国民主政团同盟。历任民盟中央委员、常委、副主席。1987 年任民盟中央主席、名誉主席,全国人大常委会副委员长、全国政协副主席。代表作有《乡土中国》《江村经济》等。

内容速览

《乡土中国》是当代社会学家费孝通创作的社会学著作,首次出版于 1948 年。《乡土中国》是费孝通著述的一部研究中国农村的作品。全书由 12 篇文章组成,涉及乡土社会人文环境、传统社会结构、权力分配、道德体系、法礼、血缘和地缘等各方面。在《乡土中国》中,作者用通俗、简洁的语言对中国的基层社会的主要特征进行了概述和分析,全面展现了中国基层社会的面貌。全书主要探讨了差序格局、男女有别、家族、血缘和地缘等。该书语言流畅,浅显易懂。

《乡土中国》是学界公认的中国乡土社会传统文化和社会结构理论研究的重要代表作之一。

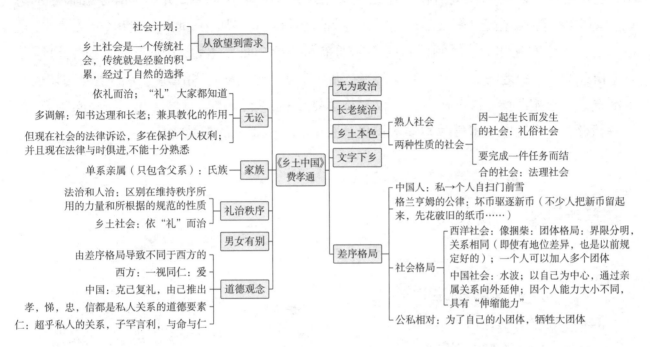

社会计划：
乡土社会是一个传统社会，传统就是经验的积累，经过了自然的选择 —— 从欲望到需求

依礼而治；"礼"大家都知道
多调解：知书达理和长老；兼具教化的作用
但现在社会的法律诉讼，多在保护个人权利；并且现在法律与时俱进,不能十分熟悉 —— 无讼

单系亲属（只包含父系）：氏族 —— 家族

法治和人治：区别在维持秩序所用的力量和所根据的规范的性质
乡土社会：依"礼"而治 —— 礼治秩序

—— 男女有别

由差序格局导致不同于西方的
西方：一视同仁：爱
中国：克己复礼，由己推出
孝，悌，忠，信都是私人关系的道德要素
仁：超乎私人的关系，子罕言利，与命与仁 —— 道德观念

《乡土中国》费孝通

无为政治
长老统治
乡土本色 —— 熟人社会
文字下乡 —— 两种性质的社会 —— 因一起生长而发生的社会：礼俗社会 / 要完成一件任务而结合的社会：法理社会

差序格局
中国人：私→个人自扫门前雪
格兰亨姆的公律：坏币驱逐新币（不少人把新币留起来，先花破旧的纸币……）
社会格局 —— 西洋社会：像捆柴：团体格局：界限分明，关系相同（即使有地位差异，也是以前规定好的）；一个人可以加入多个团体 / 中国社会：水波；以自己为中心，通过亲属关系向外延伸；因个人能力大小不同，具有"伸缩能力"
公私相对：为了自己的小团体，牺牲大团体

费孝通先生的《乡土中国》一书，虽然是论文集，但是不作空泛说教和简单类比，读来宏大精辟而平易生动，明快晓畅，是论文写作学习和研究的绝佳范本。下面以《差序格局》为例，来评析《乡土中国》全书的写作特色。

《差序格局》中费孝通先生提出"差序格局"是中国社会的特有的社会关系结构。"差序格局"这个观念是由费先生首次提出，他将如何向读者解释清楚这个新概念呢？

开篇并没有直接摆出这个生词，而是从中国乡村的普遍问题"私"谈起。"在乡村工作者看来，中国乡下佬最大的毛病就是'私'。"以此开头，句中一个"乡下佬"，这样口语的说法和随意的语气就让语言鲜活起来了，好像往下不再是论文的证明，而是一次家常话似的。他善于用平实的语言拉近与读者间的距离。于是作者就描述了苏州人往公家河里倒污水的情景来进一步刻画中国私的毛病，借此将讨论私的问题深入到考虑整个社会结构的问题。由现象深入到本质，循序渐进。费先生善于从生活中发现问题，由现象看到本质。

接下来他还是没有直接提出中国的社会结构是怎样的，而是先打了个比喻，描述西方的社会结构。他将西方的社会结构比作田里的一捆捆柴，以此生动地呈现西方的社会结构是由人组成的一个个团体的特点。这就是读《乡土中国》论文却不觉突兀难懂的原因。做好充足的铺垫后，费先生才正式提出"差序格局"的概念，使其不显得突兀也更便于理解。并作出"好像是把一块石头丢在水面上所发生的一圈圈推出去的波纹"的比喻，生动形象地表现了概念的特点，而且让读者产生联想，富有趣味。

待读者理解了概念的含义后，论证并不到此结束，而是将这种社会结构的形成追溯到中国社会结构的基本特性。费老的文章不仅仅是给个概念，而是习惯于刨根问底，寻根探因，这就是文章思想的深刻所在。他指出儒家思想中的人伦问题，并引用孔子和孟子的思想，借用《中庸》《礼记》等文献的原话来论证，显得更有说服力，同时也增添了文学性，还显露出费先生对文学的广泛阅读和研究。铺垫和剖析全面表达后，这篇文章才画上句号。

由此观来，费老的文章处处生动晓畅，循序渐进，善用对比和比喻，举例生动贴切而有生活气息，论述严谨，语言朴实。不仅写作手法上的亮点不断，风格突出，而且问题新颖，见解精辟，很能见出学术气魄与学术识见，是文学和思想上的双重熏陶。

名家点评

1.《乡土中国》是讲述中国乡土社会传统文化和社会治理结构的代表作，为了解中国社会文化的基本特性提供了重要参考。

——陈雨露

2.《乡土中国》是费孝通老先生多年实地调查和考察总结中国传统农村社会模式后，深入分析了乡土社会与现代法律制度的天然隔阂以及传统礼治观念的社会影响等写出的经典。

——书评

精彩片段

1. _____

2. _____

3. _____

55 堂吉诃德

作品百科

书　　名:《堂吉诃德》

体　　裁：小说

作　　者：塞万提斯

成书时间：1605—1615 年

成　　就：西方文学史上的第一部现代小说

关 键 词：骑士小说；行侠仗义；游走天下；四处碰壁

作者简介

米盖尔·德·塞万提斯·萨维德拉（1547—1616），文艺复兴时期西班牙的小说家、剧作家、诗人。塞万提斯最初写的是剧本，以悲剧《奴曼西亚》（1584 年）最为成功。其他作品有短篇小说《惩恶扬善的故事》（1613 年）、长诗《巴尔纳斯游记》（1614 年）、《八出喜剧和八出幕间短剧集》（1615 年）以及一些诗歌。他在 50 多岁后开始写作长篇小说《堂吉诃德》。

内容速览

　　《堂吉诃德》是西班牙作家塞万提斯于 1605 年和 1615 年分两部分出版的长篇反骑士小说。故事发生时，骑士早已绝迹一个多世纪，但主角阿隆索·吉哈诺却因为沉迷于骑士小说，时常幻想自己是个中世纪骑士，进而自封为"堂·吉诃德·德·拉曼恰"（德·拉曼恰地区的守护者），拉着邻居桑丘·潘沙做自己的仆人，"行侠仗义"、游走天下，做出了种种与时代相悖、令人匪夷所思的行径，结果四处碰壁。但最终从梦幻中苏醒过来。回到家乡后死去。小说不仅讽刺骑士文学和骑士制度，而且广泛描绘 16 世纪末 17 世纪初西班牙的社会生活，嘲讽封建贵族的腐朽没落，反映了作者的人文主义理想。文学评论家称《堂吉诃德》是西方文学史上的第一部现代小说，也是世界文学的瑰宝之一。

《堂吉诃德》人物介绍

堂吉诃德：曼查的落魄乡绅，书中的主人公。喜好读骑士小说，整日耽于幻想，立志恢复古代的骑士道德。一番荒诞的"证险"后，他返回故里，临终时幡然醒悟

作品主人公堂吉诃德是一个不朽的典型人物。这个人物的性格具有两重性：一方面他是神志不清的，疯狂而可笑的，但又正是他代表着高度的道德原则、无畏的精神、英雄的行为、对正义的坚信以及对爱情的忠贞等等。堂吉诃德的死，从宣判了骑士文学的死刑方面说，是人文主义的唤醒；而从作者与堂吉诃德一起经历的用骑士精神去反对封建阶级和市民阶层的庸碌自私而终无出路来说，又是一种悲剧的收场。堂吉诃德的死是旧的无路，并不是新的诞生，身后的世界向何处去还是一个真正的问号

桑丘·潘沙：堂吉诃德的侍从。朴实善良、目光短浅、自私狭隘、胆小怕事。桑丘是一个穷帮工，因为生活没有出路，他才跟着堂吉诃德出来，相信未来有一个"海岛总督"做，以借此改变他一家人的窘况。这个形象基础是穷苦的劳动农民，因此他在书中不论是怎样的情境下，始终保持劳动农民的特点。他重实际。他对人忠实：不管多么危险，他没有把堂吉诃德抛下过，他始终热爱他。他能主持公道，同情弱者，并仇视与嫉恨不平世道。堂吉诃德的侍从桑丘·潘沙也是一个典型形象。他是作为反衬堂吉诃德先生的形象而创造出来的。他的形象从反面烘托了信仰主义的衰落这一主题

杜尔西内亚：堂吉诃德的心上人。一位身强力壮、嗓门奇大、性格泼辣的地道村妇。她被堂吉诃德视为公主或贵妇人，并称为"托博索的杜尔西内亚"

参孙·卡拉斯科：学士，堂吉诃德的乡邻，头脑灵活、爱开玩笑

佩罗·佩雷斯：神父，堂吉诃德的好友，为人热情、善良

公爵夫妻：西班牙王国的封建贵族代表。为富不仁，虚情假意，对堂吉诃德主仆两人百般捉弄，只为满足自己取乐的心理

卡德尼奥：出身贵族，感情丰富，与同城人卢辛达从小青梅竹马，感情笃厚

卢辛达：美丽尊贵的姑娘，聪明伶俐，对待感情优柔寡断，差点屈从于费尔南多的威逼利诱。不过最终理智战胜情感，与卡德尼奥走到了一起

费尔南多：贵族，里卡多公爵的次子。雍容大度、风流倜傥

巴西列奥：一位贫穷的小伙子，聪明专情，最终得到心爱的女人基特里亚

艺术特色

作者采用讽刺夸张的艺术手法，把现实与幻想结合起来，表达他对时代的见解。现实主义的描写在《堂吉诃德》中占主导地位，在环境描写方面，与旧骑士小说的装饰性风景描写截然不同，作者以史诗般的宏伟规模，以农村为主要舞台，出场以平民为主，人数有

700多人，在这广阔的社会背景中，描绘出一幅幅各具特色又互相联系的社会画面。作者塑造人物的方法也是虚实结合的，否定中有歌颂，荒诞中有寓意，具有强烈的艺术性。

其次，从艺术角度讲，塞万提斯通过《堂吉诃德》的创作奠定了世界现代小说的基础，就是说，现代小说的一些写作手法，如真实与想象、严肃与幽默、准确与夸张、故事中套故事，甚至作者走进小说对小说指指点点，在《堂吉诃德》中都出现了。

在创作方法上，塞万提斯善于运用典型化的语言、行动刻画主角的性格，反复运用夸张的手法强调人物的个性，大胆地把一些对立的艺术表现形式交替使用，既有发人深思的悲剧因素，也有滑稽夸张的喜剧成分。

名家点评

1. 我感到塞万提斯的小说，真是一个令人愉快又使人深受教益的宝库。

——［德］歌德

2.《堂吉诃德》是一个令人伤感的故事，它越是令人发笑，则越使人感到难过。这位英雄是主持正义的，制伏坏人是他的唯一宗旨。正是那些美德使他发了疯。

——［英］拜伦

3. 塞万提斯的创作是如此地巧妙，可谓天衣无缝；主角与桑丘，骑着各自的牲口，浑然一体，可笑又可悲，感人至极。

——［法］雨果

4. 在欧洲所有一切著名文学作品中，把严肃和滑稽，悲剧性和喜剧性，生活中的琐屑和庸俗与伟大和美丽如此水乳交融。这样的范例仅见于塞万提斯的《堂吉诃德》。

——［俄］别林斯基

5. 人生在世，如果有什么必读的作品，那就是《堂吉诃德》。

——［尼日利亚］奥克斯

精彩片段

1. _____

2. _____

3. _____

学霸读后感

56 哈姆雷特

作品百科

书　　名:《哈姆雷特》

体　　裁:戏剧

作　　者:威廉·莎士比亚

成书时间:1601 年

成　　就:代表着整个西方文艺复兴时期文学的最高成就

关 键 词:哈姆雷特王子;复仇;悲剧

作者简介

威廉·莎士比亚(1564—1616),英国文艺复兴时期戏剧家和诗人,也是欧洲文艺复兴时期人文主义文学的集大成者,近代欧洲文学的奠基人之一。他共写有 37 部戏剧,154 首 14 行诗,两首长诗和其他诗歌。代表作有四大悲剧:《哈姆雷特》《奥赛罗》《李尔王》《麦克白》。四大喜剧:《第十二夜》《仲夏夜之梦》《威尼斯商人》《皆大欢喜》。历史剧:《亨利四世》《亨利六世》《理查二世》等。剧作人物性格鲜明、情节生动丰富、语言精练而富于表现力,对欧洲文学和戏剧的发展有重大影响。

内容速览

《哈姆雷特》是由威廉·莎士比亚创作于 1599 年至 1602 年间的一部悲剧作品。戏剧讲述了叔叔克劳狄斯谋害了哈姆雷特的父亲,篡取了王位,并娶了国王的遗孀乔特鲁德;哈姆雷特王子因此为父王向叔叔复仇。《哈姆雷特》是莎士比亚所有戏剧中篇幅最长的一部。本剧前身为莎士比亚纪念剧院的英国皇家莎士比亚剧团演出频度最高的剧目,是世界著名悲剧之一,也是莎士比亚最负盛名的剧本,具有深刻的悲剧意义、复杂的人物性格以及丰富完美的悲剧艺术手法,代表着整个西方文艺复兴时期文学的最高成就。同《麦克白》《李尔王》和

《奥赛罗》一起组成莎士比亚"四大悲剧"。

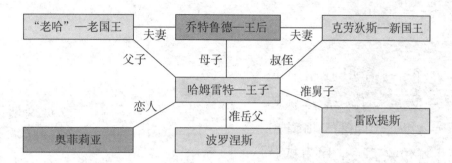

《哈姆雷特》以现实主义的创作手法和娴熟的艺术技巧而著称。

首先体现在人物形象的塑造上。哈姆雷特，剧中的主人公，丹麦王子。虽然出身王室，却就读于当时新文化的中心德国威登堡大学，因此深受人文主义思想的熏陶，对人类持有美好的理想。归国后，父王突然去世和母亲匆匆改嫁的现实打破了他的理想，他从此抑郁苦闷。待父王鬼魂出现，他明白了罪恶的制造者，就又燃起了维护理想、改变现状的强烈愿望，决定为父报仇，担负起重整国家的重任。

哈姆雷特虽然年轻，却很有头脑。在敌强我弱、孤立无援的不利条件下，他想到了装疯这样一个迂回曲折麻痹敌人的办法。同时，还接连粉碎了克劳狄斯派来的他的同学、恋人、母亲对他的试探。最后采用"调包式"，除掉了作为奸王走卒的自己的同学，使奸王借刀杀人的计谋没有得逞。终于以其人之道还治其人之身，把毒剑和毒酒都归还给了狡诈的克劳狄斯。

克劳狄斯，封建邪恶势力的象征，反动王权的首脑。他杀兄、篡位、娶嫂后，奸诈邪恶，荒淫无耻。表面上谎称老国王被毒蛇咬死，对哈姆雷特百般关照，甚至要把他当作自己的儿子，死后让位于他；实际上却夺去了哈姆雷特的"嗣位权"，并千方百计要除掉这个"很大的威胁"。因此，在阴险、狠毒、虚伪的克劳狄斯身上，渗透出封建暴君和原始积累时期资产阶级野心家的种种丑恶特征。最后，终究没有逃脱死于哈姆雷特复仇之剑下的悲剧性命运。

此外，作为一名杰出的语言大师，莎士比亚在他的作品创作中很注意语言的锤炼。一方面，作品的语言丰富生动，比喻形象贴切，且富有哲理。另一方面，剧中的人物，因各自的身份和性格的不同，都有自己相应的个性特征鲜明的语言。

除了人物形象塑造的成功、语言运用的适当与精美，《哈姆雷特》的另一个显著的艺术特色就是它情节的丰富与生动。在结构上，作品是以哈姆雷特为主，雷欧提斯和小福丁布拉斯为副三条复仇线索展开故事的。

名家点评

1. 在评价莎翁悲剧《哈姆雷特》时，一反传统的做法，没有讴歌其主要人物哈姆雷特，恰恰相反，对几百年来被人们斥为弑君者的卑鄙小人克劳狄斯从一个新的角度，给予了一定的重视。

——柴军

2. 哈姆雷特也是说话比行动肤浅，所以，事关哈姆雷特的教训不能从台词中，而只能通观全剧才能获得。

——[德]尼采（在《悲剧诞生于音乐精神》中对《哈姆雷特》的评价）

精彩片段

1. _____

2. _____

3. _____

学霸读后感

57 普希金诗选

作品百科

书　　　名:《普希金诗选》

体　　　裁:诗歌

作　　　者:普希金

成书时间:2012 年

成　　　就:给后人提供了留传百世的艺术珍品

关 键 词:向往自由;优美的爱情旋律

作者简介

亚历山大·谢尔盖耶维奇·普希金(1799—1837),俄国著名文学家、诗人、小说家,出身贵族。他是现代俄国文学的奠基人,19 世纪俄国浪漫主义文学主要代表,同时也是现实主义文学的奠基人,现代标准俄语的创始人,被誉为"俄罗斯文学之父""俄罗斯诗歌的太阳""青铜骑士",代表作有《自由颂》《致恰达耶夫》《致大海》等。他创立了俄罗斯民族文学和文学语言,在诗歌、小说、戏剧乃至童话等文学各个领域都给俄罗斯文学创立了典范。普希金还被高尔基誉为"一切开端的开端"。他童年开始写诗,在俄罗斯帝国政府专为培养贵族子弟而设立的皇村高等学校学习。学习期间受到当时进步的十二月党人及一些进步思想家的影响。后来发表的不少诗作抨击农奴制度,歌颂自由与进步。普希金的主要作品除了诗歌以外,还有中篇小说《上尉的女儿》,中篇小说《杜布罗夫斯基》《别尔金小说集》等。普希金在创作活动上备受沙皇政府的迫害。1837 年在一次阴谋布置的决斗中遇害。他的创作对俄罗斯文学和语言的发展影响深刻。

内容速览

本书精选了广为流传的《自由颂》《纪念碑》等两百首抒情诗,它们充满对自由的向往,而且富有优美的爱情旋律。普希金的诗篇为当时的俄国社会灌注了勃勃生机，也给后人提供了留传百世的艺术珍品。

思维导图

普希金诗歌社会影响

影响俄国：普希金的作品被俄国著名的艺术家编成歌剧、舞剧，改编成话剧、儿童剧和拍摄成电影。他的诗歌被谱成歌曲，流传至今。在苏联，对普希金的研究形成"普希金学"。苏联科学院俄罗斯文学研究所（又名"普希金之家"）是收藏普希金的私人藏书、手稿和研究普希金的中心。多年来，如魏列萨耶夫（编有《普希金在生活中》两卷）、莫扎列夫斯基（著有《普希金》）、齐亚甫洛夫斯基（编有《普希金生活与创作年谱》）、托马舍夫斯基（著有《普希金》两卷）、勃拉戈依（著有《普希金的创作道路》两卷）、梅拉赫（著有《普希金及其时代》）等著名的普希金学者，对普希金研究都做出了很多贡献。俄罗斯文学研究所编辑了17卷本《普希金全集》（1937年—1959年）、《普希金研究与资料》、《普希金委员会会刊》（多册）和《普希金语言辞典》（4卷，1956年—1961年）等

影响中国：普希金读过不少有关中国的书籍，对中国人民怀有深厚的兴趣和感情。1830年1月他曾请求沙皇当局，允许他随同派往中国的使团访问中国，但遭到拒绝。普希金在20世纪初即已被介绍到中国来。中国翻译的第一部俄国文学作品是普希金的代表作《上尉的女儿》，中译书名为《俄国情史》《斯密士玛利传》，又名《花心蝶梦录》。普希金的诗歌、戏剧和散文作品，大部分已有中译，有些作品甚至有几种译本

影响世界：普希金作品崇高的思想性和完美的艺术性使他具有世界性的重大影响，他的作品被译成多国文字。普希金在他的作品中表现了对自由、对生活的热爱，对光明必能战胜黑暗、理智必能战胜偏见的坚定信仰，他的"用语言把人们的心灵燃亮"的崇高使命感和伟大抱负深深感动着一代又一代人。他的作品，激发了多少俄罗斯音乐家的创作激情和灵感。以普希金诗篇作脚本的歌剧有《叶甫盖尼·奥涅金》《鲍里斯·戈都诺夫》《黑桃皇后》《鲁斯兰与柳德米拉》《茨冈》等，普希金的抒情诗被谱上曲，成了脍炙人口的艺术歌曲；有的作品还被改编成芭蕾舞，成为舞台上不朽的经典

艺术特色

1. 普希金喜欢借助一些简单的事物，进而抒发自己的情感。这些意象往往单纯而又美好，读者读完以后，似乎沉浸在作者迷人的意境之中。

2. 简单和质朴一直是普希金的创作风格，也是他受到无数读者喜欢的原因之一。果戈理谈到他的诗歌的时候曾指出，这里没有华丽的词藻，这里只有诗；没有任何徒有其表的炫耀。

3. 除此之外，普希金的诗歌没有拘囿于个人的小情感，而是更关心国家和人民的命运。普希金的最特别之处是他在当时的社会背景之下自我意识的觉醒，他就是这样的勇士，冲在时代的最前方，勇于向传统的思想观念和制度挑战。正义、自由、光明、信仰在他的诗歌中随处可见。

名家点评

1. 普希金的每一节诗都能提供我们一个不同的优美感觉，一种特殊的浑圆味道，归根结底，这引导我们赞美人生，热爱人生。诗人以他的感情陶冶了我们，使我们情不自禁也具有了他对生活的人道主义的优美感。我深深感到，别林斯基一点也没有说错：普希金的诗是教育人（尤其是青年人）好的作品。

——查良铮

2. 普希金的抒情诗在情感上最主要的特点就是真诚、自然、优雅；在语言上则显得朴素简洁，富有音韵美；在艺术风格上则表现出一种忧郁，这种明朗的忧郁和悲伤是普希金的体现。

——闫志强

精彩片段

1. _____

2. _____

3. _____

学霸读后感

58 悲惨世界

作品百科

书　　名:《悲惨世界》

体　　裁:长篇小说

作　　者:维克多·雨果

成书时间:1862 年

成　　就:19 世纪法国浪漫主义代表作家

关 键 词:土伦苦刑犯冉·阿让;个人经历;法国历史

作者简介

维克多·雨果(1802—1885),法国作家。19 世纪法国浪漫主义文学的重要代表。1802 年生于法国白桑松,上有兄长二人。1816 年,雨果在 16 岁时已能创作杰出的诗句,21 岁时出版诗集,声名大噪。1841 年当选法兰西语文学院院士。1845 年(43 岁),法王路易·菲利普授予其上议院议员职位,自此专心从政。1849 年法国大革命爆发,法王路易被处死刑。雨果于此时期四处奔走鼓吹革命,为人民贡献良多,赢得新共和政体的尊敬,晋封伯爵,并当选国民代表及国会议员。三年后,拿破仑第三称帝,雨果对此大加攻击,因此被放逐国外。此后 20 年间各处漂泊,此时期完成小说《悲惨世界》,同名音乐剧即依此小说改编而成。1870 年法国恢复共和政体(第二共和),雨果亦结束流亡生涯,回到法国。1885 年,雨果以 83 岁高龄辞世,于潘德拉举行国葬。其他作品有长篇小说《巴黎圣母院》《九三年》等,剧本《克伦威尔》《欧那尼》《国王寻乐》等,诗集《惩罚集》《历代传说集》等。

内容速览

《悲惨世界》是由法国作家维克多·雨果在 1862 年发表的一部长篇小说,涵盖了拿破仑战争和之后的十几年的时间。故事的主线围绕主人公土伦苦刑犯冉·阿让的个人经历,融进了法国的历史、革命、战争、道德哲学、法律、正义、宗教信仰。因偷取一块面包并数次企图越狱而被判处十九年苦役的冉·阿让结束了法国南部土伦苦役场的苦难生活。米里哀主教救了他。冉·阿让改名换姓成为商人后当上了市长，可因处理女工芳汀的问题与沙威警官意见不同而暴露了苦役犯的身份。他收养了芳汀的女儿珂赛特，并最终成全了她和马吕斯的爱情，可是在知道珂赛特身份之后，马吕斯避而不见。最终马吕斯意识到了错误，在冉·阿让死前忏悔。

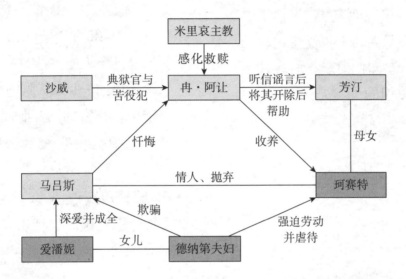

1. 结构：《悲惨世界》规模宏大，人物形象近百人，120万余字，分五个部分，标题分别是《芳汀》《珂赛特》《马吕斯》《卜吕梅街的儿女情和圣丹尼街的英雄血》《冉·阿让》。小说的基本情节是冉·阿让的悲惨生活史。雨果把故事的历史时间延长或压缩变成叙事时间，充分体现了雨果历史学家的大手笔，他力图以史诗般的气魄和规模去再现社会和历史，使《悲惨世界》成为一幅波澜壮阔的历史壁画。

2. 心理描写：与后世文学作品的心理描写相比较，《悲惨世界》的心理描写有着自己的独特之处。

首先，在《悲惨世界》中，雨果的心理描写带有强烈的主观特征。人物的心理几乎全部由他转述，内心独白的成分虽有，但是有时很难分清哪些是雨果的，哪些是他笔下人物的，两者交织在一起。

其次，雨果的心理描写比较集中，往往是大段大段的，篇幅相当长，滔滔不绝，激情满怀，不厌其烦。作家也是用了大量的篇幅来描绘冉·阿让内心的剧烈搏斗和厮杀，把他灵魂中的善与恶、人性与兽性完完全全地再现于读者面前，大量的心理描写能让读者对人物的内心世界一览无余。

名家点评

1. 我当时所读到的《悲惨世界》虽只是片段，但震撼力强劲无比，以文学价值而言，远远在大仲马、梅里美等人之上。文学风格与价值的高下，即使对于当时我这个没有多大见识的少年人，其间的对比也是十分明显的。

——金庸

2.《悲惨世界》的卷首上印着一句话："只要这土地上有着无知和悲惨，像本书一样性质的书就不无裨益。"雨果的文学热情，与那些隐匿于自己个人的生活世界中，玩弄着近乎独语的、令人费解的语言文字的所谓现代作家的"高雅矜贵"的气派决然无缘。20 世纪被唤作"战争的世纪"，持续不断的悲惨与杀戮，不正是因为失去了照亮全人类的"人性之光"吗？在这个意义上，我相信雨果是值得一读再读、长读不衰的作家。

——［日］池田

3. 我在少年时候就读了雨果的《悲惨世界》，读得有些早了，我读不懂书中那些有关法庭、监狱、坟场和沙龙乃至巴黎城下密如蛛网的下水道的大段章节，硬着头皮啃下去，心底里让小说抚摸得最柔软的仍是冉·阿让的好……20 世纪 90 年代初，我再读《悲惨世界》，这才意识到，小说中那些被人们批评为"议论、考证太多，成为书中累赘"的章节，其实全都蕴藏着无法估量的宝藏，那意味着文化，那是世界上的一座高峰，而且可能是比许多高山还要高的高峰。

——孟庆德

1. _____

2. _____

3. _____

学霸读后感

59 大卫·科波菲尔

作品百科

书　　名:《大卫·科波菲尔》

体　　裁：长篇小说

作　　者：查尔斯·狄更斯

成书时间：1850 年

成　　就：19 世纪英国现实主义文学代表作家

关 键 词：大卫自身；人生态度；道德理想

作者简介

　　查尔斯·狄更斯（1812—1870），19 世纪英国小说家，出生于海军小职员家庭，10 岁时全家被迫迁入负债者监狱，11 岁就承担起繁重的家务劳动。曾在黑皮鞋油作坊当童工，15 岁时在律师事务所当学徒，后来当上了民事诉讼法庭的审案记录员，接着又担任报社派驻议会的记者。他只上过几年学，全靠刻苦自学和艰辛劳动成为知名作家。狄更斯是高产作家，他凭借勤奋和天赋创作出一大批经典著作。他又是一位幽默大师，常常用妙趣横生的语言在浪漫和现实中讲述人间真相，狄更斯是 19 世纪英国现实主义文学的主要代表。艺术上以妙趣横生的幽默、细致入微的心理分析，以及现实主义描写与浪漫主义气氛的有机结合著称。马克思把他和萨克雷等称誉为英国的"一批杰出的小说家"。作品有《匹克威克外传》《董贝父子》《荒凉山庄》《艰难时世》等。

内容速览

　　《大卫·科波菲尔》又译名"块肉余生录"（"块肉"即孤儿），是 19 世纪英国批判现实主义作家查尔斯·狄更斯的一部重要作品，写于 1848—1850 年。在这部带有自传性质的小说里，狄更斯借"大卫自身的历史和经验"，从某些方面回顾和总结了自己的生活道路，表现出他的人生态度、道德理想。作品所展示的绘声绘色、丰富多彩的生活画面，具有鲜明深刻的时代特点。

思维导图

《大卫·科波菲尔》
人物形象

大卫·科波菲尔：《大卫·科波菲尔》中的主人公。作家描写了他从孤儿成长为一个具有人道主义精神的民主主义作家的过程。孤儿时代，他遭遇了种种磨难和辛酸。成年后，他不屈不挠的奋斗，表现了一个小人物在社会中要求出路的痛苦历程。"大地上是有黑暗的阴影，可是对比起来，光明是较为强烈的。"经历了大苦大难，他靠他的善良、直率、诚挚、聪明、勤奋好学、自强不息的勇气、百折不挠的毅力和积极进取的精神，以及对人的纯洁友爱之心，尝到的是人间的幸福和温暖。在逆境中满怀信心，在顺境中加倍努力，他终于获得了事业上的成功和家庭的幸福。在这个人物身上，作者寄托着他的道德理想

佩葛蒂：身段粗壮，没有天使般的外表，但在小说中我们可以看到佩葛蒂对大卫是那样的仁爱，她是把大卫当成自己的儿子看待的，而大卫也把佩葛蒂当作自己的第二位母亲，甚至是父亲。佩葛蒂对大卫充满了同情和爱护，她虽然身份低微，却经历了生活的艰辛，能够洞察摩德斯通的野心，在任何时候极力庇护大卫。但由于缺乏文化教养，我们看到，她对大卫只能是感情上的给予，让大卫意识到爱的存在。她在思想上对大卫的影响显然不及贝西姨婆，她是大卫的第一位圣母，是一个了不起的女人。童年的大卫在她的照顾和陪伴中幸福快乐地成长，成年后的大卫仍得到她无微不至的关怀。佩葛蒂对大卫母子俩忠心耿耿，既是仆人又是亲人，在大卫被继父打得遍体鳞伤之后，锁在房里，母亲不敢去看他，只有佩葛蒂顺着锁眼去安慰他。无论在哪里，她总是把大卫照顾得很好，她的家永远有大卫的位置。她对大卫的爱是那么真挚、淳朴。她心地善良，也很能干，将家务处置得井井有条

贝西姨婆：跟佩葛蒂不同，她是一个有钱有地位也有着文化智慧的妇女，脾气确实有些古怪，但这些丝毫没有影响她作为大卫的第二位圣母的事实。在大卫彻底成为一个孤儿，前去投奔她时，她无条件地接纳了大卫，并从那时起成为大卫的庇护者。她对大卫的教导：永不卑贱，永不虚伪，永不残忍，这可以成为一个人立身行事的座右铭。在她的抚养爱护下，大卫健康成长，并成为一位著名作家。至于大卫，"在一个一切都捉摸不定的世界上，他需要温暖的爱抚来补偿他失掉的母亲；他需要安全和智慧来补偿他失掉的父亲。"贝西姨婆成了大卫的第二位圣母，在感情上爱大卫，在人生道路上指引着大卫。贝西姨婆虽然脾气古怪，性情奇特，但她的品德却令人尊敬，值得信赖

艺术特色

《大卫·科波菲尔》在艺术上的魅力，不在于它有曲折生动的结构，或者跌宕起伏的情节，而在于它有一种现实的生活气息和抒情的叙事风格。这部作品吸引人的是那有血有肉的人物形象，具体生动的世态人情，以及不同人物的性格特征。

小说中的环境描写也很有功力，尤其是雅茅斯那场海上风暴，写得气势磅礴，生动逼真，令人有身临其境之感。

狄更斯也是一位幽默大师，小说的字里行间，常常可以读到他那诙谐风趣的联珠妙语和夸张的漫画式的人物勾勒。评论家认为《大卫·科波菲尔》的成就，超过了狄更斯所有的

其他作品。

大卫早年生活的篇章以孩子的心理视角展示了一个早已被成年人淡忘的童年世界，写得十分真切感人。

在《大卫·科波菲尔》中，狄更斯运用漫画家夸张和变形的手法，用简单的语言风趣幽默地塑造了一个个栩栩如生的人物，给我们留下了难忘的印象。这些漫画人物充分展示了狄更斯小说的艺术魅力。

1.（《大卫·科波菲尔》是）"所有英国小说中最好的一部"。
——[俄]列夫·托尔斯泰

2.《大卫·科波菲尔》是英国小说家狄更斯的第八部长篇小说，被他称为他"心中最宠爱的孩子"。全书采用第一人称叙事语气，融进了作者本人的许多生活经历。
——佚名

1. _____

2. _____

3. _____

学霸读后感

60 战争与和平

作品百科

　书　　名:《战争与和平》

　体　　裁:长篇小说

　作　　者:列夫·托尔斯泰

　成书时间:1869 年

　成　　就:一部具有史诗和编年史特色的鸿篇巨制

　关 键 词:宗教仁爱思想;人道主义;反对战争

作者简介

　　列夫·托尔斯泰(1828—1910),19 世纪中期俄国批判现实主义作家、文学家、思想家、哲学家。1840 年入喀山大学,受到卢梭、孟德斯鸠等启蒙思想家影响。世袭伯爵,曾参加克里米亚战争。返回雅斯纳·亚波利亚纳的农庄后,致力于农民教育。1862 年结婚后,创作了俄罗斯文学史上的巨著《战争与和平》(1859—1869)、《安娜·卡列尼娜》(1875—1877)。1879 年经历了一次信仰危机后信奉和平主义,主张以勿暴力抗恶的方式对社会进行改革,并否定自己以前的作品。因执着于自己的信念使家庭关系恶化,死于出奔途中。其作品多达 45 卷。名著还有长篇小说《复活》(1899)、戏剧《黑暗的势力》(1886)和若干短篇小说和评论。他的文学传统不仅通过高尔基而为苏联作家所批判地继承和发展,在世界文学中也有其巨大影响。在文学创作和社会活动中,他提出了"托尔斯泰主义",对很多政治运动有着深刻影响。

内容速览

　　《战争与和平》是俄国作家列夫·尼古拉耶维奇·托尔斯泰创作的长篇小说,也是其代表作。该书以 1812 年的卫国战争为中心,反映从 1805 到 1820 年间的重大历史事件。以保尔康斯基、别祖霍夫、罗斯托夫和库拉金四大贵族的经历为主线,在战争与和平的交替描写中把众多的事件和人物串联起来。作者将"战争"与"和平"的两种生活、两条线索交叉描写，构成一部百科全书式的壮阔史诗。《战争与和平》的基本主题是肯定这次战争中俄国人民正义的抵抗行动，赞扬俄国人民在战争中表现出来的爱国热情和英雄主义。但作品的基调是宗教仁爱思想和人道主义，作家反对战争，对战争各方的受难都给予了深切的同情。

思维导图

《战争与和平》人物介绍

四大家族

库拉金家族：库拉金家族是远离人民的宫廷贵族的典型，是朝廷和上流社会贪婪、愚蠢和无耻的代表，是一个对国家、民族没有半点责任感的家族。阴险、狡猾，毫无节操和道德观念是这个家族的主要特征。当俄国陷入困境，拿破仑逼近莫斯科的时候，他们毫不关心国家的安危，总是想升官发财。库拉金的女儿爱仑是个"美丽的动物"，在祖国处于危难之际，她还以自己的美色逗引人，过着淫荡的生活。库拉金的两个儿子伊包里特和阿那托尔，前者愚蠢，后者卑鄙堕落。酒宴、放荡、闲逸便是他们的追求的幸福生活的全部内容

罗斯托夫家族：罗斯托夫家族是作者美化的宗法制庄园贵族的典型，他们并不富裕，但充满了欢乐和生气。罗斯托夫一家接近人民，保持着淳朴、热情、真挚、好客等特点，具有温情脉脉的庄园贵族的品质。拿破仑入侵，他们都为祖国的命运焦急不安，决心以保卫祖国贡献一切力量。尼古拉回到军队与敌人作战，娜塔莎自动为伤兵服务。15岁的彼恰放弃了准备进入大学的愿望决定参军，最后为祖国献出了年轻的生命

保尔康斯基家族：保尔康斯基家族具有正直、爱国、孤傲的特点，保持了忠贞为国的老贵族的"古风"。老公爵以严厉闻名，退居庄园后，一直和朝廷疏远，对宫廷保持批判态度。他曾在军队服务，很重视苏沃诺夫的军事艺术。当儿子安德烈和他告别从军时，他特别强调军人的荣誉和爱国的责任感。1812年的战争震动了他，他毅然召集民兵与逼近的敌人进行斗争。在激昂紧张的爱国活动中，他中风了，临死前还关怀着祖国的命运。他的儿子安德烈是爱国者，女儿玛利亚同样是爱国传统的继承者

别祖霍夫家族：别祖霍夫家族是莫斯科最富裕的家族，关于这个家族，托尔斯泰着笔不多。这个家族是爱国的家族。皮埃尔是这个家族的代表人物

艺术特色

1. 史诗建构：《战争与和平》描绘了俄罗斯卫国战争时期真实而丰富的人民生活。俄国人民在强敌的残酷掠夺下毫不气馁，以正义的战争去制止非正义的战争，争取和平生活。作品着意对社会生活作全景式的宏观概括，实现了创作主体的史诗美学理想和对作品本身的超越。从而使它必然能超越司各特式历史小说，以较单纯的历史风俗描绘展现历史人物的建构模式。

2. 建构模式：史诗建构模式即是小说文体自身的内在结构形式。《战争与和平》以宏

伟而不失细腻的手笔，描写了从沙皇到广大士兵、农民的各社会阶层的历史风貌，在大量社会场景中反映出历时近 20 年的方方面面的民族生活。

3. 叙事风格：《战争与和平》叙事线条的第一个基座是它的时间横轴。这个横轴始自 1805 年 7 月——在宫廷女官安娜·帕夫洛夫娜·舍列尔家的晚会，以 1812 年——俄国卫国战争为中心，直至 1820 年 12 月——尼科连卡从睡梦中醒来为故事的结尾。

4. 叙事方式：《战争与和平》除了战役，就是家庭生活中的日常事件：亲人之间的谈话、节日庆祝活动、跳舞、玩牌、狩猎、离别和重逢等。正是这些普通的事件在托尔斯泰的笔下却显示出特有的叙述性的力量。

5. 哲学论文的插入——叙事的"断裂"：托尔斯泰在《战争与和平》中不断地使用比较对照的独特方式使得全书浑然一体。通过比较和对照，人物独有的个性特质得到了更大限度的彰显。在《战争与和平》中，最突出的对照是农民与社会上等人之间的对照。《战争与和平》的亮点是"人民的思想"。

名家点评

1. 人一生其实不用读太多的书，有个七八本便足矣；但是，为了找到这七八本最值得读的书，则必须先读完两三千本。在数以千计的俄国文学名著中，《战争与和平》这部最伟大作家的最伟大作品，无疑就是最该读的那几本书之一。
　　　　　　　　——［俄］巴别尔

2. 人们读了托尔斯泰的《战争与和平》，就不再是原来的人了。仅凭《战争与和平》这一部作品，托尔斯泰就可以雄踞世界文坛的奥林匹斯山巅。
　　　　　　　　——［英］朱利安·赫胥黎

3. 《战争与和平》是我们这个时代最优秀的作品之一。在这部规模宏大的作品中，洋溢着时代的气息，这部作品以高超的技艺描述了本世纪初俄罗斯的社会生活和个体生活。《战争与和平》使我们能够更直接、更准确地了解俄罗斯人民的性格和气质，以及整个俄罗斯的生活，这会胜过读几百部民族学和历史学的著作。
　　　　　　　　——［俄］屠格涅夫

4. 《战争与和平》是十九世纪世界文学中最伟大的作品。
　　　　　　　　——［苏联］高尔基

精彩片段

1. _____

2. _____

3. _____

学霸读后感

61 莫泊桑短篇小说选

作品百科

书　　名:《莫泊桑短篇小说选》

体　　裁:短篇小说

作　　者:莫泊桑

成书时间:2015 年

成　　就:莫泊桑被誉为"短篇小说之王"

关键词:法国社会窗口;小人物;文学形象

作者简介

　　莫泊桑(1850—1893),法国作家。出身于一个没落贵族之家,母亲醉心文艺。他受老师、诗人路易·布那影响,开始多种体裁的文学习作,后在福楼拜亲自指导下练习写作,参加了以左拉为首的自然主义作家集团的活动,并受屠格涅夫影响。他以《羊脂球》(1880)入选《梅塘晚会》短篇小说集,一跃登上法国文坛,其创作盛期是 19 世纪 80 年代。长篇小说有《一生》《皮埃尔和让》《我们的心》等。

内容速览

　　《莫泊桑短篇小说选》精选了莫泊桑创作的堪称经典的短篇小说 59 篇。莫泊桑是一位极其勤奋和富有天赋的作家,他的创作生涯虽然只有短短的十年,但是硕果累累,一共发表了 6 部长篇小说、3 部游记和 306 篇中短篇小说,其中以短篇小说的成就最为突出,它们精湛的艺术技巧使莫泊桑获得了"短篇小说之王"的美誉,与契诃夫和欧·亨利一样被公认为世界短篇小说的大师。

思维导图

首先，莫泊桑以有限的篇幅，少许的人物和比较单纯的背景及事件，在不同程度上反映时代的某一侧面或片段本质。他常常把确定的主题高度凝练地集中到几个场景和场面中去表现。赞扬普法战争中法国人民的爱国主义精神，是莫泊桑短篇小说的一个重要主题。在表现这一主题时，他很少在广阔的背景和复杂的情节中，全面地展开法国各阶层人民反抗普鲁士侵略军的斗争，他多半写其中的一个插曲。例如《蛮子大妈》，小说截取了普法战争中一个很小的断面，生动反映出法国人民对侵略军的深仇大恨，更可贵的是有深度地揭示了这场战争的危害

《莫泊桑短篇小说选》艺术手法

一、以小见大，由点及面

其次，在短篇小说的艺术构思上，莫泊桑不制造离奇情节刺激读者的好奇心。他善于从现实生活中选取有典型意义的人物、事件和生活片段作为透视点来窥视大千世界，以小见大，由点及面反映普遍的社会真实。他从一把伞的小洞眼看到市民利己主义哲学；用一根绳子绕出一个趋炎附势荒唐混乱的世风；不见了一串项链，引人寻找小资产阶级丢失的淳朴（《雨伞》《绳子》《项链》）

二、冷眼看人生，客观写世界

莫泊桑善于描写人情世态，他的短篇小说都是一幅幅生动的法国生活风俗画。他的短篇小说另一个重要特点是作者本人基本上不直接表达自己的倾向，而是通过故事本身表达这种倾向，尽力做到客观、冷静。但是小说并不是完全没有激情，它的激情隐藏在内容之中。"艺术家不该在他的作品中露面，就像上帝不该在自然界露面一样。"恩师福楼拜的这句话对莫泊桑产生过较大影响

在更多时候，莫泊桑把自己的爱憎、褒贬寄托在情节之中。譬如，他对自己所熟悉的小资产阶级的态度就是这样表现出来的。莫泊桑如此这般冷眼看人生，客观写世界，并没有妨碍或减弱他的倾向性的表达。相反，倒是造成了更大的艺术感染力，更加打动读者

三、工于构思，巧做文章

1. 设计疑笔，使情节扑朔迷离，真假难辨，当真相揭开时给读者造成一种深刻难忘的印象

在这方面表现得相当突出的是《珠宝》。"珠宝"所揭示的事实和道理，本来是资本主义社会司空见惯的最寻常的生活现象和逻辑，莫泊桑的本事是化平淡为新奇，写出了这篇真真假假，以假衬真的故事，而且剖析了人物的灵魂，所以才会令人读了"啼笑皆非"，慨叹不已，这就是作者运用疑笔进行构思所产生的艺术力量

2. 借力于"巧"，这种"巧"是偶然和必然的结合，艺术真实和生活真实的统一。《我的叔叔于勒》这篇小说的故事本身相当简单，甚至可以说是缺乏故事性的，但读起来并不枯燥乏味。其原因在于作者铺砌摒弃了平铺直叙，采取两种巧合方法，从而更加强烈和深刻地表现小说人物的命运和主题思想

四、准确而传神的细节描写

莫泊桑在短篇小说的细节描写方面表现了非凡的才能。他的短篇小说里，细节的描写既准确又传神，他的短篇小说里许多人物之所以能够站起来给人留下经久不灭的印象，在很大程度上跟他细致的细节描写有关

莫泊桑很善于通过特征性的典型细节来表达自己对人物的态度，自己的社会观点和美学理想。他的成名作《羊脂球》就含有许多精彩的细节描写

五、莫泊桑短篇小说的语言：他的短篇小说的语言是准确、明晰和生动的。曾经使托尔斯泰和法朗士赞叹不已。莫泊桑短篇小说的风格，如果用几个词简单加以概括的话，那就是：简练、精致和优美

艺术特色

1. 莫泊桑最擅长的题材是他亲身参加过的普法战争、长达十年的小职员生涯和青少年时代在诺曼底故乡的生活，这三种环境为他的短篇小说提供了极为丰富的题材。这些作品歌颂

了人民的爱国主义热情，表现了农村的习俗和世态，真实地反映了小职员的单调刻板的生活。

2. 在福楼拜的指导和帮助下，莫泊桑形成了逼真、自然的写作风格。他不追求离奇的效果，只描写那些司空见惯的平凡小事，叙述的笔调几乎到了白描的程度。不过他的叙述看似自然流畅、不着痕迹，其实都是经过了巧妙的构思，留下了一处处为情节发展所需要的伏笔。莫泊桑的天才在于他既叙述生动又惜墨如金，寥寥数笔就使环境的气氛跃然纸上，几句对话就使人物的形象活灵活现。他的描写用词准确、言简意赅，称之为字字珠玑并非过誉。

3. 他具有独特的视角，能见他人之所不见，以平淡的情节塑造人物，以真实的细节凸显性格，从而使小说既有反映现实的思想内容，又是引人入胜的艺术精品，因而具有极强的感染力。

名家点评

1. 莫泊桑的语言雄劲、明晰、流畅，充满乡土气息，让我们爱不释手。他具有法国作家的三大优点：明晰、明晰、明晰。
——［法］法朗士

2. 莫泊桑"不失为卓越超群、完美无缺"的文学巨匠。
——［法］纪德

3. "莫泊桑仍然活着。"虽然他"蓄着髭须，但他不是 19 世纪的人。无论是就他的作品还是他的生活而言，莫泊桑是今天的作家。"
——［法］阿尔芒·拉劳

4. 莫泊桑的个性是阴暗的忧伤和旺盛的情欲并存。他的朋友们给他起的外号是"忧郁的公牛"。
——［法］托·柴特霍姆、
彼尔·昆内尔

精彩片段

1. _____

2. _____

3. _____

62 契诃夫短篇小说

作品百科

书　　名:《契诃夫短篇小说》
体　　裁:短篇小说
作　　者:契诃夫　译者:汝龙
成书时间:2015 年
成　　就:俄罗斯 19 世纪末批判现实主义文学的杰出代表
关 键 词:俄罗斯批判现实主义;沙皇专制制度;小人物

作者简介

契诃夫(1860—1904),俄国作家。俄罗斯 19 世纪末批判现实主义文学的杰出代表,世界短篇小说大师,在戏剧方面也做出了影响深远的创新。他于 1879 年进莫斯科大学医科学习,次年开始用笔名"契洪特"在一些幽默刊物上发表短篇小说,热情宣传民主精神,积极探索真理,对"小人物"给予了深切的同情,同时无情地揭露沙皇专制制度的专横和虚伪。

汝龙(1916—1991),曾用名及人,江苏苏州人,中国作家协会会员,中国翻译家协会理事。1938 年至 1949 年先后在四川、江苏等地任中学英文教员。新中国成立后任无锡中国文学院、苏南文化教育学院、苏州东吴大学中文系副教授,1953 年在上海平明出版社编辑部工作。1936 年开始外国文学翻译工作,五十多年间翻译和出版了高尔基的长篇小说《阿尔达莫诺夫家的事业》、库普林的长篇小说《亚玛》、列夫·托尔斯泰的长篇小说《复活》及《契诃夫小说全集》。晚年一直致力于翻译修订《契诃夫文集》。

内容速览

本书收入《变色龙》《万卡》《套中人》《第六病室》等短篇小说。在这些作品中,作者以19 世纪俄国社会中所习见的凡人小事为素材,以高超的艺术手法,从独特的角度,对腐朽没落的社会制度作了有力的揭露和鞭挞，对小市民的庸俗、贪欲、投机钻营进行辛辣的讽刺，对社会底层的劳苦大众寄予深切的同情。契诃夫的短篇小说促人深思，发人深省，既让你感到酣畅淋漓的痛快，又让你发出会心的微笑。这些短篇小说确有永恒的魅力，永远值得阅读。

思维导图

《契诃夫短篇小说》

（一）朴素、自然：

契诃夫的短篇小说大多是截取日常生活中的片段，善于从日常生活中发掘具有典型意义的人和事，在平淡无奇的故事中透视生活的真理，在平凡琐事的描绘中揭示出某些重大的社会问题，使得其作品朴素得跟现实生活一样真实而自然。如《苦恼》中写一位马夫姚纳，在儿子夭折的一星期里，几次想跟别人诉说一下内心的痛苦，都遭到各怀心事的乘客的冷遇，万般无奈之下，他只有向老马倾诉自己的不幸与悲哀。作者借助这一平淡无奇的故事，揭示出黑暗社会中的世态炎凉、人情冷漠和小人物孤苦无告的悲惨遭遇，具有震撼人心的艺术力量

（二）含蓄、冷峻：

契诃夫从不轻易在小说中直接表达自己的感情倾向和主观议论，而把这种主观倾向寓含于客观冷静的艺术描写之中，让生活本身来说话，做到含而不露、耐人寻味。如《瞌睡》写13岁的小女孩瓦尔卡白天不停地为主人干活，晚上还得整夜地给主人的小孩摇摇篮。她困极了，可小孩总是哭哭啼啼，使她根本无法入睡。最后她捏死了摇篮中的小孩，倒在地上酣然睡着了。作者在冷峻的描绘中，蕴含着深刻的社会意义：瓦尔卡的命运究竟将会如何？对此作者留给了读者自己去思考

（三）简洁、凝练：

契诃夫主张"简洁是才能的姊妹""写作的艺术就是提炼的艺术"。其小说大多是速写式的，既没有冗长的景物描写和背景交代，也很少大起大落、曲折离奇的情节和急剧变化的紧张场面；而是情节简单、发展迅速、人物不多、主次分明，语言精练明快，善于运用白描式的个性化语言刻画人物性格、塑造典型。比如《变色龙》中仅仅写了狗咬人一件事，警察断案一个场面，四个人物，故事情节发展极其简单，作者仅仅抓住了警官奥楚蔑洛夫在审案过程中的五次"变色"加以描绘，便收到极其强烈的讽刺效果

艺术特色

1. 契诃夫的显著特色是他能够从最平常的现象中揭示生活本质。他高度淡化情节，只是截取平凡的日常生活片段，凭借精巧的艺术细节对生活和人物作真实描绘和刻画，从中展现重要的社会现象。但他不陷入日常生活的"泥沼"，恰恰相反，他的深刻的现实主义形象常常升华为富有哲理的象征。

2. 契诃夫的小说紧凑精练，言简意赅，给读者以独立思考的余地。其剧作对19世纪戏剧产生了很大的影响。他坚持现实主义传统，注重描写俄罗斯人民的日常生活，塑造具有典型性格的小人物，借此真实反映出当时俄罗斯社会的状况。他的作品的两大特征是对丑恶现象的嘲笑与对贫苦人民的深切的同情，并且其作品无情地揭露了沙皇统治下的不合理的社会制度和社会的丑恶现象。契诃夫被认为是19世纪末俄国现实主义文学的杰出代表。

1. 契诃夫是一个"无与伦比的艺术家"。

——［俄］列夫·托尔斯泰

2. 毫无疑问，契诃夫的艺术在欧洲文学中属于最有力、最优秀的一类。

——［德］托马斯·曼

3. 人们对我说，卡特琳·曼斯菲尔德写了一些好的短篇小说，甚至是一些很好的短篇小说；但是，在读了契诃夫再看她的作品，就好像是在听了一个聪明博学的医生讲的故事后，再听一个尚年轻的老处女竭力编造出来的故事一样。

——［美］海明威

4. 如果法国的全部短篇小说都毁于一炬，而这个短篇小说（《苦恼》）留存下来的话，我也不会感到可惜。

——［英］卡特琳·曼斯菲尔德

精彩片段

1. _____

2. _____

3. _____

学霸读后感

63 老人与海

作品百科

书　　名:《老人与海》

体　　裁:长篇小说

作　　者:欧内斯特·米勒尔·海明威

成书时间:1952 年

成　　就:荣获 1953 年的普利策奖和 1954 年度的诺贝尔文学奖。同时该书也被评为影响历史的百部经典之一

关 键 词:渔夫;马林鱼;搏斗

作者简介

　　欧内斯特·米勒尔·海明威(1899—1961),美国小说家、诺贝尔文学奖获得者。1899 年 7 月 21 日生于芝加哥市郊橡胶园小镇。1926 年出版了长篇小说《太阳照常升起》,初获成功。1929 年,反映第一次世界大战的长篇巨著《永别了,武器》的问世给作家带来了声誉。30 年代初,海明威到非洲旅行和狩猎。1935 年写成《非洲的青山》和一些短篇小说。1937 年发表了描写美国与古巴之间海上走私活动的小说《有钱人和没钱人》。西班牙内战期间,他 3 次以记者身份亲临前线,在炮火中写了剧本《第五纵队》,并创作了以美国人参加西班牙人民反法西斯战争为题材的长篇小说《丧钟为谁而鸣》(1940)。他曾与许多美国知名作家和学者捐款支援西班牙人民的正义斗争。1941 年偕夫人玛莎访问中国,支持我国抗日战争。后又以战地记者身份重赴欧洲,并多次参加战斗。战后客居古巴,潜心写作。1952 年,《老人与海》问世,深受好评,翌年获普利策奖。1954 年获诺贝尔文学奖。卡斯特罗掌权后,他离开古巴返美定居。因身上多处旧伤,百病缠身,精神忧郁,1961 年 7 月 2 日用猎枪自杀。海明威一生中的感情错综复杂,被斯坦因称为"迷惘的一代"。海明威去世后发表的遗作,主要有《岛在湾流中》(1970)和《伊甸园》(1986)。

　　《老人与海》是现代美国小说作家海明威创作于1952年的一部中篇小说，也是作者生前发表的最后一部小说。作为他最著名的作品之一，它围绕一位老年古巴渔夫展开，讲述他与一条巨大的马林鱼在离岸很远的湾流中搏斗的历程。虽然对它有不同的文学评价，但它在20世纪小说和海明威的作品中是值得注目的，奠定了他在世界文学中的突出地位。1953年5月4日，海明威的《老人与海》获得普利策奖。

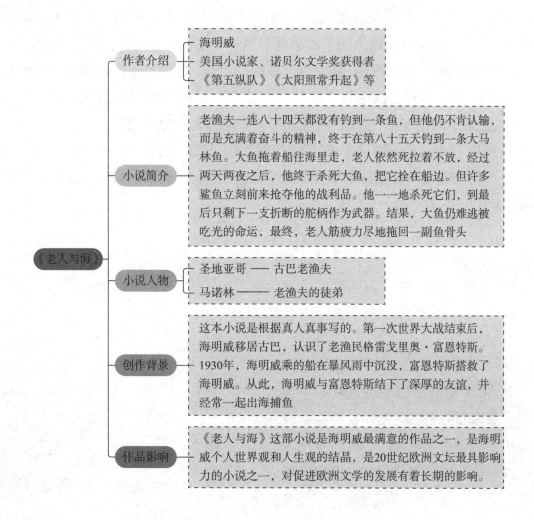

　　1. 纵式结构：他采取了纵式结构的方式，即在众多渔夫中老人作为他小说中的主人公圣地亚哥，选择了非常可爱的孩子马诺林做老人的伙伴，选一系列情节的发展按自然的时空顺

序安排在两天时间内进行，这样剪裁实际上有许多东西并没有被真正剪裁掉，而是让读者自己去完成，达到"一石多鸟"的艺术效果，寓意深厚。同时集中体现了他作品的主题："人并不是生来要给打败的，你尽可能把它消灭掉，可就是打不败他。"这是他笔下"硬汉子"形象所反映的"重压下的优雅风度"。

2. 轮辐式的布局：小说的全部时间非常紧凑，前后只有四天：出海的前一天，以老人从海上归来为引子，让周围的人物一个个出场，交代了他们与老人之间的关系：一个热爱他，跟他在一起学习钓鱼的孩子马诺林；一群尊敬他，但永远不能理解他的打鱼人；一个关心他的酒店老板。老人就生活在这样的人物群体中，相比之下，他与众人有着明显的不同，他很乐观，心胸开阔，是个经验丰富、充满信心、勤劳勇敢、富于冒险、热爱生活的纯朴的古巴渔民。同时，这种轮辐式结构还能产生线索清晰明了、中心集中突出、故事简洁明快的效果。

3. 缓急相间的节奏感：海明威在论述节奏时曾这样说："书启动时比较慢，可是逐渐加快节奏，快得让人受不了，我总是让情绪高涨到让读者难以忍受，然后稳定下来，免得还要给他们准备氧气棚"。这篇小说给人的节奏感就是这样，故事开始给我们交代老人与周围人的关系时，娓娓道来，速度比较缓慢，随着老人航海的进程，速度也逐渐加快着，当老人与马林鱼、鲨鱼正面交锋时，速度之快达到了极点。特别是鱼在不断地挣扎，起伏波动，鲨鱼在猛烈地进攻，老人很疲惫的情况下，读者情绪高涨，紧张地替老人捏一把汗。

4. 前后照应：《老人与海》非常讲究照应的完美。老人独自一人住在海边一座简陋的茅棚里，第85天的黎明他从这里扛着工具由孩子送他出海；三天后的黎明，他独自驾着小船又回到了海边。

名家点评

1. 由于他精湛的小说艺术——这在其《老人与海》中有充分表现——同时还由于他对当代文体的影响。
——海明威获得诺贝尔文学奖评语

2.《老人与海》是一部异常有力、无比简洁的作品，具有一种无可抗拒的美。
——［瑞典］霍尔斯陶穆

3.《老人与海》是一首田园诗,大海就是大海,不是拜伦式的,不是麦尔维尔式的,好比荷马的手笔,行文又沉着又动人,犹如荷马的诗。真正的艺术家既不象征化,也不寓言化——海明威是一位真正的艺术家——但是任何一部真正的艺术品都能散发出象征和寓言的意味,这一部短小但并不渺小的杰作也是如此。

——[美]贝瑞孙

4. 海明威有着一种强烈的愿望,他试图把自己对事物的看法强加于我们,以便塑造出一种硬汉的形象⋯⋯当他在梦幻中向往胜利时,那就必定会出现完全的胜利、伟大的战斗和圆满的结局。

——[美]索尔·贝娄

5. 人可以失败,但不可以被击败,外在的肉体可以接受折磨,但是内在的意志却是神圣不可侵犯的,这是《老人与海》一再强调的论点。真正的大师都是用最简单的语言来表达最深刻的道理,真正的好作品都是用生命的历练做题材,《老人与海》所刻画出来的正是海明威的一辈子最好的画像。正如海明威所说,"我一直读过200多遍,每读一次,我就多一分收获,好像我最后得到了我这一生辛苦工作所欲得到的东西"。

——陈人孝

精彩片段

1. _____

2. _____

3. _____

学霸读后感

64 齐民要术

作品百科

书　　名:《齐民要术》
体　　裁: 农学著作
作　　者: 贾思勰
成书时间: 北魏末年
成　　就: 中国古代农业百科全书
关 键 词: 农学; 农牧业

作者简介

贾思勰(xié), 生卒年不详, 北魏时人, 北朝北魏末期和东魏, 南朝宋至梁时期(公元六世纪), 寿光人, 曾经做过高阳郡(治今河北高阳东)太守。他具有广泛的农事知识, 是中国古代杰出的农学家。

内容速览

《齐民要术》是一部综合性农书, 为中国古代五大农书之首。该书记述了黄河流域下游地区, 即今山西东南部、河北中南部、河南东北部和山东中北部的农业生产, 盖述农、林、牧、渔、副等部门的生产技术知识。《齐民要术》大约成书于北魏末年(533—544 年间), 是北朝北魏时期, 南朝宋至梁时期, 中国杰出农学家贾思勰所著的一部综合性农学著作, 也是世界农学史上最早的专著之一, 是中国现存最早的一部完整的农书。全书 10 卷 92 篇, 系统地总结了 6 世纪以前黄河中下游地区劳动人民农牧业生产经验、食品的加工与贮藏、野生植物的利用, 以及治荒的方法, 详细介绍了季节、气候和不同土壤与不同农作物的关系, 被誉为"中国古代农业百科全书"。

思维导图

《齐民要术》
主要内容

- 推崇耿寿昌之常平仓、桑弘羊之均输法皆为"益国利民，不朽之术"
- 详尽探讨了抗旱保墒的问题
- 提出了选育良种的重要性以及生物和环境的相互关系问题
- 叙述了养牛、养马、养鸡、养鹅等的方法，共有6篇
- 阐述了酒、醋、酱、糖稀等的制作过程，以及食品保存等
- 记载了许多关于植物生长发育和有关农业技术的观察资料
- 重视对农业生产、科学技术与经济效益的综合分析，描述了多种经营的可行性，使农民的收入有所增加

艺术特色

中国古代流传至今的300多种农书，一直是以规模大、范围广、学术水平较高的《齐民要术》为代表的大型综合性农书为主干。

书中详细记录的两种面点发酵法，在中国面点史上占有重要一页。《齐民要术》中的食品、菜点制法有着较高的科技水平和工艺水平。如书中记载由曹操所献的"九酝酒法"，其连续投料的酿造方法，开创了霉菌深层培养法之先河，它可以提高酒的酒精浓度，在中国酿酒史上具有重要的意义。

值得重视的是，书中记载了细如韭叶的面食"水引"的详细制法，日本等国的学者认为，这"水引"正是全世界面条的肇始。对精耕细作的园艺技术，林木的压条、嫁接等繁育技术，家禽的饲养管理、良种选育、外形鉴定，农副产品的加工和微生物利用技术等，《齐民要术》第一次作了全面、系统的总结。

正文开始，根据访问所得，或亲身体验，从耕地、整地的特殊要求，播种的适宜条件谈起，接着详细、正确而系统地叙述播种方法、播种量、出苗日数、间苗、定苗标准、中耕、除草、施肥、灌溉等管理，还有保护、收获、保藏等；这部分绝大多数是第一次记载的原材料，也是该书的精华所在。往下，就是引用一些经、传材料，以补充这些作物的耕作栽培技术知识，并作批判性鉴定。这一部分引文也很有使用价值。总之，主体部分有第一手记录，有文献总结，有实践说明，具备了生产技术知识的各个方面。贾思勰写作《齐民要术》所采取的群众路线，实践方式和重视探索第一手资料来源的方法等，为后世农学家树立了治学的榜样。

名家点评

1.《齐民要术》使中国农学第一次形成精耕细作的完整的结构体系，它高度概括了农业耕种的精湛技艺，使农业有了更深的发展。

——农史学家

2.《齐民要术》是封建地主经济的经营指南，为其增加经济效益提供了有利的途径。

——经济史学家

3.《齐民要术》在农产品加工、酿造、烹调、果蔬贮藏等方面也给出了很好的技巧，为这方面的工作者提供了理论依据，为"中国古代的烹饪百科全书"。

——食品史学家

4.《齐民要术》为"中国古代百科全书"。

——［英］达尔文

5.《齐民要术》为"惠民之政，训农裕国之术"。

——［明］王廷相

精彩片段

1. _____

2. _____

3. _____

学霸读后感

219

65 天道与人文

作品百科

书　　名:《天道与人文》
体　　裁:科普著作
作　　者:竺可桢
成书时间:2011 年
成　　就:中国近代地理学的奠基人
关 键 词:唯材料是举;"求是"精神

作者简介

竺可桢(1890—1974),又名绍荣,字藕舫,浙江上虞人。中国气象学家、地理学家、科学史家和教育家,中国近代地理学的奠基人。1913 年入哈佛大学研究院地理系专攻气象学,获博士学位。1927 年任东南大学地学系主任。1928 年任中央研究院气象研究所所长。1933年参与倡议成立中国地理学会。1936 年担任浙江大学校长。新中国成立后,担任中国科学技术协会副主席、中国气象学会理事长、中国地理学会理事长等职。中央研究院院士、中国科学院院士。撰有《远东台风的新分类》《中国气候区域论》《中国气流之运行》《论新月令》《东南季风与中国之雨量》《中国近五千年来气候变迁的初步研究》《物候学》等论文和专著。

内容速览

《天道与人文》讲述了:许多文史工作者在选用素材时,都有"六经注我"或堆砌编排的特点,其最终分析可能失之偏颇。竺可桢选用材料十分讲究,对历史的分析基本上做到了唯材料是举。《中国近五千年来气候变迁的初步研究》一文,对气候变迁的分期,既不是根据温度变迁的周期,也不是根据历史朝代的不同,更不是根据纪年方式的变更。而纯粹是"根据手边材料的性质"。把气候时期分为"考古时期""物候时期""方志时期""仪器观测时期",

这种分期方式与气候变迁本身并无关系，表面上看来极不合乎自然逻辑，但在实际操作中却是最方便实用且能最接近客观真实的一种方式，典型地体现了他所反复提倡的"求是"精神。

思维导图

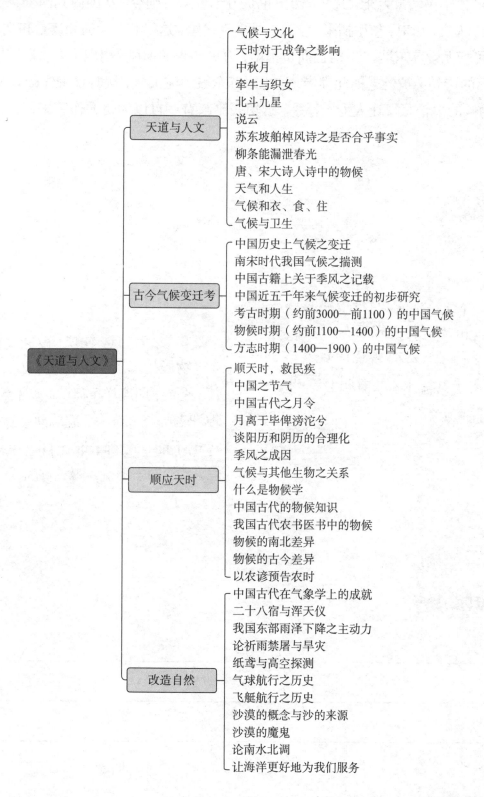

《天道与人文》

天道与人文
- 气候与文化
- 天时对于战争之影响
- 中秋月
- 牵牛与织女
- 北斗九星
- 说云
- 苏东坡舶棹风诗之是否合乎事实
- 柳条能漏泄春光
- 唐、宋大诗人诗中的物候
- 天气和人生
- 气候和衣、食、住
- 气候与卫生

古今气候变迁考
- 中国历史上气候之变迁
- 南宋时代我国气候之揣测
- 中国古籍上关于季风之记载
- 中国近五千年来气候变迁的初步研究
- 考古时期（约前3000—前1100）的中国气候
- 物候时期（约前1100—1400）的中国气候
- 方志时期（1400—1900）的中国气候

顺应天时
- 顺天时，救民疾
- 中国之节气
- 中国古代之月令
- 月离于毕俾滂沱兮
- 谈阳历和阴历的合理化
- 季风之成因
- 气候与其他生物之关系
- 什么是物候学
- 中国古代的物候知识
- 我国古代农书医书中的物候
- 物候的南北差异
- 物候的古今差异
- 以农谚预告农时

改造自然
- 中国古代在气象学上的成就
- 二十八宿与浑天仪
- 我国东部雨泽下降之主动力
- 论祈雨禁屠与旱灾
- 纸鸢与高空探测
- 气球航行之历史
- 飞艇航行之历史
- 沙漠的概念与沙的来源
- 沙漠的魔鬼
- 论南水北调
- 让海洋更好地为我们服务

221

艺术特色

1.《天道与人文》为文看起来很美，又从生活中去理解掌握知识，易懂。比喻句用得惟妙惟肖，如果作为语文课本知识，也是上乘之作。

2. 竺可桢不仅气象万千，人文、历史也是万千。从古到今，从国内到国外，一件件有关气象、物候、人文、历史，信手拈来，没有一处堆砌之感，这得有多大的阅读量和文学底子。

3. 竺可桢尤爱苏东坡，"三时已断黄梅雨，万里初来舶棹风"出现了好多次，苏东坡肯定没想到他写的诗句会被竺老如此推崇，这也跟苏东坡关注天气，按时景来作诗有关。一本有关气象、物候的书籍写得让人爱不释手，这功底比起有些自以为是的作家来，不知道高了多少了阶梯。

名家点评

1. 借助竺可桢的科学烛照，我们可以换一种方式进入"今人不见古时月，今月曾经照古人。古人今人若流水，共看明月皆如此"的神妙境界。

——施爱东

2. 竺老的这本书一改我之前对气象、物候的偏见。记得高中地理，暖气流、寒流，印度洋季风、大西洋季风，被地理老师绕来绕去，最后彻底绕晕。其实也不能怪老师，谁让自己方向感极差，其他同学不就学得好好的。

——施爱东

精彩片段

1. ＿＿＿＿＿＿＿＿＿＿＿＿＿＿＿＿＿＿＿＿＿＿＿＿＿

2. ＿＿＿＿＿＿＿＿＿＿＿＿＿＿＿＿＿＿＿＿＿＿＿＿＿

3. ＿＿＿＿＿＿＿＿＿＿＿＿＿＿＿＿＿＿＿＿＿＿＿＿＿

66 科学史十论

作品百科

书　　名:《科学史十论》

体　　裁:科普著作

作　　者:席泽宗

成书时间:2003 年

成　　就:作者在长期的中国科学史研究中最具心得的代表力作

关 键 词:科学史;分析精到;立论宏富

作者简介

席泽宗(1927—2008),山西垣曲人。中国科学院院士,国际科学史研究院院士,国际欧亚科学院院士。1951 年中山大学天文系毕业后,一直在中国科学院工作。曾任中国科学院自然科学史研究所所长,为该所研究员兼中国科学技术史学会理事长。专攻中国天文学史,兼及科学思想史和科学史的综合研究,著有《古新星新表与科学史探索》(自选集)、《科学史八讲》和《中国历史上的宇宙理论》(与郑文光合作)等书。何梁何利基金 2000 年度科学与技术进步奖获得者。

内容速览

本书所收各篇,均系作者在长期的中国科学史研究中最具心得的代表力作。经过精心的选辑编排,首先从科学史和现代科学及历史科学之间的关系开始论述,从而引发出有关中国科学传统回顾和未来展望的话题;分析精到,立论宏富。而有关中国古代天文学在中国传统文化中的地位、社会功能及其在当代天文学中的应用等系列论述,更是极具启发的研究示例。最后以竺可桢、钱临照两位前辈学者在科学史研究领域的贡献和中国科学院自然科学史研究所 40 年(1957—1997)、中国科学技术史学会 20 年(1980—2000)的历史,对中国科学史研究在 20 世纪的发展进程, 作了全面的总结。

思维导图

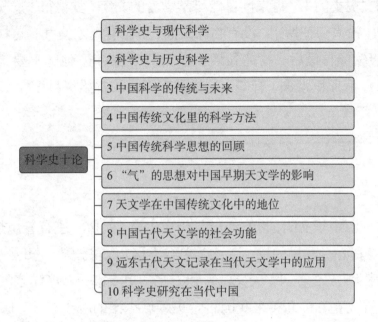

科学史十论

1 科学史与现代科学

2 科学史与历史科学

3 中国科学的传统与未来

4 中国传统文化里的科学方法

5 中国传统科学思想的回顾

6 "气" 的思想对中国早期天文学的影响

7 天文学在中国传统文化中的地位

8 中国古代天文学的社会功能

9 远东古代天文记录在当代天文学中的应用

10 科学史研究在当代中国

艺术特色

席泽宗先生融会古今, 学贯中西, 其著述叙事清晰, 推理严密, 科学与人文并茂, 学术性与可读性俱佳, 这是非常不容易的。享誉全球的科学作家艾萨克·阿西莫夫曾就写作风格提出一种 "镶嵌玻璃和平板玻璃" 的理论, 他认为, 有的作品就像镶嵌玻璃, 它们很美丽, 在光照下色彩斑斓, 但是你无法看透它们; 而理想的平板玻璃, 你根本看不见它, 却可以透过它看见外面发生的事情。这相当于直白朴素、不加修饰的作品。

阅读这种作品甚至不觉得是在阅读, 理念和事件似乎只是从作者的心头流淌到读者的心田, 中间全无遮挡。确实, 写得明晰也许比写得华丽更加困难, 而席泽宗之文风恰与阿西莫夫之所言不谋而合。

1. 读惯了文史类的书，再来读自然科学学者的文字，觉得很"素"，但"素"得朴实、干净、亲切，没有旁征博引，没有临深为高，更没有逞才使气。这样的文风，我由衷喜欢，也由衷钦佩！最后一篇提到某学者"已年过八旬，他一不要工资报酬，二不要课题经费"时，我眼眶湿润，有多少这样默默无闻的脊梁啊！席泽宗先生此书实堪推荐。

——冷眼探花郎

2. 用一生探源中华文明，以真心敬畏历史生命，就像一座有着炽热恒心的灯塔，穷极一生，拳拳真心。群星闪耀，许身天文志不移，深耕大地，"开疆辟土"古新星。他，就是我国科学史界的泰斗、天文学家和天文学史专家——席泽宗。他是中国科学院自然科学史所成立五十九年来我国科学史领域杰出的院士之一；他六十一年前发表的《古新星新表》至今为科学界瞩目；他做出这一科研成果时，仅是大学毕业没几年的本科生；在他80岁时，一颗小行星以他的名字命名。

——佚名

精彩片段

1. _____

2. _____

3. _____

学霸读后感

67 数学文化小丛书

作品百科

书　　名:《数学文化小丛书》
体　　裁:自然科学
作　　者:李大潜
成书时间:2008 年
成　　就:深入浅出地介绍数学文化的丰富内涵
关 键 词:数学文化;数学发展史

作者简介

李大潜,1937 年 11 月 10 日生于江苏南通,数学家。复旦大学数学科学学院教授,中国科学院院士,第三世界科学院院士,法国科学院外籍院士。曾任复旦大学研究生院院长、中国数学会副理事长、上海市科学技术协会副主席。现任中法应用数学研究所所长,教育部高等学校数学与统计学教学指导委员会主任委员,中国工业与应用数学学会(CSIAM)理事长,国际工业与应用数学联合会(ICIAM)执行委员。

内容速览

《数学文化小丛书》精选对人类文明发展起过重要作用、在深化人类对世界的认识或推动人类对世界的改造方面有某种里程碑意义的主题,深入浅出地介绍数学文化的丰富内涵、数学发展史中的一些重要篇章,以及一些著名数学家的历史功绩和优秀品质等内容,适于包括中学生在内的读者阅读。

思维导图

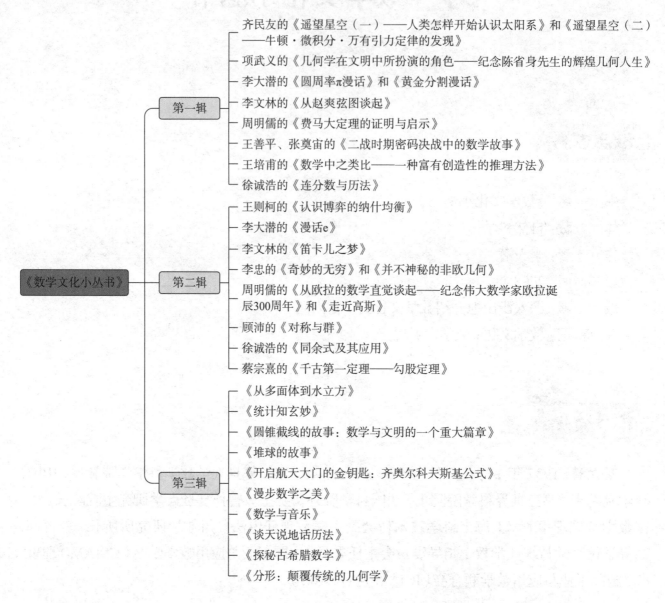

《数学文化小丛书》

第一辑
- 齐民友的《遥望星空（一）——人类怎样开始认识太阳系》和《遥望星空（二）——牛顿·微积分·万有引力定律的发现》
- 项武义的《几何学在文明中所扮演的角色——纪念陈省身先生的辉煌几何人生》
- 李大潜的《圆周率π漫话》和《黄金分割漫话》
- 李文林的《从赵爽弦图谈起》
- 周明儒的《费马大定理的证明与启示》
- 王善平、张奠宙的《二战时期密码决战中的数学故事》
- 王培甫的《数学中之类比——一种富有创造性的推理方法》
- 徐诚浩的《连分数与历法》

第二辑
- 王则柯的《认识博弈的纳什均衡》
- 李大潜的《漫话e》
- 李文林的《笛卡儿之梦》
- 李忠的《奇妙的无穷》和《并不神秘的非欧几何》
- 周明儒的《从欧拉的数学直觉谈起——纪念伟大数学家欧拉诞辰300周年》和《走近高斯》
- 顾沛的《对称与群》
- 徐诚浩的《同余式及其应用》
- 蔡宗熹的《千古第一定理——勾股定理》

第三辑
- 《从多面体到水立方》
- 《统计知玄妙》
- 《圆锥截线的故事：数学与文明的一个重大篇章》
- 《堆球的故事》
- 《开启航天大门的金钥匙：齐奥尔科夫斯基公式》
- 《漫步数学之美》
- 《数学与音乐》
- 《谈天说地话历法》
- 《探秘古希腊数学》
- 《分形：颠覆传统的几何学》

艺术特色

　　丛书着力精选了那些对人类文明的发展起过重要作用、在深化人类对世界的认识或推动人类对世界的改造方面有某种里程碑意义的主题，由学有专长的学者执笔，抓住主要的线索和本质内容，由浅入深并简明生动地向读者介绍数学文化的丰富内涵、数学发展史中的一些重要篇章，以及古今中外一些著名数学家的优秀品质及历史功绩等内容。

　　每个专题篇幅不长，并相对独立，易于阅读，便于携带。

1. 数学的发展史是与人类物质文明和精神文明的发展史交融在一起的。数学不仅是一种精确的语言和工具，一门博大精深并应用广泛的科学，而且更是一种先进的文化。它在人类文明的进程中一直起着积极的推动作用，是人类文明的一个重要支柱。

——李大潜

2. 学好数学，不等于拼命做习题、背公式，而是要着重领会数学的思想方法和精神实质，了解数学在人类文明发展中所起的关键作用，自觉地接受数学文化的熏陶。只有这样，才能从根本上体现素质教育的要求，并为全民族思想文化素质的提高夯实基础。

——李大潜

精彩片段

1. _____

2. _____

3. _____

学霸读后感

68 时空之舞——中学生能懂的相对论

作品百科

书　　名:《时空之舞——中学生能懂的相对论》
体　　裁:自然科学
作　　者:陈海涛
成书时间:2017 年
成　　就:深入浅出地介绍数学文化的丰富内涵
关 键 词:数学文化;数学发展史

作者简介

　　陈海涛,本科和硕士分别毕业于北京大学数学系和计算机系,现从事软件研发工作。曾任微软亚洲研究院助理研究员、盛大创新院高级研究员,也曾创业数载。业余以网名"小醉"活跃于各大 BBS 论坛,曾任北大未名 BBS 和一塌糊涂 BBS 站站长,以及水木社区天文版版主等,在水木社区天文版上首次提出太阳系小行星"阋神星"的中文命名。从中学时期就对天文学和相对论感兴趣,多年来对相对论进行了深入的学习和思考。

内容速览

　　本书用生动而浅显的语言对狭义相对论和广义相对论进行了介绍。本书虽然叙述语言尽量简单,但对于狭义相对论中的洛仑兹变换、尺缩效应、同时相对性、钟慢效应、速度合成公式、动能定理、爱因斯坦质能方程等内容都进行了系统的介绍。对于深奥的广义相对论知识,如等效原理、引力时间膨胀、径向引力尺缩以及时空弯曲等,本书也给出了较为易懂的讲解。在对相对论的介绍中,本书还穿插了大量非常有趣味的天文学知识,比如前灯效应、光行差、爱因斯坦行星、脉冲星、引力透镜、爱因斯坦环等,帮助读者增长知识的同时,对于启发读者兴趣也很有帮助。

本书在附录里还集中放置了关于相对论的一些初等数学推导，以帮助有兴趣的读者更深入地了解相对论在数学上的优美。

思维导图

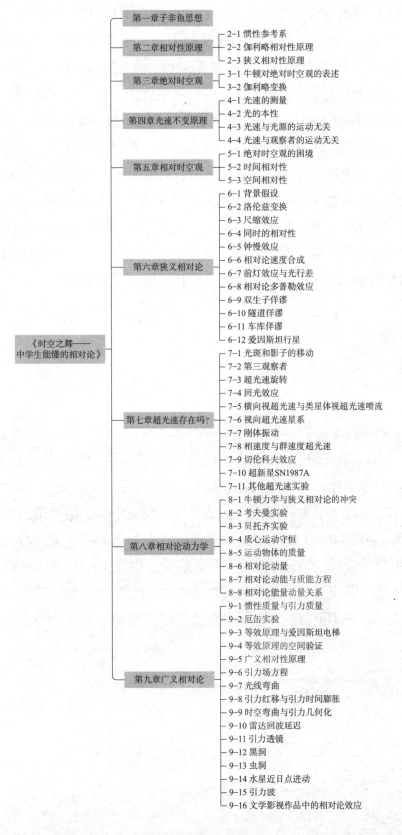

《时空之舞——中学生能懂的相对论》

- 第一章 子非鱼思想
- 第二章 相对性原理
  - 2-1 惯性参考系
  - 2-2 伽利略相对性原理
  - 2-3 狭义相对性原理
- 第三章 绝对时空观
  - 3-1 牛顿对绝对时空观的表述
  - 3-2 伽利略变换
- 第四章 光速不变原理
  - 4-1 光速的测量
  - 4-2 光的本性
  - 4-3 光速与光源的运动无关
  - 4-4 光速与观察者的运动无关
- 第五章 相对时空观
  - 5-1 绝对时空观的困境
  - 5-2 时间相对性
  - 5-3 空间相对性
- 第六章 狭义相对论
  - 6-1 背景假设
  - 6-2 洛伦兹变换
  - 6-3 尺缩效应
  - 6-4 同时的相对性
  - 6-5 钟慢效应
  - 6-6 相对论速度合成
  - 6-7 前灯效应与光行差
  - 6-8 相对论多普勒效应
  - 6-9 双生子佯谬
  - 6-10 隧道佯谬
  - 6-11 车库佯谬
  - 6-12 爱因斯坦行星
- 第七章 超光速存在吗？
  - 7-1 光斑和影子的移动
  - 7-2 第三观察者
  - 7-3 超光速旋转
  - 7-4 回光效应
  - 7-5 横向视超光速与类星体视超光速喷流
  - 7-6 视向超光速星系
  - 7-7 刚体振动
  - 7-8 相速度与群速度超光速
  - 7-9 切伦科夫效应
  - 7-10 超新星SN1987A
  - 7-11 其他超光速实验
- 第八章 相对论动力学
  - 8-1 牛顿力学与狭义相对论的冲突
  - 8-2 考夫曼实验
  - 8-3 贝托齐实验
  - 8-4 质心运动守恒
  - 8-5 运动物体的质量
  - 8-6 相对论动量
  - 8-7 相对论动能与质能方程
  - 8-8 相对论能量动量关系
- 第九章 广义相对论
  - 9-1 惯性质量与引力质量
  - 9-2 厄缶实验
  - 9-3 等效原理与爱因斯坦电梯
  - 9-4 等效原理的空间验证
  - 9-5 广义相对性原理
  - 9-6 引力场方程
  - 9-7 光线弯曲
  - 9-8 引力红移与引力时间膨胀
  - 9-9 时空弯曲与引力几何化
  - 9-10 雷达回波延迟
  - 9-11 引力透镜
  - 9-12 黑洞
  - 9-13 虫洞
  - 9-14 水星近日点进动
  - 9-15 引力波
  - 9-16 文学影视作品中的相对论效应

艺术特色

1. 通俗易懂：对于复杂艰深的广义相对论，本书也给出了较为易懂的介绍。对等效原理、引力时间膨胀、径向引力尺缩以及时空弯曲、黑洞、引力波等进行了解释和探讨。读者不需要懂得高深的黎曼几何也可以对广义相对论进行相当程度的理解。

2. 精彩生动：相对论与天文学密不可分，本书在介绍相对论的同时，介绍了很多相关的天文知识和天文现象，并附有丰富漂亮的天文插图，而且对其中的一些效应和原理进行了简单易懂的分析和解释。介绍了太阳边缘的星光偏折、引力红移、水星近日点进动、雷达回波延迟等广义相对论的几大天文学实验验证，以及木卫食测光速、光行差、蟹状星云、爱因斯坦行星、回光效应、类星体喷流视超光速、中微子爆发、超新星、引力透镜、黑洞、脉冲星、引力波等天文现象和天文发现，内容精彩生动，引人入胜。因此本书也是一本很不错的天文科普书。为增强可读性，书中加入了一些文学性的内容和历史故事，读起来颇有趣味，并有助于对内容的理解，同时也不失科学的严肃性和历史的真实性。其中有科学家的科研精神和求桃得李的意外发现，也有年轻学生因为兴趣和坚持而取得的科学贡献，可以鼓励学生从小学科学爱科学，建立对科学的兴趣。对于一些不爱看公式的文科生，也能得到很多阅读的乐趣和知识的收获，通过生动有趣的类比很容易地理解和掌握科学的原理。

名家点评

1. 此书用主要篇幅介绍了爱因斯坦的狭义相对论，包括它的建立、主要内容和有趣的结论，诸如时钟变慢、动尺收缩、速度合成、质能关系、双生子佯谬、车库佯谬等等，还用中学生可以看得懂的初等数学，介绍了相对论的一些重要公式的推导，对于希望深入了解相对论的普通读者有一定参考价值。特别难能可贵的是，作者用自己设计的方法，推导了质能关系，用狭义相对论和等效原理探讨了引力红移，避开了广义相对论中难懂的黎曼几何，得到了与广义相对论相同的结果。总之，这是一本很好的科普读物，值此广义相对论发表100周年之际，我向读者们推荐这本书。

——赵峥

232

2. 在本书中，作者对相对论的基本原理的发展、建立进行了全面细致的介绍，其中穿插着不少有趣的历史故事，可读性很强。此外，作者对相对论中重要的物理效应以及佯谬进行了通俗易懂的诠释，有利于读者正确地理解相对论。特别让人欣慰的是，在不失物理正确性的前提下，书中的讨论并未用到高深的数学知识，而只依赖于中学数学的知识。一个有求知欲的读者如果肯多花一点时间对书中的内容进行思考和推敲，完全可以很好地掌握狭义相对论的基础知识。即便是对于相对比较困难的关于引力的广义相对论，作者也努力给出了较易理解的物理图像。在此，我向广大读者郑重地推荐此书。

——陈斌

精彩片段

1. _____

2. _____

3. _____

学霸读后感

69 呦呦有蒿：屠呦呦与青蒿素

作品百科

书　　名:《呦呦有蒿：屠呦呦与青蒿素》
体　　裁:自然科学
作　　者:饶毅　张大庆　黎润红
成书时间:2015 年
成　　就:荣获"2017 年度输出版优秀图书奖"
关　键　词:屠呦呦；青蒿素

作者简介

饶毅，籍贯江西南昌。北京大学终身讲席教授，北京生命科学研究所资深研究员。1991 年获美国旧金山加州大学神经生物学博士，曾任美国华盛顿大学、西北大学教授、神经科学研究所副所长、北京大学生命科学院院长等。研究神经发育的分子机理和行为的生物学基础。

张大庆，北京大学医学人文研究院院长、北京大学医学史研究中心教授。北京大学医学图书馆馆长。学术兼职：中国科学技术史学会副理事长兼医学史专业委员会主任、中国自然辩证法研究会副理事长兼医学哲学专业委员会主任、教育部医学人文素质课程指导委员会副主任。

黎润红，籍贯江西黎川。北京大学医学人文研究院助理研究员。2011 年在北京大学获医学硕士学位。主要从事医学史研究。

内容速览

2015 年 10 月 5 日，诺贝尔奖评选委员会给中国科学界一个巨大然而值得回味的惊喜。屠呦呦以及青蒿素研究，虽历经 40 余年风雨，仍难掩其光辉，且越发呈现出独特的意义与价值。本书作者饶毅、张大庆两位教授，以其科学史的慧眼以及关怀，早在数年前，就带领研究生黎润红，关注青蒿素研究项目，以事实厘清中国科学研究的这个经典案例。书中首次呈现了三位作者的精彩工作成果，披露了屠呦呦先生以及青蒿素研究独特而漫长的科研历程，是全面理解屠呦呦先生及其团队的重要文本。

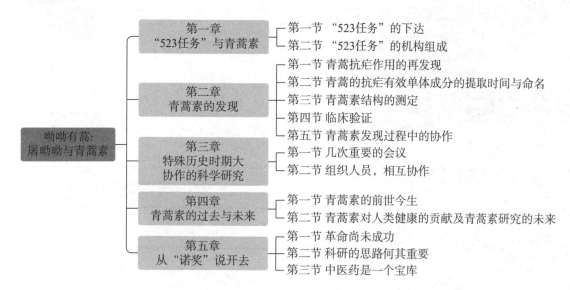

呦呦有蒿：
屠呦呦与青蒿素

第一章
"523任务"与青蒿素
- 第一节 "523任务"的下达
- 第二节 "523任务"的机构组成

第二章
青蒿素的发现
- 第一节 青蒿抗疟作用的再发现
- 第二节 青蒿的抗疟有效单体成分的提取时间与命名
- 第三节 青蒿素结构的测定
- 第四节 临床验证
- 第五节 青蒿素发现过程中的协作

第三章
特殊历史时期大协作的科学研究
- 第一节 几次重要的会议
- 第二节 组织人员，相互协作

第四章
青蒿素的过去与未来
- 第一节 青蒿素的前世今生
- 第二节 青蒿素对人类健康的贡献及青蒿素研究的未来

第五章
从"诺奖"说开去
- 第一节 革命尚未成功
- 第二节 科研的思路何其重要
- 第三节 中医药是一个宝库

1. 该书有关史实部分，客观、真实、全面、系统、详尽。
2. 围绕青蒿素的相关争论问题，观点明确、客观、有说服力。

名家点评

　　1. 屠呦呦获奖给了我们两大启示：一是屠呦呦及其科研团队通过艰苦奋斗，最终获得诺贝尔奖，这种精神值得学习；二是屠呦呦的获奖也暴露出科技界存在一些问题，比如在科技事业发展中，行政化、特权化、等级化以及官学一体化等问题比较突出。

——李连达

2. 屠呦呦的获奖告诉我们，要想真正对国家做出贡献，必须避免浮躁和好大喜功，不仅是科技界，媒体也一样，都应该踏踏实实工作。苏志认为，真正的原创思想，不一定是钱堆出来的，但一定要有思想；不能浮躁，真正想获大奖要有时间沉淀，经得起时间的考验。我们需要记录历史、总结历史，需要有人来研究科学家、研究科学家的思想。饶毅教授、张大庆教授和黎润红他们的工作给了我们很好的启示。

——王志新

精彩片段

1. _____

2. _____

3. _____

学霸读后感

70 5G＋：5G如何改变世界

作品百科

书　　名：《5G＋：5G如何改变世界》

体　　裁：自然科学

作　　者：李正茂　王晓云　张同须

成书时间：2019年

成　　就：对于推动中国乃至全球5G产业的进步和发展具有重要的指导意义

关　键　词：读懂5G；跨界创新

作者简介

李正茂，男，1962年生，1982年毕业于四川大学无线电电子学系，1985年获电子科技大学硕士学位，1988年在东南大学无线电工程系获博士学位。曾任中国电信集团有限公司董事、总经理、党组副书记。

王晓云，女，教授级高级工程师。国家科技重大专项03专项副总师。中国移动通信集团公司技术部总经理、研究院院长。中共第十九届、第二十届中央候补委员。

张同须，男，北京邮电大学毕业，获工学硕士学位。先后担任中国移动通信集团设计院副总工程师，副院长兼总工程师，设计院董事长、院长，2017年担任中国移动通信有限公司研究院院长。享受国务院政府特殊津贴。

内容速览

2019年6月6日，中国移动等四家运营商获得5G牌照，中国的5G进入产业全面冲刺的重要阶段。本书以中国移动"5G"为主线，介绍了5G三大场景、九大指标、系统架构和基础原理，并首次系统性地向业界阐述中国移动"5G"的实质和内涵，以鲜活的应用案例和解决方案详细描绘5G给生活、各行各业、社会治理等方面带来全新变革的蓝图和愿景。

5G 不是简单的 "4G+1G"，其将更具革命性、呈现更高价值，能够为跨领域、全方位、多层次的产业深度融合提供基础设施，充分释放数字化应用对经济社会发展的放大、叠加、倍增作用。中国移动通过全面实施 "5G" 计划，不断满足人民美好生活的信息消费需要，为经济发展打造新动能、拓展新边界，助力产业转型升级和经济高质量发展。

致敬来时路，整装再出发。5G 为中国带来了巨大的产业变革机遇。我们希望本书能够让更多的人读懂 5G、读懂中国移动 "5G"，并加入 5G 创新产业中，将 5G 硬核能力与自身行业应用充分融合，主动跨界创新，探索新应用、新模式、新机遇，铸造科技创新硬实力，力争在全球产业中发挥更大作用，更好地满足人类社会对美好数字生活的需要，为信息通信技术惠及全人类贡献中国智慧和力量。

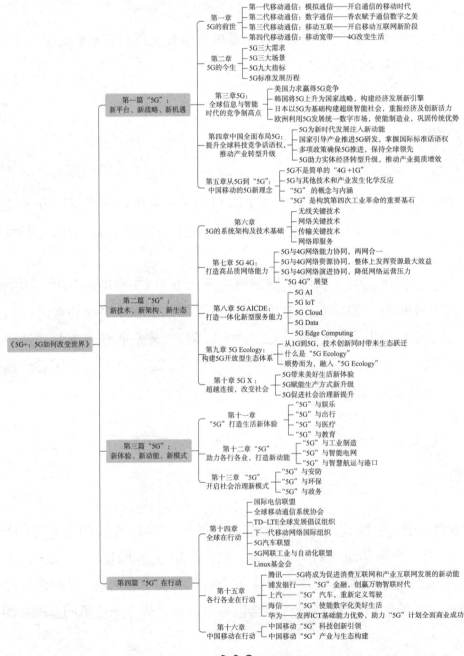

1. 这本书基于作者们数十年来对移动通信技术的深度参与和对移动通信发展规律的全面把握，从 5G 的前世和今生入手，系统性地提炼出了"5G"的"新平台、新战略、新机遇，新技术、新架构、新生态、新体验、新动能、新模式"，进而介绍了全球各行各业推动和应用 5G 所做的工作，逻辑清晰，内容翔实，使读者能够很容易地了解"5G"的由来、概念、内涵、实现、行动等各个方面，非常值得一读。

2. 这本书也是中国移动首次对"5G"计划的一次系统、深入、全面的阐述，对于推动中国乃至全球 5G 产业的进步和发展具有重要的指导意义。

名家点评

1. 当今世界，以互联网和通信为代表的信息技术已逐渐成为推动人类发展的核心基础。近年来依托大数据、云计算、人工智能等技术的发展，人类社会正从信息时代跨入智能时代，开始第四次工业革命，这一切驱动人类社会迈向发展新纪元。不同于以往的移动通信系统，5G 超越了移动通信的范畴，成为第四次工业革命的技术基石。5G 将与大数据、云计算、人工智能等信息技术紧密协同，连接万物，聚合平台，赋能产业，在人类科技和社会发展中发挥出更大的作用。在推动 5G 和相关产业向前发展的过程中，我们深入思考了 5G 的技术实质和发展规律，逐渐形成了以"5G"为核心理念的 5G 行动计划，我们也借这本书向业界和全社会阐述中国移动在"5G"方面的思考。

——杨杰

2. 中国移动深刻洞察 5G 产业发展的关键，在全球率先提出"5G"概念，并将其扩展成为"5G"行动计划。该计划符合产业发展规律，顺应时代创新潮流，对于凝聚产业共识、促进产业发展乃至增强中国 5G 全球影响力都具有重要的理论意义和实践意义。

——吴基传

精彩片段

1. _____

2. _____

3. _____

学霸读后感

71 科学革命的结构

作品百科

书　　名:《科学革命的结构》
体　　裁:科学哲学
作　　者:托马斯·库恩
成书时间:1962 年
成　　就:畅销 50 年的经典人文作品
关 键 词:科学哲学;科学革命

作者简介

托马斯·库恩(1922—1996),美国科学史家,科学哲学家,代表作有《哥白尼革命》和《科学革命的结构》,为当代的科学思想研究建立了一个广为人知的讨论基础;不论是赞成或是批评,因此可以说是最有影响力的科学史及科学哲学家,其著作也被引用到科学史之外的其他广泛领域中。纽约时报认为,因为库恩的这本著作,让范式(paradigm)这个词汇变成当代最常出现的词汇之一。

内容速览

《科学革命的结构》是美国科学哲学家托马斯·库恩创作的科学哲学著作。该书是现代思想文库中的经典名著,作者从科学史的视角探讨常规科学和科学革命的本质,第一次提出了范式理论以及不可通约性、学术共同体、常态、危机等概念,提出了革命是世界观的转变的观点,深刻揭示了科学革命的结构,开创了科学哲学的新时期。

思维导图

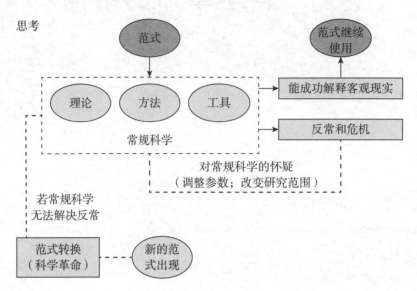

思考

范式

范式继续使用

理论　方法　工具

能成功解释客观现实

常规科学

反常和危机

对常规科学的怀疑
（调整参数；改变研究范围）

若常规科学
无法解决反常

范式转换
（科学革命）

新的范式出现

艺术特色

1. 这本著作的成就足以空前地把一批坚定的拥护者吸引过来，使他们不再去进行科学活动中各种形式的竞争。同时，这种成就又足以毫无限制地为一批重新组合起来的科学工作者留下各种有待解决的问题。凡是具备这两个特点的科学成就，此后我就称之为"范式"。这是库恩首次提出这一概念，库恩认为一门学科的确立必须有一个共同的范式，也就是大家都接受的那么一种方式，这个共同的东西才能把一个个零散的理念或想法规范化，这才能形成一个人们都能接受的科学。家政学也是这样，在这门学科确立、并想进步发展的话，就要首先确立一种范式让人们来采纳它。

2. 本书从更上层的思维以及更宏观的视角看待科学研究、理论发展。描述了关于科学本身发展的历史研究，也是关于科学理论研究的理论。本书值得深入阅读。

名家点评

1. 常规科学并不以创新为目标，"他认为常规科学的工作，不过是致力于求解当前的某一知识领域中给我们留下的谜题。"

——［美］库恩

2.（科学）革命是世界观的改变，接受一个新范式的科学家会以与以前不一样的方式来看这个世界。

——［美］库恩

精彩片段

1. _____

2. _____

3. _____

学霸读后感

精彩片段

72 笛卡儿几何

书　　名:《笛卡儿几何》

体　　裁:自然科学

作　　者:笛卡儿

成书时间:2008 年

成　　就:开创了数学史上的新纪元

关 键 词:哲学是生活;哲学是信仰;哲学是生命

作者简介

　　笛卡儿(1596—1650),法国哲学家、物理学家、数学家、生理学家。他创立的解析几何的诞生则被称为数学史上的伟大转折。1637 年,笛卡儿发表了他的名著《方法论》,《几何》是当时该书的三个附录之一。后世的数学家和数学史学家都把笛卡儿的《几何学》作为解析几何的起点。笛卡儿的《几何学》共分三卷,第一卷讨论尺规作图;第二卷是曲线的性质;第三卷是立体和"超立体"的作图,但它实际是代数问题,探讨方程的根的性质。从笛卡儿的《几何学》中可以看出,笛卡儿的中心思想是建立起一种"普遍"的数学,把算术、代数、几何统一起来。他设想,把任何数学问题化为一个代数问题,再把任何代数问题归结到去解一个方程式。主要著作有《形而上学的沉思》《哲学原理》《论世界》等。

内容速览

　　哲学在笛卡儿那里不是职业,不是成名成家的阶梯,也不是获取物质财富的敲门砖,而是一种生活,是信仰,是生命。他探求真理的方法,孕育了影响西方世界几百年的哲学思想。启迪一个又一个伟人的头脑做出了一个又一个伟人的发现。他创建的解析几何,开创了数学史上的新纪元。他既被尊为近代哲学之父,又被奉为近代科学的旗手!

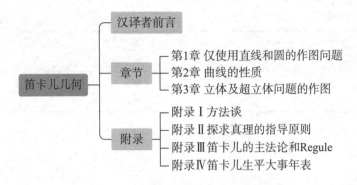

艺术特色

　　笛卡儿的学说有广泛的影响。他的"我思故我在",强调认识中的主观能动性,直接启发了康德,成为从康德到 G.W.F. 黑格尔的德国古典哲学的主题,推动了辩证法的发展。正如他的解析几何引出微积分一样。经过他改造的"上帝"观念,也鼓励了 B. 斯宾诺莎对它作进一步的改造,把"上帝"等同于自然,用唯物主义克服二元论。在笛卡儿以后,为了克服他所造成的困难,人们作出了种种努力。在"笛卡儿学派"中,N. 马勒伯朗士站在唯心主义一边,强调上帝的作用,认为人们的认识完全依赖于上帝。G.W. 莱布尼茨也用上帝的"前定和谐"来说明身和心的无联系的一致。另一些人则站在笛卡儿"物理学"的机械唯物主义一边,克服他的"形而上学"中的唯心主义,把唯物主义的第二种形态发展到高峰。这就是 18 世纪的法国唯物主义。

名家点评

　　1. 科学元典是科学史和人类文明史上划时代的丰碑,是历经时间考验的不朽之作,让我们一起仰望先贤,回眸历史,体悟原汁原味的科学发现。

——佚名

　　2. 笛卡儿的这个几何,不仅仅在数学领域带来了深远影响,更影响到我们对空间的理解,也就是将空间几何化了。这种影响直到今天仍然是根深蒂固。

——川山洞主

精彩片段

1. _____

2. _____

3. _____

学霸读后感

73 自然哲学的数学原理

作品百科

书　　名:《自然哲学的数学原理》

体　　裁:自然科学

作　　者:艾萨克·牛顿

成书时间:1687 年

成　　就:使经典力学成为一个完整的理论体系

关 键 词:牛顿三定律;流体力学;宇宙系统

作者简介

　　艾萨克·牛顿(1643—1727),英国物理学家、数学家与天文学家。牛顿出生在英格兰林肯郡小镇沃尔索浦的一个自耕农家庭里。1661 年,19 岁的牛顿以减费生的身份进入剑桥大学三一学院,1665 年获学士学位。1667 年,26 岁的牛顿晋升为数学教授,并担任卢卡斯讲座的教授。1668 年,牛顿制成了第一架反射望远镜样机。1671 年,牛顿把经过改进的反射望远镜献给了皇家学会,因此名声大振,并被选为皇家学会会员。随着科学声誉的提高,牛顿的政治地位也得到了提升。1689 年,他被选为国会中的大学代表。1704 年出版《光学》一书。在热学上,确定冷却定律。晚年的牛顿开始致力于对神学的研究,他否定哲学的指导作用,埋头于写以神学为题材的著作。1727 年 3 月 20 日,艾萨克·牛顿逝世,他被埋葬在了威斯敏斯特教堂。

内容速览

　　《自然哲学的数学原理》是英国物理学家艾萨克·牛顿创作的物理学哲学著作,1687 年首次出版。《自然哲学的数学原理》是牛顿重要的物理学哲学著作。全书分为三卷,第一卷"论物体的运动",表述了牛顿三定律;第二卷也是"论物体的运动",论述了阻力下物体的运动,为流体力学开先河；第三卷"论宇宙的系统"，讨论了宇宙系统。《自然哲学的数学原理》总结了近代天体力学和地面力学的成就，为经典力学规定了一套基本概念，提出了力学的三大定律和万有引力定律，从而使经典力学成为一个完整的理论体系。该书意味着经典力学的成熟，其中所建立的经典力学的理论体系成为近代科学的标准尺度。

思维导图

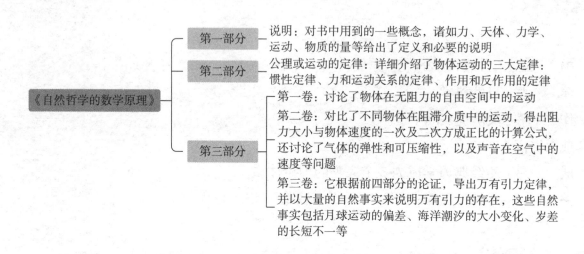

《自然哲学的数学原理》

第一部分——说明：对书中用到的一些概念，诸如力、天体、力学、运动、物质的量等给出了定义和必要的说明

第二部分——公理或运动的定律：详细介绍了物体运动的三大定律：惯性定律、力和运动关系的定律、作用和反作用的定律

第三部分
- 第一卷：讨论了物体在无阻力的自由空间中的运动
- 第二卷：对比了不同物体在阻滞介质中的运动，得出阻力大小与物体速度的一次及二次方成正比的计算公式，还讨论了气体的弹性和可压缩性，以及声音在空气中的速度等问题
- 第三卷：它根据前四部分的论证，导出万有引力定律，并以大量的自然事实来说明万有引力的存在，这些自然事实包括月球运动的偏差、海洋潮汐的大小变化、岁差的长短不一等

艺术特色

1. 在科学史上，《自然哲学的数学原理》是经典力学的第一部经典著作，划时代的巨著，也是人类掌握的第一个完整的科学的宇宙论和科学理论体系，其影响所及，遍布经典自然科学的所有领域，并在其后300年里一再取得丰硕成果。就人类文明史而言，它成就了英国工业革命，在法国诱发了启蒙运动和大革命，在社会生产力和基本社会制度两方面都有直接而丰富的成果。迄今为止，还没有第二个重要的科学和学术理论，取得过如此之大的成就。

2.《自然哲学的数学原理》达到的理论高度是前所未有的，其后也不多见。爱因斯坦说过："至今还没有可能用一个同样无所不包的统一概念，来代替牛顿的关于宇宙的统一概念。而要是没有牛顿的明晰的体系，我们到现在为止所取得的收获就会成为不可能。"实际上，牛顿在《自然哲学的数学原理》中讨论的问题及其处理问题的方法，至今仍是大学数理专业中教授的内容，而其他专业的学生学到的关于物理学、数学和天文学的知识，无论在深度和广度上都没有达到《自然哲学的数学原理》的境界。

1. 今天的科学史通常认为,《自然哲学的数学原理》的出版,标志着自哥白尼时代（16世纪）便开始呼唤的近代科学革命,终于在伟大的"物理学奠基者"牛顿这里得到了实现,为此后的工业革命和人类思想解放积累了条件。而这部集大成之作当之无愧是近代科学史上最伟大的论著。

——佚名

2. 牛顿的《自然哲学的数学原理》从各种运动现象探究自然力,再用这些力说明各种自然现象,当然是属于自然哲学的范畴。如果受到现代人的科学的认识论条件所限制,认为所有自然哲学都不够资格被称为科学的话,便无法理解和承认牛顿力学研究的贡献了。

——佚名

精彩片段

1. _____

2. _____

3. _____

学霸读后感

74 狭义与广义相对论浅说

作品百科

书　　名:《狭义与广义相对论浅说》
体　　裁:自然科学
作　　者:爱因斯坦
成书时间:2005 年
成　　就:爱因斯坦丰富博大的科学成果中一部比较浅显的著述
关 键 词:相对论;普及性著作

作者简介

　　爱因斯坦(1879—1955),物理学家。生于德国。1940 年入美国籍。在物理学多个领域均有重大贡献,获诺贝尔物理学奖。他是 20 世纪最伟大的科学家,因创立相对论而闻名于世。相对论是人类对自然界认识的一次大飞跃,它建立在经典力学基础之上。同时又彻底否定了经典力学的理论体系。广义相对论更开阔了人类的视野,使科学研究的范围从微观世界扩大到无限大的宏观世界。今天,相对论已成为原子能科学、航天及天文学的理论基础,被广泛运用于各种理论科学和应用科学之中。著作有《论动体的电动力学》《广义相对论的基础》《相对论的数学理论》《空间、时间和引力》《物理科学的哲学》等。

内容速览

　　《狭义与广义相对论浅说》是爱因斯坦亲自为中等知识水平的读者撰写的相对论普及性著作。作者以最简单、最明了的方式介绍了相对论的主要概念,并大体按照相对论实际创生的次序和联系来叙述,具有较高的可读性。本版《狭义与广义相对论浅说》增添了一些珍贵的图片资料,在导读中较为详细地介绍了相对论创立的科学背景、思想脉络、理论意义等。此外,本版还增加了"自述""论动体的电动力学(爱因斯坦第一篇关于狭义相对论的论文)"

等几篇文章作为附录，有助于一般读者更加清晰地感受爱因斯坦的个人魅力，也能让一些感兴趣的读者看到标志狭义相对论诞生的历史性论文。

思维导图

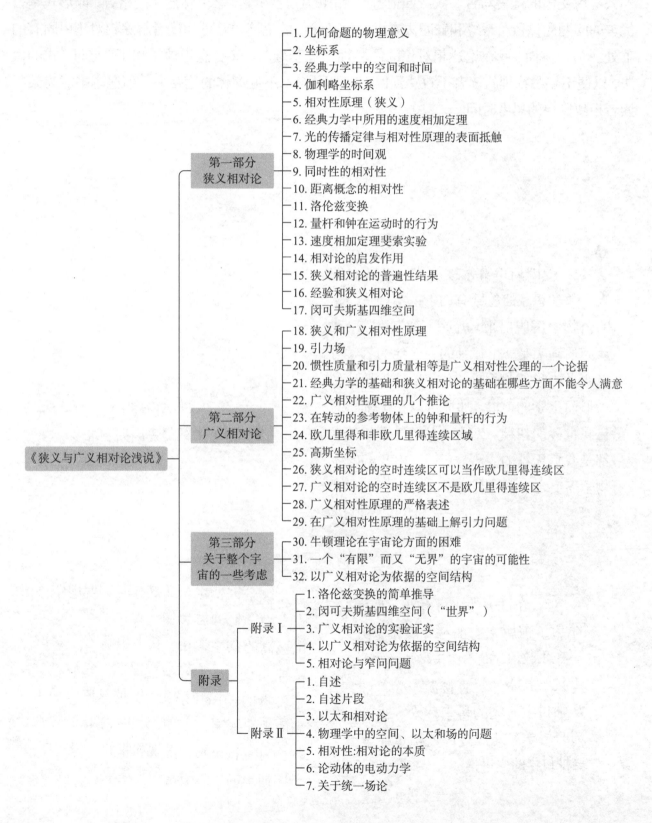

作者力求以最简单、最明了的方式来介绍相对论的主要概念，并大体上按照其实际创生的次序和联系来叙述。爱因斯坦曾说：为了便于明了起见，我感到不能不经常有所重复，而不去考虑文体的优美与否。我严谨地遵照杰出的理论物理学家玻耳兹曼的格言，即形式是否优美的问题应该留给裁缝和鞋匠去考虑。但是我不敢说这样已可为读者解除相对论中固有的难处。另一方面，我在论述相对论的经验性物理基础时，又有意识地采用了"继母"式的做法，以便不熟悉物理的读者不致感到像一个只见树木不见森林的迷路人。但愿本书能为某些读者招致愉快的思考时间。

名家点评

1. 爱因斯坦常常被称为一个孤独的人。数学想象的领域有助于把精神从纷繁的俗物中解脱出来，就这个意义而言，我认为他确实是一个孤独的人。他的哲学可以叫做一种超验的唯物论，这种哲学达到了形而上学的前沿，那里可以完全割断对自我世界的纠缠。对我来说，科学和艺术都是我们天性的表现，它们高出我们的生物学需要之上而具有终极价值。

——［印度］泰戈尔

2. 20 世纪物理学的三大贡献中，两个半都是爱因斯坦的。

——杨振宁

3. 在过去的 100 年中，世界经历了前所未有的变化，其原因不在于政治，也不在于经济，而在于科学技术——直接源于先进的基础科学研究的科学技术。没有别的科学家能比爱因斯坦更代表这种科学的先进性。

——［英］霍金

4. 爱因斯坦是矗立在我们面前的又一峰巅。他的思想像一座品类极全、品位极高的共生矿山，其中蕴藏着丰富的精神宝藏。尽管许多有识之士先后进行了可贵的勘探和采掘，但是只要改换个新的视角探测，或在原处再深掘一些，往往会有意料不到的发现和收获。要知道，爱因斯坦的思想财富似乎是取之不尽的。

——李醒民

精彩片段

1. _____

2. _____

3. _____

学霸读后感

精彩片段

75 化学键的本质

作品百科

书　　名:《化学键的本质》

体　　裁:自然科学

作　　者:鲍林

成书时间:1966 年

成　　就:化学史上最重要的著作之一,被誉为"化学圣经"

关 键 词:化学圣经;化学概念和理论

作者简介

　　莱纳斯·鲍林(1901—1994),美国著名化学家,量子化学和结构生物学的先驱者之一。1954 年因在化学键方面的工作获得诺贝尔化学奖,1962 年因反对核弹在地面测试的行动获得诺贝尔和平奖,成为两位获得诺贝尔奖不同奖项的人之一(另一人为居里夫人)。其后他主要的行动为支持维他命 C 在医学的功用。鲍林被认为是 20 世纪对化学科学影响最大的人之一。著作有《量子力学导论》《不再有战争》等。

内容速览

　　鲍林被认为是 20 世纪对化学科学影响最大的人之一,他所撰写的《化学键的本质》被认为是化学史上最重要的著作之一,被誉为"化学圣经"。他所提出的许多概念:电负度、共振理论、价键理论、混成轨域、蛋白质二级结构等概念和理论,如今已成为化学领域最基础和最广泛使用的观念。

思维导图

艺术特色

在语言运用上，《化学键的本质》最突出的特色是直观、浅白的概念阐述。他以量子力学入手分析化学问题，结论却以直观、浅白的概念重新阐述，即便未受量子力学训练的化学家亦可利用准确的直观图像研究化学问题，影响至为深远。

名家点评

1. 好奇心和活跃的想象能力是科学家的宝贵财富。

——［美］鲍林

2. 想出一个好点子最好的办法，就是想出很多的点子。

——［美］鲍林

255

1. _____

2. _____

3. _____

学霸读后感

76 物种起源

作品百科

书　　名:《物种起源》

体　　裁:自然科学

作　　者:查理·罗伯特·达尔文

成书时间:1859 年

成　　就:开创了生物学发展史上的新纪元

关 键 词:自然选择;变异性;遗传性;人工选择;生存竞争

作者简介

　　查理·罗伯特·达尔文 (1809—1882),英国博物学家,进化论的奠基人。出生于英国西部施鲁斯伯里一个世代为医的家庭。16 岁时,他被送到爱丁堡大学学习医学。但达尔文从小就爱打猎,采集矿物和植物标本。父亲认为他游手好闲,1829 年,在盛怒之下,他被父亲送到剑桥大学学习神学,希望他成为一个 "尊贵的牧师"。1831 年,达尔文从剑桥大学毕业。同年12 月,英国政府组织了 "贝格尔" 号军舰环球考察,达尔文以 "博物学家" 身份自费搭船开始考察活动。这艘军舰穿越大西洋、太平洋,经过澳大利亚,越过印度洋,绕过好望角,于 1836年 10 日回到英国。1842 年,他第一次写出《物种起源》的简要提纲。1859 年 11 月,达尔文经过 20 多年研究,终于写成《物种起源》。1882 年 4 月 19 日,达尔文因病去世,他的遗体被安葬在牛顿墓旁。其他著作有《动物和植物在家养下的变异》《人类起源及性选择》等。

内容速览

　　《物种起源》是《通过自然选择的物种起源》的简称,英国生物学家查理·罗伯特·达尔文系统阐述生物进化理论基础的生物学著作,1859 年 11 月 24 日在伦敦出版。该书中,达尔文根据 20 多年积累的对古生物学、生物地理学、形态学、胚胎学和分类学等许多领域的大量研究资料，以自然选择为中心，从变异性、遗传性、人工选择、生存竞争和适应等方面论证物种起源和生命自然界的多样性与统一性。《物种起源》不仅开创了生物学发展史上的新纪元，使进化论思想渗透到自然科学的各个领域，而且引起了整个人类思想的巨大革命，在世界历史进程中有着广泛而又深远的影响。

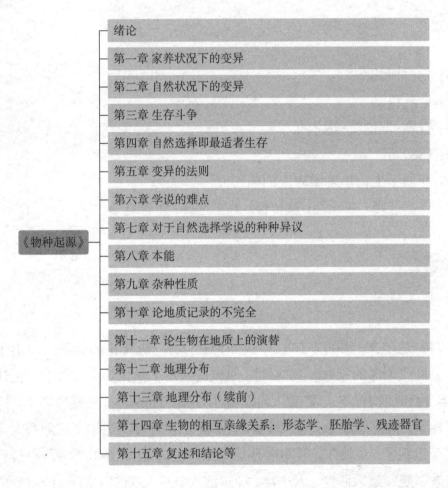

《物种起源》
- 绪论
- 第一章 家养状况下的变异
- 第二章 自然状况下的变异
- 第三章 生存斗争
- 第四章 自然选择即最适者生存
- 第五章 变异的法则
- 第六章 学说的难点
- 第七章 对于自然选择学说的种种异议
- 第八章 本能
- 第九章 杂种性质
- 第十章 论地质记录的不完全
- 第十一章 论生物在地质上的演替
- 第十二章 地理分布
- 第十三章 地理分布（续前）
- 第十四章 生物的相互亲缘关系：形态学、胚胎学、残迹器官
- 第十五章 复述和结论等

1. 达尔文以丰富的研究资料，严谨的科学论述，大无畏的英雄气概，引人入胜的文笔，向全人类庄严宣告了物种发展的伟大理论——进化论，其中阐述的适者生存，过度繁殖，遗传变异让人受益匪浅。

2.《物种起源》第一次把生物学建立在完全科学的基础上，以全新的生物进化思想，推翻了"神创论"和物种不变的理论。《物种起源》是达尔文进化论的代表作，标志着进化论的正式确立。尽管也有缺陷与不足之处，但它无疑是一本划时代的科学巨著，是科学领域中的一场大革命，以至直到现在人们还是把全部生物学的历史分为达尔文以前和达尔文以后两个时期。经过 100 多年的论争，《物种起源》胜利了，这是科学对宗教的胜利，进化论学说已经成为人类进步的世界观的一个不可分割的组成部分。

名家点评

1.（《物种起源》）拉近了人类与地球生物的血缘关系，从根本上否定了神创论，写得简直好极了。目的论过去有一个方面还没有被驳倒，而现在被驳倒了。此外，至今还从来没有过这样大规模的证明自然界的历史发展的尝试，而且还做得这样成功。

——[德]恩格斯

2.《物种起源》包含我们的理论的自然科学基础。

——[德]马克思

精彩片段

1. _____

2. _____

3. _____

学霸读后感

77 基因论

书　　名:《基因论》

体　　裁:自然科学

作　　者:托马斯·亨特·摩尔根

成书时间:1928 年

成　　就:孟德尔——摩尔根学派的代表人物

关 键 词:遗传学基本原理;遗传的机制;突变的起源;染色体畸变

作者简介

托马斯·亨特·摩尔根（1866—1945），美国进化生物学家，遗传学家和胚胎学家。发现了染色体的遗传机制，创立染色体遗传理论，是现代实验生物学奠基人。1933 年由于发现染色体在遗传中的作用，赢得了诺贝尔生理学或医学奖。著作有《进化与适应性变化》《评进化论》《遗传与性》《基因论》《蛙卵的发育:实验胚胎学导言》《实验胚胎学》和《胚胎学与遗传学》等。

内容速览

《基因论》，是美国进化生物学家托马斯·亨特·摩尔根创作的一部遗传学著作。于 1928 年首次出版。在本书中，作者全面地阐述了自己的基因论，包括遗传学的基本原理、遗传的机制、突变的起源、染色体畸变等内容。在作者写作此书的年代已经发现的所有重要遗传学现象，几乎都能在书中找到解释。作为孟德尔——摩尔根学派的代表人物，摩尔根亦在书中将该学派的观点作了系统展现。

《基因论》

个体上的种种性状都起源于生殖质内的成对要素（基因），这些基因互相联合，组成一定数目的连锁群

生殖细胞成熟时，每一对的两个基因依孟德尔第一定律彼此分离，于是每个升值细胞只含一组基因

不同连锁群内的基因依孟德尔第二定律自由组合

两个相对连锁群的基因之间有时也发生有序的交换

交换频率证明了每个连锁群内诸要素的直线排列，也证明了诸要素的相对位置

艺术特色

1. 摩尔根的《基因论》，是经典遗传学史上重要的理论著作，为遗传基因学说奠定了理论与实践基础。是孟德尔——摩尔根学派观点的系统展现，其理论是遗传学发展史上的一次大飞跃。

2.《基因论》不仅在培育动植物良种，预防和治疗遗传疾病上有着重要作用，而且为分子生物学的产生和发展创造了条件，在世界各国都有着广泛的影响。

名家点评

1. 摩尔根的染色体理论代表着人类想象力的一大飞跃，他是可与伽利略和牛顿媲美的人物。

——［英］沃丁顿

2. 摩尔根的发现……像雷鸣一般震惊了学术界，比之孟德尔的发现毫不逊色，它迎来了滋润我们整个现代遗传学的骤雨。

——［美］缪勒

1. _____

2. _____

3. _____

精彩片段

78 生命是什么

作品百科

书　　名:《生命是什么》
体　　裁:科普作品
作　　者:埃尔温·薛定谔
成书时间:1944 年
成　　就:奏响了揭示生命进化里遗传微观奥秘的先声
关 键 词:遗传微观奥秘;分子生物学

作者简介

埃尔温·薛定谔(1887—1961),奥地利物理学家,量子力学奠基人之一,概率波动力学的创始人。1944 年,薛定谔出版了《生命是什么》一书,试图用热力学、量子力学和化学理论来解释生命的本性。本书一经问世便使许多青年物理学家开始注意生命科学中提出的问题,同时也使薛定谔成为蓬勃发展的分子生物学的先驱。薛定谔的代表作品有《波动力学四讲》《统计热力学》《生命是什么》《科学与人文主义》《大自然与希腊人》《心与物》等。

内容速览

诺贝尔奖获得者埃尔温·薛定谔的著作《生命是什么》是 20 世纪的伟大科学经典之一。它是为门外汉写的通俗作品,然而事实证明它已成为分子生物诞生和随后 DNA 发现的激励者和推动者。《生命是什么》从信息学的角度提出了遗传密码的概念;从量子力学的角度论证了基因的持久性和遗传模式的长期稳定性的可能性;提出了"以负熵为生",从环境中抽取"序"来维持系统的组织的概念,这是生命的热力学基础。

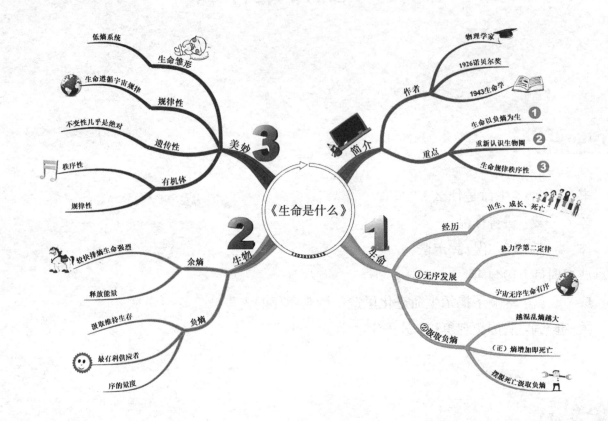

这是一部石破天惊的书，它奏响了揭示生命进化里遗传微观奥秘的先声。

首先，薛定谔从小爱好广泛，喜欢博览群书。在其父和朋友的影响下，他对生物学产生了浓厚兴趣，是一位达尔文主义的追随者。

其次，薛定谔谙熟东西方哲学，他渴望和谐，终生把科学的统一作为自己的坚定信念和追求目标——《生命是什么》就是力图使物理学和生物学统一起来的认真尝试。

再次，20 世纪 30 年代，现代物理学的基础——相对论和量子力学——已经牢固地确立起来了，其概念框架构成物理学研究的范式，物理学已经处于比较平静的常规科学时期。相反地，生物学却面临着理论和方法的重大突破，具有无限广阔的发展前景。于是，一些梦想大有作为的物理学家便纷纷改弦更张，携带着现代化的物理学思维方式和实验手段，到生物学和遗传学的处女地开垦耕耘。加之原子弹爆炸的蘑菇云在物理学家心头投下了沉重的阴影，他们对自己正在从事的物理学工作的价值感到困惑不解——朝生物学的转向大规模发生在"二战"后，这种时间上的巧合绝不是无缘无故的。

值得注意的是，最后一点还具有方法论的意义：要在科学研究中善于选择和变换自己的角色。

1. 一个伟大的物理学家所写的一本生物学的经典巨著。本书代表了一个物理学家力图理解一些真正的生命之谜的有力尝试。正如许多对人类思维有较大影响的著作一样，它提出了一系列一旦被掌握，其真实性就显而易见的论点。然而令人不安的是这些观点至今仍被大部分人所忽视，虽然他们本应对此有更深入的了解。它确实值得一读再读。

——［英］罗杰·彭罗斯

2. 在这本小书里，薛定谔清晰而简明地回答了一个科学家企图揭开生命奥秘时碰到的概念上的问题，它是大学生的必读书。

——［英］保罗·戴维斯

3. 历史已经证明，《生命是什么》着实是分子生物学中的《汤姆叔叔的小屋》，前者在生物学中所起的作用就像后者在解放黑奴的南北战争中所起的作用一样。

——［日］近藤原平

精彩片段

1. _____

2. _____

3. _____

学霸读后感

79 天体运行论

作品百科

书　　名：《天体运行论》

体　　裁：自然科学

作　　者：尼古拉·哥白尼

成书时间：1543 年

成　　就：哥白尼的学说改变了那个时代人类对宇宙的认识，动摇了欧洲中世纪宗教神学的理论基础

关 键 词：地动说；宇宙观

作者简介

尼古拉·哥白尼 (1473—1543)，是文艺复兴时期的波兰天文学家、数学家、教会法博士、神父。在哥白尼 40 岁时，他提出了日心说，否定了教会的权威，改变了人类对自然对自身的看法。当时罗马天主教廷认为他的日心说违反《圣经》，哥白尼仍坚信日心说，并认为日心说与其并无矛盾，并经过长年的观察和计算完成他的伟大著作《天体运行论》。1533 年，60 岁的哥白尼在罗马做了一系列的讲演，可直到他临近古稀之年才终于决定将它出版。1543 年 5 月 24 日哥白尼去世的那一天才收到出版商寄来的一部他写的书。哥白尼的"日心说"更正了人们的宇宙观。哥白尼是欧洲文艺复兴时期的一位巨人。他用毕生的精力去研究天文学，为后世留下了宝贵的遗产。哥白尼遗骨于 2010 年 5 月 22 日在波兰弗龙堡大教堂重新下葬。2013 年 2 月 19 日是天文学家哥白尼诞辰 540 周年，波兰全国各地举办一系列活动，纪念这位曾经改变了人类宇宙观的伟人。

内容速览

《天体运行论》主要阐述了地动说的一些原理。比如，宇宙和大地都是球形的，天体以太

阳为中心做匀速圆周运动，地球的运动由自转、公转和岁差三种运动构成，描述天体的位置有必要用到球面三角形，等等。哥白尼的学说改变了那个时代人类对宇宙的认识，而且动摇了欧洲中世纪宗教神学的理论基础。由于时代的局限，哥白尼只是把宇宙的中心从地球移到了太阳，并没有放弃宇宙中心论和宇宙有限论。虽然哥白尼的观点并不完全正确，但是他的理论的提出给人类的宇宙观带来了巨大的变革。恩格斯在《自然辩证法》中评价哥白尼的《天体运行论》说："自然科学借以宣布其独立并且好像是重演路德焚烧教谕的革命行为，便是哥白尼那本不朽著作的出版，他用这本书（虽然是胆怯地而且可说是只在临终时）来向自然事物方面的教会权威挑战，从此自然科学便开始从神学中解放出来。"

思维导图

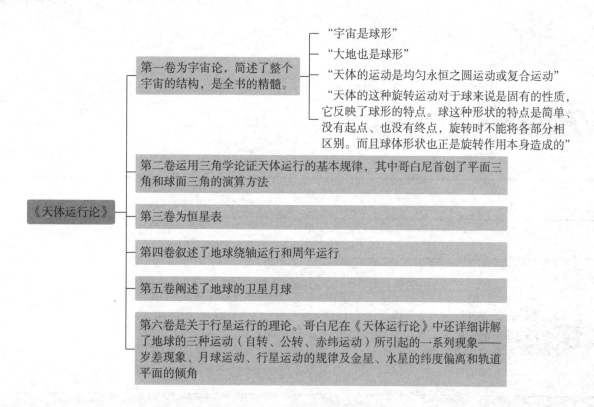

《天体运行论》

第一卷为宇宙论，简述了整个宇宙的结构，是全书的精髓。

- "宇宙是球形"
- "大地也是球形"
- "天体的运动是均匀永恒之圆运动或复合运动"
- "天体的这种旋转运动对于球来说是固有的性质，它反映了球形的特点。球这种形状的特点是简单、没有起点、也没有终点，旋转时不能将各部分相区别。而且球体形状也正是旋转作用本身造成的"

第二卷运用三角学论证天体运行的基本规律，其中哥白尼首创了平面三角和球面三角的演算方法

第三卷为恒星表

第四卷叙述了地球绕轴运行和周年运行

第五卷阐述了地球的卫星月球

第六卷是关于行星运行的理论。哥白尼在《天体运行论》中还详细讲解了地球的三种运动（自转、公转、赤纬运动）所引起的一系列现象——岁差现象、月球运动、行星运动的规律及金星、水星的纬度偏离和轨道平面的倾角

艺术特色

　　《天体运行论》是人类历史上具有革命性的震撼心灵的著作，它向统治西方思想千余年的地心说发出了挑战，动摇了"正统宗教"学说的天文学基础。

1. 哥白尼用这本书"向自然事物方面的教会权威挑战，从此自然科学便开始从神学中解放出来"。

——［德］恩格斯

2. 真理必胜！勇敢必胜！让科学永远受到尊重吧！愿每一位大师都在自己的艺术中揭示出一些有益的东西，并且逐步把它展示出来，以便使人们随时可以看到：他探索的仅仅是真理。

——［波兰］雷蒂克

精彩片段

1. _____

2. _____

3. _____

学霸读后感

80 计算机与人脑

作品百科

书　　名:《计算机与人脑》

体　　裁:自然科学

作　　者:约翰·冯·诺依曼

成书时间:1958 年

成　　就:为计算机的创新与发展以及机器人的研究指明了方向

关 键 词:计算机数学运算与人脑思维

作者简介

　　冯·诺依曼(1903—1957),20 世纪最重要的数学家之一,在现代计算机、博弈论、核武器和生化武器等诸多领域内有杰出建树的最伟大的科学全才之一,被后人称为"计算机之父"和"博弈论之父"。原籍匈牙利。布达佩斯大学数学博士。先后执教于柏林大学和汉堡大学。1930 年前往美国,后入美国籍。历任普林斯顿大学、普林斯顿高级研究所教授,美国原子能委员会会员。美国全国科学院院士。早期以算子理论、共振论、量子理论、集合论等方面的研究闻名,开创了冯·诺依曼代数。第二次世界大战期间为第一颗原子弹的研制做出了贡献。为研制电子数字计算机提供了基础性的方案。1944 年与摩根斯特恩合著《博弈论与经济行为》,是博弈论学科的奠基性著作。晚年,研究自动机理论,著有对人脑和计算机系统进行精确分析的著作《计算机与人脑》。主要著作有《量子力学的数学基础》(1926)、《计算机与人脑》(1958)、《经典力学的算子方法》《博弈论与经济行为》(1944)、《连续几何》(1960)等。

内容速览

　　《计算机与人脑》是美国科学家约翰·冯·诺依曼创作的电子计算机学著作,1958 年首次出版。《计算机与人脑》从数学的角度解析了计算机与人脑神经系统的关系。第一部分探讨计算机系统的原理与应用，将计算机分为两大类："模拟"计算机与"数字"计算机。第二部分是对计算机与人类神经系统的比较分析，主要阐述计算机和人类神经系统这两类"自动机"之间的相似点与不同点：它们之间的相似因素将人们引入熟知的领域；不过还存在一些相异的因素。这些相异因素不但在大小及速度等较为明显的方面存在着，而且在某些更为深入、更为本质的方面也一直存在着，这包括：功能与控制的原理、总体的组织原理等。

《计算机与人脑》革命性地诠释了计算机数学运算与人脑思维的关系，具有前瞻性，为计算机的创新与发展以及机器人的研究指明了方向。

思维导图

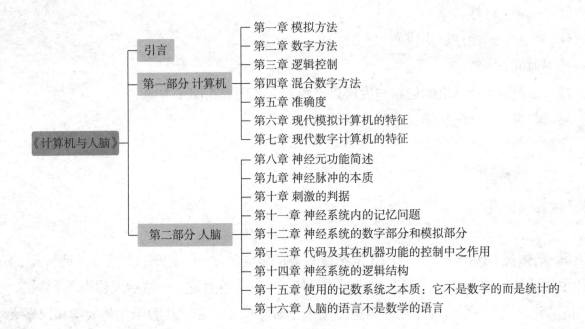

《计算机与人脑》
- 引言
- 第一部分 计算机
  - 第一章 模拟方法
  - 第二章 数字方法
  - 第三章 逻辑控制
  - 第四章 混合数字方法
  - 第五章 准确度
  - 第六章 现代模拟计算机的特征
  - 第七章 现代数字计算机的特征
- 第二部分 人脑
  - 第八章 神经元功能简述
  - 第九章 神经脉冲的本质
  - 第十章 刺激的判据
  - 第十一章 神经系统内的记忆问题
  - 第十二章 神经系统的数字部分和模拟部分
  - 第十三章 代码及其在机器功能的控制中之作用
  - 第十四章 神经系统的逻辑结构
  - 第十五章 使用的记数系统之本质：它不是数字的而是统计的
  - 第十六章 人脑的语言不是数学的语言

艺术特色

这一本薄薄的《计算机与人脑》的小册子，就让人不得不叹息"大道至简"，能用平实无华的语言，说出深刻而生动的道理，唯有这样的大师才能做到。本书不由让人想起费曼《发现的乐趣》访谈录，似乎颇有一些相通之处。

1. 神经系统的基础有两类通信方式：一种为不包括算术形式的体系，另一种为算术形式体系。换言之：一种为指令的通信（逻辑的透信），一种为数字的通信（算术的通信）。前者用语言进行叙述，后者则用数学方式进行叙述。

——［美］诺依曼

2.《计算机与人脑》思想丰富，具有高度的前瞻性，许多技术推论带有很强的科学预测性，为计算机研究、机器人的设计与研究指明了方向，对后来的理论与实践产生了不可忽视的影响。《计算机与人脑》给研究像生物体以及神经网络这种复杂的对象提供了一种全新的研究方法。即使电脑越来越复杂，其基本思想也离不开诺依曼书中提出的一些理念。《计算机与人脑》在很大意义上推动着计算机产业的革命性进展。

——佚名

精彩片段

1. _____

2. _____

3. _____

学霸读后感

81 从存在到演化

作品百科

书　　名:《从存在到演化》

体　　裁:自然科学

作　　者:普里戈金

成书时间:1980 年

成　　就:耗散结构理论的创始人

关 键 词:自然界演化;耗散结构理论

作者简介

I. 普里戈金（1917—2003，又译普利高津），比利时物理化学家和理论物理学家。1917 年 1 月 25 日生于莫斯科。1921 年随家旅居德国。1929 年定居比利时，1949 年加入比利时国籍。他于 1934 年进入布鲁塞尔自由大学，攻读化学和物理，1939 年获理科硕士学位，1941 年获博士学位。1947 年任该校理学院教授。1959 年任索尔维国际理化研究所所长。1967 年兼任美国奥斯汀得克萨斯大学的统计力学和热力学研究中心主任。1953 年当选为比利时皇家科学院院士。1967 年当选为美国科学院院士。

内容速览

本书试图回答自然界是怎样演化发展的。作者根据耗散结构理论等非平衡自组织理论的成果，结合当代科学的其他新成果，并放到科学史和文化史中进行考察，指出自然系统从混沌到有序、从已有的有序演化到新的有序的过程，是"活"物质的自组织过程。作者志在把热力学嵌入到动力学之中，重新发现时间的意义，进而消除物理学和生物学的对立，把自然科学和人文科学、西方文化和东方文化结合起来，在更高的起点上建立起人与自然的新联盟。科学元素是科学史和人类文明史上划时代的丰碑，是人类文化的优秀遗产，是历经时间考验的不朽之作。它们不仅是伟大的科学创造的结晶，而且是科学精神、科学思想和科学方法的载体，具有永恒的意义和价值。

思维导图

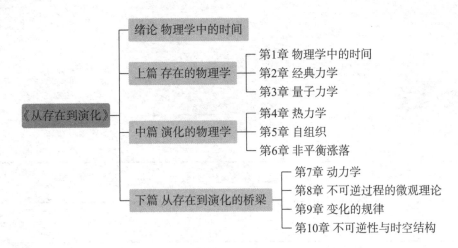

《从存在到演化》
- 绪论 物理学中的时间
- 上篇 存在的物理学
  - 第1章 物理学中的时间
  - 第2章 经典力学
  - 第3章 量子力学
- 中篇 演化的物理学
  - 第4章 热力学
  - 第5章 自组织
  - 第6章 非平衡涨落
- 下篇 从存在到演化的桥梁
  - 第7章 动力学
  - 第8章 不可逆过程的微观理论
  - 第9章 变化的规律
  - 第10章 不可逆性与时空结构

艺术特色

　　科学，更一般地说，我们的文化，竟然是带着如此深刻的矛盾和难题告别19世纪而步入20世纪的。甚至在20世纪初建立起相对论和量子论的物理学革命中，上述问题基本上没有受到触动，更谈不上得到真正的解决了。对于普里戈金来说，要解决这些问题，科学就必须要重新发现时间，就需要从近代科学以来以超然于自然界、站在时间之河的岸上的态度来看自然界，转到融入大自然和时间之中来认识大自然、认识时间，从而在新的高度上把克劳修斯退化论与达尔文进化论统一起来，同时才可能将存在的静止的世界图景与演化的过程的世界图景、自然科学文化和社会人文文化的巨大分裂加以弥合。

名家点评

　　1. 普里戈金为首的布鲁塞尔学派创立耗散结构理论。这一理论已日益成为20世纪下半叶科学革命的标志。从简单到复杂，从存在到演化，从混沌到有序"是改变科学本身的一个杠杆，是迫使我们重新考察科学的目标、方法、认识论、世界观的杠杆。"

——李曙华

273

2. 科学元素是科学史和人类文明史上划时代的丰碑，是人类文化的优秀遗产，是历经时间考验的不朽之作。它们不仅是伟大的科学创造的结晶，而且是科学精神、科学思想和科学方法的载体，具有永恒的意义和价值。《从存在到演化》的作者是耗散结构理论的创始人，1977年诺贝尔化学奖获得者普里戈金。

——佚名

精彩片段

1. _____

2. _____

3. _____

学霸读后感

82 美学散步

作品百科

书　　名：《美学散步》

体　　裁：美学

作　　者：宗白华

成书时间：1981 年

成　　就：引领着读者去体味中国和西方艺术家的心灵

关 键 词：美学论集；生命体验；审美取向

作者简介

宗白华（1897—1986），中国现代新道家代表人物、哲学家、美学家、诗人，生于安徽省安庆市小南门，毕业于同济大学，1920—1925 年留学德国，先后在法兰克福大学和柏林大学学习哲学和美学。1949—1952 年任南京大学教授。之后一直任北京大学哲学系教授，兼中华全国美学学会顾问。主要著作有《美学与意境》《美学散步》《歌德研究》《论中西书法之渊源与基础》《宗白华全集》《宗白华美学文学译文选》等。

内容速览

《美学散步》是现代美学家宗白华创作的一部美学著作。1981 年 6 月首次出版。该书是作者一生主要的美学论集，总共 22 篇。可分为四个部分：第一部分，美学和文艺一般原理；第二部分，中国美学史和中国艺术论；第三部分，西方美学史和西方艺术的论述；第四部分，诗论。在该书中，作者凭着深厚的中国古典文化和西方文化的良好素养，以比较的眼光，对中国古典美学思想的几个重要范畴加以阐释，渗透着自己的生命体验和审美取向，书中抒情的笔触、爱美的心灵，引领着读者去体味中国和西方艺术家的心灵。

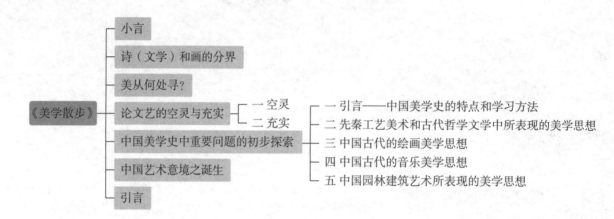

《美学散步》
- 小言
- 诗（文学）和画的分界
- 美从何处寻？
- 论文艺的空灵与充实
  - 一 空灵
  - 二 充实
- 中国美学史中重要问题的初步探索
  - 一 引言——中国美学史的特点和学习方法
  - 二 先秦工艺美术和古代哲学文学中所表现的美学思想
  - 三 中国古代的绘画美学思想
  - 四 中国古代的音乐美学思想
  - 五 中国园林建筑艺术所表现的美学思想
- 中国艺术意境之诞生
- 引言

艺术特色

全书文辞典雅，富于诗情画意，将中华传统文化的独特魅力娓娓道来，让收藏在禁宫里的文物、陈列在广阔大地上的遗产、书写在古籍里的文字都鲜活起来；每一位读者，都能在作者灵动的文字里，充分感受人间的诗意和对生命的憧憬。

名家点评

1. 他既从整体上探索中国美学史中若干一般性的重要问题，又对不同的艺术门类（音乐、绘画、建筑、书法，等等）的特殊规律和具体内容做深入的剖析，所有这些文章，无不文笔灵动、创见迭出、妙趣横生、韵味无穷。

——林可济

2. 书中的论美文章，生动地凸显的是一个在艺术中遨游的精灵，一种追求生活艺术化的姿态。

——邹其昌

精彩片段

1. _____

2. _____

3. _____

学霸读后感

83 美源：中国古代艺术之旅

作品百科

书　　名：《美源：中国古代艺术之旅》

体　　裁：美学

作　　者：杨泓　李力

成书时间：2008 年

成　　就：2008 年度全国文博考古十佳图书

关 键 词：美术考古；中国艺术历史

作者简介

杨泓，男，满族，1935 年生于北京，1958 年毕业于北京大学历史系考古专业。现为中国社会科学院考古研究所研究员，国家文物鉴定委员会委员，中国美术家协会会员。学术专著有《中国古兵器论丛》《美术考古半世纪——中国美术考古发现史》《汉唐美术考古和佛教艺术》《古代兵器通论》及有关考古、美术论文约三百篇。还著有《逝去的风韵——杨泓谈文物》《华夏之美——中国艺术史图鉴》(合著) 等书。

李力，1952 年生于吉林省，1976 年毕业于北京大学历史系中国史专业。中国考古学会会员、国家文物局文物出版社《文物》月刊编审。著有《华夏之美——中国艺术史图鉴》(合著)、《文武之道》(合著)、《中华文明史·第三卷》(秦汉美术)、《中国文化通志魏晋南北朝文化志》(合著)、《文物与美术》(合著)。

内容速览

20 世纪后半叶以来，我国的田野考古调查和发掘工作蓬勃开展，特别是最近二三十年，几乎每年都有令人惊喜的考古新发现面世，犹如开启了许多深埋地下的文物库房。数量空前的古代艺术珍品呈现于世人的面前，使我们有可能据以改写中国艺术史，特别是唐宋以前的古代艺术史。大量丰富的新获得的文物考古资料，一时还难于被艺术史家，尤其是广大中国古代艺术爱好者所熟悉，因此，必须有人从事开路架桥的劳作，本书的编写，正是想达到这一目的。两位长久从事文物考古研究的专家，将美术考古的最新成果分类整理，每类文物又以其发展最成熟、最辉煌的时期为重点，如新石器时代的彩陶和玉雕，商周时期的青铜器，秦汉的墓葬俑群，魏晋南北朝的佛教雕塑以及唐宋以来的墓室壁画，等等，进行扼要的介绍。力图以全新的视角，重新勾画中国艺术历史的发展轨迹，与读者一起，探寻和发现中国艺术的真正美丽。

思维导图

《美源：中国古代艺术之旅》

1 美的萌发
2 原始陶艺
3 彩陶
4 陶器上的图画
5 陶器的造型
6 丰收女神
7 美石与玉
8 治玉工艺
9 八千年前的真玉
10 红山文化玉器：玉龙和玉凤
11 良渚文化玉器：神人曾面徽识
12 夏商玉雕：仪仗和宝玩
13 两周礼玉：环佩铿锵
14 汉玉：等级与不朽
15 夏鼎的传说
16 青铜礼器
17 青铜器的造型
18 兵器装饰
19 金文铭刻
20 新兴的铸造工艺
21 无声的军阵——秦俑
22 精致的汉俑
23 生活中的俑像
24 动物雕塑
25 两晋南北朝俑群
26 纪念碑式的石雕
27 陵墓石刻
28 三彩造型
29 图绘缘起
30 汉代的绘画
31 汉画像石
32 汉画像砖
33 拼镶砖画
34 吴晋画艺
35 兰亭之谜
36 北方的画风
37 佛教艺术东传
38 金铜佛造像

《美源：中国古代艺术之旅》

39 中国石窟寺的再发现
40 石窟寺艺术之一：壁画和泥塑
41 石窟寺艺术之二：石雕
42 石雕造像和造像碑
43 舍利容器
44 隋唐绘画
45 山水花鸟画的发展
46 唐代墓葬壁画
47 五代绘画
48 两宋画院和文人画
49 宋画艺术
50 宋辽金墓葬壁画
51 元代绘画
52 原始瓷器
53 六朝青瓷
54 隋唐瓷艺
55 宋代名瓷
56 辽瓷与西夏瓷
57 元青花
58 明清彩瓷
59 漆器之一：早期的镶嵌装饰
60 漆器之二：图绘
61 丝调和"丝绸之路"
62 金银工艺
63 中国古代建筑特征
64 唐代木构建筑
65 辽金建筑遗存
66《营造法式》
67 大都会——中国古代城市建筑布局
68 塔和桥
69 长城和宫殿
70 园林艺术
71 家具溯源
72 汉魏以前：席地起居的家具
73 屏风和帐
74 南北朝家具：向高足过渡
75 隋唐家具：高足时尚
76 宋元家具：高足成风
77 明式家具：实用器与艺术品

艺术特色

1. 依靠独有的视野和判断力，杨泓、李力的新著《美源：中国古代艺术之旅》，带领读者穿越考古材料和相关研究的密林，经历了一次魅力独特的旅行。

2. 杨泓先生是成就卓著的资深考古学家，读者们已经熟悉了他在中国古代兵器、汉唐美术、佛教、家具等方面出色的研究。李力女士是中年一代的学者，在汉唐考古方面发表有较多论著，而且是位写作散文的高手。

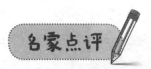

名家点评

> 中国古代艺术辉煌灿烂，但因屡遭历史的战乱和劫难，传世者寥若晨星。所幸的是，在20世纪，随着科学考古学的兴起，我们从深埋地下的文明遗址和古人墓室里，收获了大量与艺术史有关的考古标本，这其中不但有当时人绘制的壁画、与墓葬礼仪有关的帛画、装饰器物的漆画，还有各种形式和用途的陶器、青铜器、玉器……每一件标本都讲述着一个关于远古艺术的故事，它们连缀在一起，汇合成一部动人的"锄头掘出的艺术史"。就让我们从这里出发，一起去探寻中华民族艺术之美的源头吧！
>
> ——佚名

精彩片段

1. _____

2. _____

3. _____

84 生命清供：国画背后的世界

作品百科

书　　　名:《生命清供: 国画背后的世界》

体　　　裁: 美学

作　　　者: 朱良志

成书时间: 2005 年

成　　　就: 作者走到绘画的背后, 去揣摩那里深藏的画家心灵的隐微

关　键　词: 中国画品味; 意境高远; 人文情怀

作者简介

　　朱良志, 北京大学哲学系教授, 博士生导师。主要研究方向为中国美学和中国艺术。浸润于美学与艺术研究多年, 有深厚扎实的学术积淀, 美学修养和文字功底极佳, 著作受到广大读者的欢迎, 一直是学术畅销书。著有《中国艺术的生命精神》《扁舟一叶: 理学与中国画学研究》《曲院风荷: 中国艺术论十讲》《石涛研究》《八大山人研究》《中国美学十五讲》《生命清供: 国画背后的世界》《审美妙悟的考察》等。"文人画的真性问题"是他近年来思考的一个重要问题, 出版了《南画十六观》, 这本书的写作, 前后至少用了三年时间, 不仅对中国传统文人画的研究, 而且对中国传统艺术观念和传统美学思想的研究都极具参考价值, 该书获中宣部、中央电视台、中国图书评论学会"2013 中国好书"。

内容速览

　　作者通过对国画历史上的代表性人物及其画作的介绍, 将国画作者的人生经历、境界和追求揭示出来, 同时在介绍过程中将自己对人生、对生命的感悟流于笔端, 读来颇具启发意义。全书文字优美, 意境高远, 字里行间表现出作者横溢的才气及深刻的人文情怀。这是一本有关中国画的品位之作, 作者走到绘画的背后, 去揣摩那里深藏的画家心灵的隐微, 那些曾经感动过画家的幽深的生命体验。在作者看来，中国画就是一瓶生命的清供。

思维导图

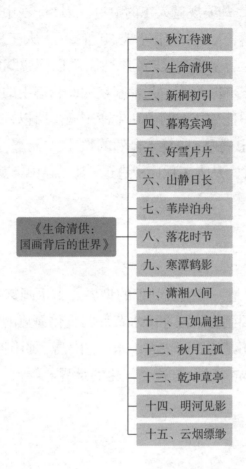

《生命清供：
国画背后的世界》

- 一、秋江待渡
- 二、生命清供
- 三、新桐初引
- 四、暮鸦宾鸿
- 五、好雪片片
- 六、山静日长
- 七、苇岸泊舟
- 八、落花时节
- 九、寒潭鹤影
- 十、潇湘八间
- 十一、口如扁担
- 十二、秋月正孤
- 十三、乾坤草亭
- 十四、明河见影
- 十五、云烟缥缈

艺术特色

1. 作者透过中国画的外在形式，走到绘画的背后，去揣摩那里所深藏的画家心灵的隐微，那些曾经感动过画家的幽深的生命体验，发现中国画家的内在人文关怀。

2. 语言优美，行云流水：书中从元代画家钱选著名《秋江待渡图》中"落花寂寂啼山鸟，杨柳青青渡水人"的仙灵境界，到商琦《春山图》的"烟云变幻"……从绘画谈及人，谈及诗，谈及荡气回肠的世界，行云流水般顺畅自如。

1. 艺术是人的创造，却要规避人工的痕迹。因为，在中国艺术家看来，"人工"是与"天趣"相对的范畴，人工痕迹露，天然趣味亏。人工反映的是人类理性的秩序，带有一定的目的性，容易受到技巧的控制，难以摆脱既成的法度的限制，还会受到人的情感欲望等的影响，等等。艺术家在如此状态中的创造，是一种不自由的创造。不自由的创造，只能破坏人的内在生命平衡。所以，中国艺术强调由人工返归天然，即从人工秩序中逃遁，归复于自然的秩序。"无香"的"真水"所反映的秩序，就是一种自然的秩序。从人工秩序中逃遁，是一篇中国美学的大文章。

——朱良志

2. 我们面对的世界是一个生机勃郁的世界。山水画家要画这世界，不是要画出它的外在表象，而是要画出隐藏在山水背后的气化氤氲的精神，画出山水的活的灵魂来。画家画山水，不是用眼睛去看山水，这山高、那山低，这水长、那水短，而是要深入到这气化的世界中去，与这个气化的世界相浮沉，卷舒苍翠，吞吐大荒，画画就是宣导天地之气。

——朱良志

精彩片段

1. _____

2. _____

3. _____

学霸读后感

中国古代服饰研究

书　　名：《中国古代服饰研究》

体　　裁：学术

作　　者：沈从文

成书时间：1981 年

成　　就：学术价值和收藏价值之高，令人叹为观止

关 键 词：古代服饰；社会风云变迁

作者简介

　　沈从文（1902—1988），中国著名作家，原名沈岳焕，笔名休芸芸、甲辰、上官碧、璇若等，乳名茂林，字崇文，湖南凤凰人。其祖父沈宏富是汉族，祖母刘氏是苗族，母亲黄素英是土家族。因此，沈从文的民族应是汉族，但沈从文本人却更热爱苗族，他的文学作品中有许多对于苗族风情的描述。沈从文是作家、历史文物研究者。14 岁时，他投身行伍，浪迹湘川黔交界地区。1924 年开始进行文学创作，撰写出版了《长河》《边城》等小说。1931 年—1933 年在青岛大学任教，抗战爆发后到西南联大任教，1946 年回到北京大学任教。新中国成立后在中国历史博物馆、故宫博物院和中国社会科学院历史研究所工作，主要从事历史文物及工艺美术图案等的研究，著有《中国古代服饰研究》。1988 年病逝于北京。有《沈从文全集》行世。

内容速览

　　《中国古代服饰研究》涉及的时期起自殷商迄于清朝，对三四千年间各个朝代的服饰问题进行了抉微钩沉的研究和探讨，全书计有图像 700 幅，25 万字。一滴水可以反映太阳的光辉。本书所叙是服饰，但又不能仅以服饰论之。从服饰这个载体，不难窥见中国历代朝野的政治、军事、经济、文化、民俗、哲学、伦理等等诸多风云变迁之轨迹。这也正是全书的宝贵价值所在。以服装而论，它的产生，可能出于捕猎、应付战争的需要，为避免利爪与矢石的伤害，或出于伪装与威吓，人们向某些有鳞甲与甲壳的动物学习，即所谓乎甲自御的办法。便用骨针率先缝制这种原始的军事服装胸甲一类局部衣着，并由此演化出一般日常服装。保护生命、拼形御寒、装饰自身，乃是服装主要的功用。

思维导图

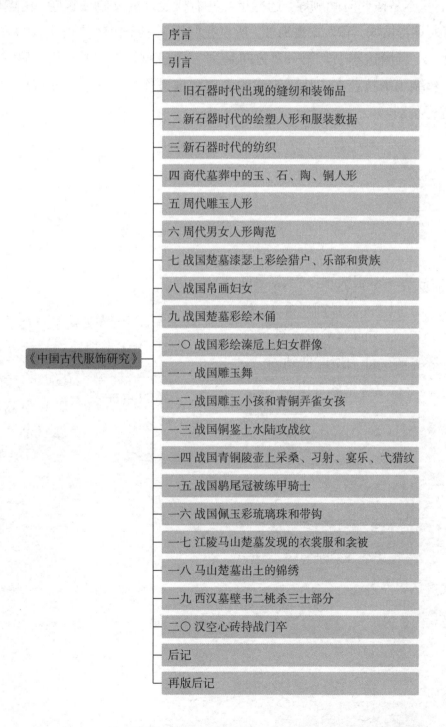

《中国古代服饰研究》

序言

引言

一 旧石器时代出现的缝纫和装饰品

二 新石器时代的绘塑人形和服装数据

三 新石器时代的纺织

四 商代墓葬中的玉、石、陶、铜人形

五 周代雕玉人形

六 周代男女人形陶范

七 战国楚墓漆瑟上彩绘猎户、乐部和贵族

八 战国帛画妇女

九 战国楚墓彩绘木俑

一〇 战国彩绘漆卮上妇女群像

一一 战国雕玉舞

一二 战国雕玉小孩和青铜弄雀女孩

一三 战国铜鉴上水陆攻战纹

一四 战国青铜陵壶上采桑、习射、宴乐、弋猎纹

一五 战国鹖尾冠被练甲骑士

一六 战国佩玉彩琉璃珠和带钩

一七 江陵马山楚墓发现的衣裳服和衾被

一八 马山楚墓出土的锦绣

一九 西汉墓壁书二桃杀三士部分

二〇 汉空心砖持战门卒

后记

再版后记

1. 本书以札记形式，考证、记录、梳理、升华，博大而精深，朴实且生动，读后给人以历史的和审美的享受。

2. 本书的写作方式基本是一物一论，从一件文物慢慢浸润下去。这种方式并没有被后来服饰史领域的学者广泛采用，因为它更接近名物考证学者的论述方式。所以，即便书中的观点和结论会因为时间过去而蒙尘，但一步步攀向真理的方向和力量却不会。

3. 这本书基本是按照时间顺序，选择了一些有代表性的文物或选题，由点带面地进行大纲式梳理，有人觉得枯燥，有人觉得晦涩，所以我归纳了三个比较值得注意的方向，让大家更好地了解这本书、读懂这本书。第一个方向是，"二重证据法"在古代服饰研究中的应用；第二个方向是，丝绸织绣技艺在古代服饰中的表现和推进作用；第三个方向是，通过服饰研究对文物资料进行鉴别。

名家点评

1. 眼前放着一本很大很厚很漂亮的书，沈从文的《中国古代服饰研究》。我很喜欢这本书。对它的学术成就进行全面的评价，不是我的能力所能做到的，不过可以说说我喜欢这本书的理由。
——黄裳

2. 从文就是这样一个人。他不喜欢表现自己，可是我和他接触较多，就看出他身上有不少发光的东西。不仅有很高的才华，他还有一颗金子般的心。
——巴金

3. 照我思索能理解我，照我思索可认识人。
——沈从文

精彩片段

1. _____

2. _____

3. _____

学霸读后感

86 中国皇家园林

作品百科

书　　名：《中国皇家园林》

体　　裁：艺术

作　　者：贾珺

成书时间：2013 年

成　　就：《中国古典园林》五书之一

关 键 词：皇家园林；宫殿建筑群

作者简介

　　贾珺，江苏淮阴人，2001 年于清华大学建筑学院获工学博士学位并留校任教，现为清华大学建筑学院教授、博士生导师、国家一级注册建筑师、《建筑史》主编、清华大学图书馆建筑分馆馆长，兼任中国建筑学会史学分会理事、中国圆明园学会理事。主要从事中国古典园林和中西方建筑交流领域的研究与教学工作，先后主持国家自然科学基金 3 项，出版专著 4 部，在核心期刊和国际学术会议上发表学术论文 80 余篇，主持和参与建筑、规划设计和文物建筑保护工程设计 20 余项。

内容速览

　　皇家园林又称苑、囿、宫苑或御苑，是中国园林史上最重要的园林类型之一，也是一种特殊形式的宫殿建筑群，很多时候也直接以"宫"为名。在中国漫长的历史中，帝王的地位至尊无上，处于整个社会结构的最顶峰，在政治上拥有无限的特权，在经济上拥有无穷的财富，有条件尽最大的人力和物力来营建皇家园林，征集全国各地的能工巧匠和各种奇花、异兽、怪石、珍玩，占据最优越的地段，构堂筑台，堆山叠石，开湖挖河，栽花种树，达到同时代造园艺术的最高水准。每一朝代皇家园林数量之多寡、规模之广狭在很大程度上反映了这个朝代的强盛程度——秦汉、隋唐和清代被称为中国历史上的三大盛世，同时也是皇家造园之风最盛的三个时期。

思维导图

作者以简明清新的笔调，展示出西方思潮与本土文化的冲突、精英阶层与底层民众的冲突、国家权力与社会功能的冲突，不但表达了对民众及其所代表的文化的认同、对国家权力无限膨胀的担忧，还借由某个或某些特定的公共空间，在时代变迁的历史画卷中，描绘出自己对于历史与现实、国家与社会关系的理解。

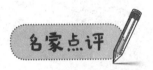
名家点评

1. 本书以我国的古典园林为对象，系统全面地论述其时代特征、地域特征、艺术特征以及组成园林的各种要素，包括建筑、叠山、林木、花草、湖池等。作者以浅显易懂的语言，将如此繁复细腻的事物剥茧抽丝，一一厘清，足见其研究之深入，写作水平之高超。

——佚名

2.《中国古典园林五书》包括《中国皇家园林》《北京私家园林》《江南私家园林》《闽台私家园林》和《岭南私家园林》，丛书采用图文并茂的形式，对不同历史时期、不同地区各具特色的园林加以细致深入的分析，既通俗易懂，又极富知识内涵。据介绍，该丛书是第一部将区域园林作为专门类型研究和普及的丛书，也是国内第一套面向大众的中国古典园林文化普及丛书。

——佚名

精彩片段

1. _____

2. _____

3. _____

87 名家讲中国戏曲

作品百科

书　　名：《名家讲中国戏曲》
体　　裁：艺术
作　　者：《文史知识》
成书时间：2016 年
成　　就：十八位戏曲研究名家为您讲述中国戏曲
关 键 词：戏曲研究名家；中国戏曲

作者简介

《文史知识》（月刊）创刊于 1981 年，是由中华书局主办的刊物。《文史知识》旨在宏扬中国优秀传统文化，对青少年进行道德、精神方面的素质教育。坚持科学性、学术性、先进性、创新性。刊登中国古代文学、艺术、历史、哲学及文化史等方面的文章。

内容速览

本书汇集了《文史知识》杂志三十余年来有关中国戏曲的讲解、阐释、分析、欣赏类的文章，作者有吴小如、张习孔、吴同宾、黄克、白先勇、黄竹三、幺书仪、于天池、丁汝芹、徐适端、张扶直、陈均、古今、钟年、钟鸣、胡海霞、吕文丽、张文瑞等十八位戏曲研究名家。

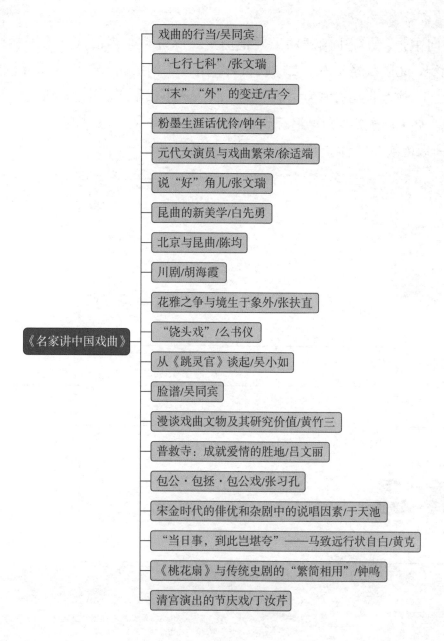

《名家讲中国戏曲》
- 戏曲的行当/吴同宾
- "七行七科"/张文瑞
- "末""外"的变迁/古今
- 粉墨生涯话优伶/钟年
- 元代女演员与戏曲繁荣/徐适端
- 说"好"角儿/张文瑞
- 昆曲的新美学/白先勇
- 北京与昆曲/陈均
- 川剧/胡海霞
- 花雅之争与境生于象外/张扶直
- "饶头戏"/么书仪
- 从《跳灵官》谈起/吴小如
- 脸谱/吴同宾
- 漫谈戏曲文物及其研究价值/黄竹三
- 普救寺：成就爱情的胜地/吕文丽
- 包公·包拯·包公戏/张习孔
- 宋金时代的俳优和杂剧中的说唱因素/于天池
- "当日事，到此岂堪夸"——马致远行状自白/黄克
- 《桃花扇》与传统史剧的"繁简相用"/钟鸣
- 清宫演出的节庆戏/丁汝芹

艺术特色

　　中国古典戏曲与古希腊戏剧、印度梵剧并称为"世界三大古老戏剧"，并在长达800年以上的时间里，始终保持着自己的基本形态。本书在简要概述中国戏曲发展历程和主要特点的基础上，重点选取有代表性的戏曲作品，从文学、表演等不同角度加以分析。读者可以由此明白如何更好地欣赏中国古典戏曲。

我一向主张，研究中国戏曲史要把历史文献资料与当前演出实况相结合，既要追本溯源，又要联系实际。如"跳灵官"是为了消灾祈福，被除不祥；而"跳加官""跳财神"则是世俗升官发财思想的反映。这不仅是戏曲史上的现象，而且与民俗学有关。如果向上溯，则可追踪到古代的"巫"与"傩"。这样古今兼顾自然难度较大，此所以治戏曲史者愈来愈成为"冷门"也。

——吴小如

精彩片段

1. _____

2. _____

3. _____

学霸读后感

88 漫画的幽默

作品百科

书　　名：《漫画的幽默》
体　　裁：艺术
作　　者：方成
成书时间：2002 年
成　　就：为学习研究幽默艺术的上乘之作
关 键 词：幽默艺术；艺术性；学术性

作者简介

方成（1918—2018），原名孙顺潮，杂文笔名张化。祖籍广东中山，生于北京。漫画家、杂文家、幽默理论的研究专家。1942 年，方成毕业于武汉大学化学系，曾任黄海化学工业研究社助理研究员。1946 年，在上海从事漫画工作，1947 年夏，任《观察》半月刊漫画版主编和特约撰稿人。1950 年，任北京《新民晚报》（《北京日报》的前身）美术编辑。1951 年，到人民日报社任编辑、高级编辑。1986 年，离休后任中国新闻漫画研究会会长。2018 年 8 月 22 日上午 9 时 54 分，方成因病在北京友谊医院逝世，享年 100 岁。

内容速览

著名漫画家方成先生的新作《漫画的幽默》一书已由人民文学出版社出版发行。作者基于长期的创作实践和深厚的艺术功力，探索幽默艺术的方法和规律，进而考查幽默的来源与发展路线。本书精选中外漫画 170 余件，一一评点，对漫画中幽默的运用与规则进行解析，图文并茂，风趣幽默，集艺术性、学术性于一体，为学习研究幽默艺术的上乘之作。

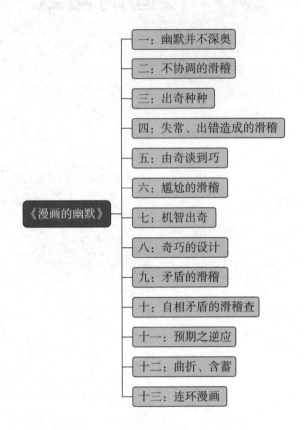

- 《漫画的幽默》
  - 一：幽默并不深奥
  - 二：不协调的滑稽
  - 三：出奇种种
  - 四：失常、出错造成的滑稽
  - 五：由奇谈到巧
  - 六：尴尬的滑稽
  - 七：机智出奇
  - 八：奇巧的设计
  - 九：矛盾的滑稽
  - 十：自相矛盾的滑稽查
  - 十一：预期之逆应
  - 十二：曲折、含蓄
  - 十三：连环漫画

艺术特色

　　方成 20 世纪 30 年代涉足漫画，40 年代崛起，50 年代起就誉满艺坛，笔墨绵延半个多世纪。他的作品以构思奇崛意念鲜明见长。透过熟练的线条，独特的造型，把各类典型形象汇诸笔端，仿佛一面时代的镜子，又如一把社会解剖刀，将世态人情表露无遗。

　　方成的漫画，经历了几个时期。他早期的画风接近西洋，多用炭笔，讲究构图、造型和明暗变化。20 世纪 40 年代后期，他用钢笔作画，明暗兼写。50 年代，用不同的钢笔在道林纸或图画纸上作画，线条流畅自如，富于表现力。这一时期值得一提的是方成与钟灵在创作上的合作，"方灵创作法"在中国漫画界传为美谈。到了 60 年代，方成的创作进入了旺盛时期，人们几乎天天都能在《人民日报》上看到他的佳作，它几乎成了该报国际版的最大特色，方成的创作此时也进入了成熟时期。

　　十一届三中全会后，方成漫画的创作质量和数量远非昔日可比，他也成为"文革"后在中国美术馆开办漫画展览的第一人。《官商》《不是天灾，胜似天灾》等就是此时有代表性的作品。脍炙人口的《武大郎开店》在画展中引起极大反响，漫画巧妙地运用了中国优秀古典小说《水浒传》中的人物，卖烧饼"个体户"——武大郎。漫画家保留了他的"专利"——身材短小，而让他"荣升"为老板，并且老板"有个脾气，比他高的都不用。"借古讽今，尖锐地批评了中国社会中妒才、坑才的恶习。打这以后，"武大郎开店"成为批评妒贤嫉能的新语在民间广为流传，足见其影响之大。

名家点评

1. 方成是中国漫画界成就卓越的大师。与华君武、丁聪一起并称为中国漫画界的"三老"。他20世纪30年代涉足漫画，40年代崛起，50年代起就誉满艺坛，笔墨绵延半个多世纪。他的作品以构思奇崛意念鲜明见长。透过熟练的线条，独特的造型，把各类典型形象汇诸笔端，仿佛一面时代的镜子，又如一把社会解剖刀，将世态人情表露无遗。

——钟菡

2. 漫画是一门将幽默语言用画表现出来的艺术。幽默也是漫画艺术的生命。幽默是和谐的、宽松的、平等的和智慧的；幽默归根结底是源自人们对生活的热爱。幽默也和民族性格有关，是人的一种生活态度。幽默是一种高级文化。幽默可以改善人与人之间、人与社会之间的关系。真正的幽默存在于民间大众。

——方成

精彩片段

1. _____

2. _____

3. _____

89 我的音乐札记

作品百科

书　　名:《我的音乐札记》
体　　裁:艺术
作　　者:肖复兴
成书时间:2011 年
成　　就:一部为孩子写的古典音乐简史
关 键 词:古典音乐简史;心灵成长

作者简介

　　肖复兴,1982 年毕业于中央戏剧学院。曾到北大荒插队 6 年,当过大中小学的教师 10 年。曾任《小说选刊》副总编、《人民文学》副主编。已出版长篇小说、中短篇小说集、报告文学集、散文随笔集和理论集百余部。《那片绿绿的爬山虎》等作品被选入大、中、小学语文课本以及新加坡等国的汉语教材。近著有《肖复兴散文 100 篇》《肖复兴新散文画作》两卷、《肖复兴音乐文集》三卷等。曾经获得过全国以及北京、上海优秀文学奖,冰心散文奖,老舍散文奖多种,并获得首届"全国中小学生最喜爱的作家"称号。

内容速览

　　《我的音乐札记》是一部为孩子写的古典音乐简史,作品从音乐家出发,从文艺复兴时期的帕莱斯特里那,到古典主义时期的巴赫、亨德尔,到浪漫主义时期的莫扎特、贝多芬,一直延续到 20 世纪 50 年代新大陆的美国音乐。对于孩子的心灵成长,它比音乐考级更为重要。

思维导图

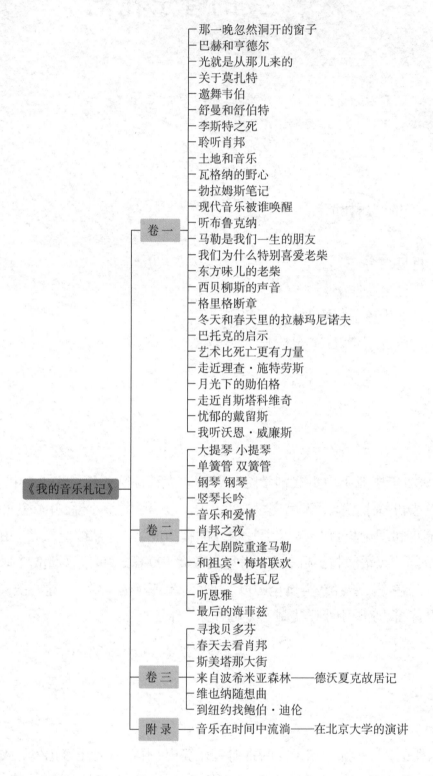

艺术特色

在《我的音乐札记》这本书中，作家肖复兴把音乐作为线谱，拨动着心弦，描写了他多

302

年来藏匿于胸的对音乐的那份质朴的亲密情感：音乐在这个世界上，是和我们的人生最为自然地融合在一起的，可以说在所有艺术门类中，只有音乐与我们每人联系着。从我们刚刚出生不久依偎在母亲的怀里听母亲的嘴里哼出的催眠曲开始，音乐就渗透进我们的生命之中，伴随着我们生命的每时每刻，如影相随，无所不能，无处不在。

肖复兴如是说：我不像有的作家把文学当成经天纬地之大事，总觉得那样会将文学慷慨而膨胀。文学没有那样的"高大上"。文学还是属于心事的范畴。而不属于政治经济乃至哲学范畴，尽管它可以有它们的因子在内。好的文学，从来都是从心灵走向心灵，曲径通幽，一路落满心事的残花落叶。布罗茨基讲："归根结底，每个作家都追求同样的东西：重获过去，或阻止现在的流逝。"我以为，这个过去和现在，指的更多的是作家个体化的生命和生命中最重要的心事。在文学的创作中，这些最为细小甚至被别人忽略不计的心事，才具有了艺术存在的价值和意义。这些残花落叶，才获得了艺术生命的气息。在大千世界的变化中和漫长历史的动荡中，唯有心事最易于让人们彼此相通，从而相互感动或慰藉，从而重新面对自己和他人，乃至更为广阔的人生与世界。

名家点评

> 我喜欢放翁说的"心事"这个词。文字生涯，其实注重的就是心事，无论是自己的心事，还是别人的心事，都是心事。自己的心事，需要有勇气和细心去触摸；别人的心事，需要用敏感和善感去沟通。我想，古人所说的剑胆琴心，应该包含着这样的意思吧。
>
> ——肖复兴

精彩片段

1. _____

2. _____

3. _____

90 艺术的故事

作品百科

书　　　名:《艺术的故事》
体　　　裁:艺术
作　　　者:E.H 贡布里希　译者:范景中　杨成凯
成书时间:2015 年
成　　　就:是有关艺术的书籍中最著名、最流行的著作之一
关 键 词:艺术史;洞窟绘画;实验艺术

作者简介

E.H. 贡布里希(1909—2001),生于维也纳,并在维也纳大学攻读美术史。1936 年移居英国,进入沃尔堡大学。曾任牛津大学斯莱德美术讲座教授,伦敦大学艺术史教授,哈佛、康奈尔等多所大学的客座教授,并于 1972 年被英王授封勋爵。主要学术著作有《艺术的故事》《理想与偶像》《象征的图像》《木马沉思录》等。贡布里希善于以简明晓畅的语言来表达严肃的题目,以便初入门者能轻松学习。

译者简介

范景中,1951 年 11 月生于天津。1977 年考入北京师范大学哲学系。1979 年进入浙江美术学院攻读艺术理论研究生,获硕士学位。先后任《美术译丛》和《新美术》主编、中国美术学院教授、博士生导师、图书馆馆长、出版社总编等职。范景中教授多年来一直从事美术史的研究工作,着重于把美术史的研究与人文科学研究相结合。出版的论著有《法国象征主义画家摩罗》《古希腊雕刻》《图像与观念》《柳如是集》《美术史的形状》等。主要译著有《艺术的故事》《艺术与错觉》《通过知识获得解放:波普尔论文集》《艺术与科学》《艺术与人文科学:贡布里希论文集》《希腊艺术手册》《图像与眼睛》等。

杨成凯,笔名林夕,1941年生,山东招远市人。1981年毕业于中国社会科学院研究生院语言系,获硕士学位。1981年起在中国社会科学院语言研究所从事研究工作,任至研究员。学术活动范围广泛,在语言学理论、汉语语法、文学艺术、目录版本、古籍整理等领域都有著述发表。尤为倾心中国古文献整理和研究,现为国家文物鉴定委员会委员。主要著作有《汉语语法理论研究》,其他论著见有关专业刊物。

内容速览

　　《艺术的故事》是广西美术出版社出版的图书,作者E.H贡布里希。本书概括地叙述了从最早的洞窟绘画到当今的实验艺术的发展历程,阐明艺术史是"各种传统不断迂回、不断改变的历史,每一件作品在这历史中都既回顾过去又导向未来"。

思维导图

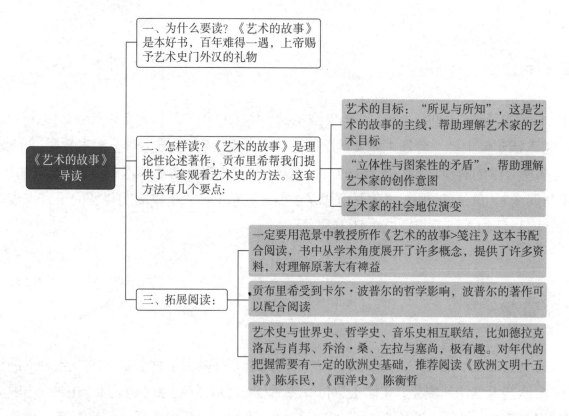

《艺术的故事》导读

一、为什么要读? 《艺术的故事》是本好书,百年难得一遇,上帝赐予艺术史门外汉的礼物

二、怎样读? 《艺术的故事》是理论性论述著作,贡布里希帮我们提供了一套观看艺术史的方法。这套方法有几个要点:
- 艺术的目标:"所见与所知",这是艺术的故事的主线,帮助理解艺术家的艺术目标
- "立体性与图案性的矛盾",帮助理解艺术家的创作意图
- 艺术家的社会地位演变

三、拓展阅读:
- 一定要用范景中教授所作《艺术的故事>笺注》这本书配合阅读,书中从学术角度展开了许多概念,提供了许多资料,对理解原著大有裨益
- 贡布里希受到卡尔·波普尔的哲学影响,波普尔的著作可以配合阅读
- 艺术史与世界史、哲学史、音乐史相互联结,比如德拉克洛瓦与肖邦、乔治·桑、左拉与塞尚,极有趣。对年代的把握需要有一定的欧洲史基础,推荐阅读《欧洲文明十五讲》陈乐民,《西洋史》陈衡哲

艺术特色

　　这本书的魅力何在,我想除了它的语言平易之外,简单地说,就是它的结构之美。它相当清晰,相当完整……环环相扣,浑然一体,有一气呵成之感。又像读一部小说,因为

它似乎隐藏着一条线索，连带着情节而层层展开，不像一般的史书，让人有豆腐块堆聚之感。也许这与贡氏的写作速度有关，那是他在经历了流年的战时监听工作后，想考验一下自己还记得多少美术史，只花了几个月的时间，几乎是凭借记忆写成的。

名家点评

1. 在那项帮助人们熟悉艺术的伟大事业中，《艺术的故事》是一部巅峰之作。我无法表达自己对于这一新版本的赞美之情。设计优雅，图文辉映，插图悦目赏心，文字清晰闪光；所有这一切，使新版熠熠生辉。此书值得一读再读，就像美酒佳酿那样，愈加品赏，愈觉其味隽永。

——［美］卡特·布朗

2. 我们这一代的每一位艺术史家，其思考绘画的方式都几乎是由贡布里希塑造成形的。我在15岁时阅读了《艺术的故事》，从此以后就像千百万人一样，仿佛被授予了一幅伟大国度的地图，凭此可以信心百倍地深入探索，无须担心走入歧途。

——［英］尼格格雷戈

3. 《艺术的故事》是有关艺术的书籍中最著名、最流行的著作之一。贡布里希爵士的《艺术的故事》就像《蒙娜·丽莎》一样，饮誉世界，把知识和享受传给人们。

——［法］皮埃尔·罗森伯格

精彩片段

1. _____

2. _____

3. _____